edition monacensia
Herausgeber: Monacensia
Literaturarchiv und Bibliothek
Dr. Elisabeth Tworek

Allitera Verlag

Otto Julius Bierbaum
Stahlstich von Johann Lindner, 1899

Otto Julius Bierbaum

Von Fiesole nach Pasing und andere Geschichten

Herausgegeben, kommentiert und
mit einem Nachwort versehen von
Walter Hettche

Münchner Stadtbibliothek
Monacensia
Literaturarchiv und Bibliothek

Allitera Verlag

Weitere Informationen über den Verlag und sein Programm unter:
www.allitera.de

Juni 2015
Allitera Verlag
Ein Verlag der Buch&media GmbH, München

Umschlaggestaltung unter Verwendung des Aquarells »Toskanalandschaft«
von © Cornelia Brand-Sarstedt / www.aquarell-cobra.de
Printed in Germany · ISBN 978-3-86906-692-9

Inhalt

Anhang

To-lu-to-lo oder Wie Emil Türke wurde

Mein Freund Emil war ein merkwürdiger Referendar: Es genügte ihm nicht, Referendar zu sein. Er wollte durchaus nach China.

Nicht etwa, daß er an einer Stangen'schen Weltreise hätte teilnehmen wollen. Nein, es war nicht eitle Vergnügungssucht oder seichte Neugierde; es war Ehrgeiz.

Emil hatte es sich in den Kopf gesetzt, schnell Karrière zu machen und auf ungewöhnliche Weise. Aber es war ihm nicht verborgen geblieben, daß es bei der erstaunlichen Fruchtbarkeit, die Mutter Germania in der Erzeugung von Referendaren an den Tag legt, seine Schwierigkeiten hat, selbst durch ungemeine Leuchtkraft juristischen Genies das Anciennetätstempo der Beförderung zu durchbrechen, und außerdem erblickte er, so genau und scharf er sich auch umsah, keine Gelegenheit, auf ungewöhnliche Manier, also außerhalb der offiziellen Klimmleiter, ein höherer Würdenträger zu werden. Denn er war nicht einmal in einem gewöhnlichen, geschweige denn in einem »besseren« Korps aktiv gewesen und hieß übrigens bloß Meyer.

Indessen, es fehlte ihm nicht an Findigkeit, und so hatte er entdeckt, daß im auswärtigen juristischen Staatsdienste ein sehr viel schnelleres Tempo des Avancements statthat, und daß dieses Tempo sich im Verhältnis zur Entfernung von Deutschland beschleunigt. Daher beschloß er, kaiserlich deutscher Konsul in China werden zu wollen.

Da traf es sich für den kühnen Referendar nun sehr gut, daß just um die Zeit, als er die erste juristische Würde erworben hatte, das Seminar für orientalische Sprachen in Berlin gegründet wurde, und zwar vornehmlich und ausgesprochenermaßen zu dem Zwecke, jungen Rechtsbeflissenen Gelegenheit zur sprachlichen Ausbildung für den Dienst in den ostasiatischen Ländern zu geben. Es schien fast, als habe das Reich bei dieser Gründung ausdrücklich die Pläne Emils im Auge gehabt, und diesem war nur das Eine fatal dabei, daß das

Seminar auch den exotischen Ehrgeiz anderer Jünger der Jurisprudenz aufwecken mußte.

In der That fanden sich in der chinesischen Klasse eine ganze Anzahl junger Juristen zusammen, aber zu seiner Genugthuung konnte Emil konstatieren, daß das zumeist Jünglinge waren, die das Examensieb noch nicht passiert hatten. Es war kein Zweifel, daß er mit noch zwei Referendaren als Erster nach Peking geschickt werden würde, um sich dort als Dragomanatseleve auf Reichskosten noch weiter in der Sprache der Hansöhne auszubilden. Es kam nur darauf an, daß er sich bis zur ersten Diplomprüfung Alles aneignete, was an sprachlichen Grundlagen verlangt wurde.

Emil that, was in seinen Kräften stand. Nicht allein, daß er keine Stunde des Seminars versäumte, er leistete sich auch noch ein Übriges. Fleißig besuchte er den gemütlichen Mandschumann und Inhaber des violetten Kappenknopfes Herrn Kuei-Lin und unterhielt sich mit ihm, der kein Wort Deutsch verstand, nach Möglichkeit chinesisch, immer das Notizbuch in der Hand und unermüdlich bedacht, mit Bleistift die Zeichen nachzumalen, die der Pinsel des gefälligen Chinesen vormalte. Auch sah man ihn oft mit dem bezopften alten Herrn Straßen, Läden, Sammlungen besuchen, immer nur zu dem Zwecke, bei jedem Dinge zu fragen: Dscho sche schommo (was ist das?) und so sein chinesisches Vocabular zu bereichern.

Es ist klar, daß Emil dabei nicht viel Zeit für die Dinge übrig behielt, die sonst den Referendar in Berlin heiter in Anspruch nehmen. Zumal den Mädchen gegenüber befleißigte er sich einer strengen, ja eisigen Zurückhaltung, wie man sie sonst gewöhnt ist, mehr bei Predigtamtskandidaten als bei Referendaren vorauszusetzen.

Dies Benehmen muß verdienstlich genannt werden. Denn Emil war eigentlich nicht ohne Anlage für weiblichen Umgang und auch nicht ohne Neigung dazu. Zwar war er ein bischen klein und hatte in seinen Bewegungen etwas Schüchternes, aber man weiß, daß das manchmal recht beliebt ist. Und dann besaß er einen entzückenden Schnurrbart, und seine Augen, groß und blau, ließen auf die Gabe hingebender Zärtlichkeit schließen. Mit Recht. Emil war wirklich eine zärtliche Natur, und er wäre wahrscheinlich ein ganz verliebter Referendar gewesen, wenn nicht der Ehrgeiz und sehr solide Erziehungsgrundlagen das Gegengewicht zu den zärtlichen Seiten seines Wesens abgegeben hätten. China war es, das ihn gebietend von der Liebe wegwinkte. Er lief vor jeder Verführung davon und rettete sich hinter seine Notizbücher mit ihrem Urwalde von verzwickten, wie Bambushalme neben- und durcheinander aufsprießenden chinesischen Schriftzeichen.

Aber, man weiß es ja, die Liebe würde selbst einen meterdicken Wall bedeckt mit Keilschrift umwerfen. Und flöhest Du in das Dickicht der Dschunggeln, Emil, verschanztest Du Dich selbst hinter den goldenen Ahnentafeln des Kung-fu-tße, ja, wenn die chinesische Mauer selber Dein Bollwerk wäre gegen die Liebe – sie kriegt Dich doch, wenn's ihr gefällt, Dich kriegen zu wollen.

Eines Abends saß Emil an seinem Schreibtisch und bemühte sich, eine Depesche des Tsung-li-ya-men, wie sich das chinesische Auswärtige Amt in Peking nennt, zu übersetzen. Es ging schon ganz gut; nur ein halb Dutzend Zeichen etwa wollten ihm nicht eingehen. Er mußte, um ihrer Bedeutung habhaft zu werden, alle seine Hefte durchsuchen. Keine kleine Mühe das! Man kann nervös dabei werden und den Chinesen ein Alphabet wünschen. Und wenn nun gar im Nebenzimmer, das von dem Deinen nur durch so eine Berliner Papiermaché-Mauer geschieden ist, fortwährend Schritte hin- und hertrippeln, Schubladen aufgezogen, Stühle gerückt und weibliche Seufzer ausgestoßen werden, so magst Du ein noch so strebsamer Referendar sein, Du wirst abgelenkt und fängst an, zu denken: »Na, was hat sie denn da drüben!«

Emil warf seinen Kopf, der eben noch im Kollegheft steckte, mit einem ärgerlichen Zungenschnalzen zurück, trommelte einen sanft nervösen Generalmarsch auf dem Zettel mit der chinesischen Depesche und wandte sich etwas unwirsch nach der Wand hin, hinter der das Getrippel, Gerücke, Geseufze fortdauerte.

Er hatte Lust, Silentium! zu rufen, aber, mein Gott, es war ja schließlich eine Dame. Zwar blos eine »höhere Näherin«, wie sie von der Wirtin mit berlinisch nüanciertem Respekt genannt worden war, aber immerhin: ritterlich, Emil, ritterlich!

Er senkte sein suchendes Haupt wieder über das Glanzlederheft und fuhr mit dem rechten Zeigefinger der Hand die Schriftzeichensäulen auf und ab. Da ging drüben eine Thür, und er hörte die höhere Näherin nach der Wirtin rufen. Einmal, zweimal, dreimal. Aber vergeblich. Nun die Worte: »Gott, ist das dumm!« Und ein neuerliches Geseufze.

Emil fing an, zu kombinieren: Am Ende fehlt dem Mädchen was; vielleicht ist ihr unwohl; sie seufzt ja in einem fort, und nun ist diese Wirtin nicht da! Ich sollte doch wohl eigentlich fragen, ob ich nicht … Unsinn! Sie rennt ja ganz flott im Zimmer hin und her. Hol Dich der …

Da hörte er auf einmal ganz deutlich, wenn es auch nur halb geflüstert wurde: »Herr Doktor?! …«

Emil richtete sich stracks auf: Nanu? Da meint sie wohl mich?

– Herr Doktor? … Ach, entschuldigen Sie …

– Befehlen?

– Ach, Herr Doktor, möchten Sie nicht … verzeihen Sie nur … ich muß einen Brief schreiben und finde keine Feder … und Frau Kummer ist ausgegangen … und es ist schon so spät …

– Eine Feder möchten Sie? Aber natürlich, mit dem größten Vergnügen! Breit oder spitz?

Er war ganz Hilfsbeflissenheit und ritterlich erregt. Die Stimme gefiel ihm übrigens. Es ist doch nett, wenn ein Mädchen hinter ihrer Thür Einen anflüstert. Das hat so was … na … so was Zutrauliches.

– Ach, bitte, lieber spitz, wenn Sie Auswahl haben.

– Einen Augenblick, Fräulein, ich habe ganz spitze.

Er warf seine kostbaren Hefte rücksichtslos durcheinander und suchte mit noch größerem Eifer, als er eben chinesische Zeichen gesucht hatte, nach spitzen Federn. Dabei überlegte er sich, wie er sie überreichen sollte. Er war schon wirklich ein bischen sehr schüchtern. Sollte er durch seine Thür ..? .. oder erst über den Gang ..? .. Vielleicht den besseren Rock anziehen ..? .. Sich in aller Form vorstellen ..? .. Oder am Ende –: einen Witz machen ..? .. Ja, einen Witz! Recht forsch! … aber – was für einen?

Indessen hatte er die Feder gefunden. Schnell noch an den Spiegel! Und, ja, den besseren Rock! Leise! Merken darf sie das nicht. Auch ein paar Bürstenstriche über den Scheitel und, natürlich, den Schnurrbart gut nach oben! So. Und nun … aber wo habe ich doch die Feder hingelegt! In aller Welt, wo hab ich sie nur hin … Gottlob, da ist sie. So, nun hinüber … nein, nein, nicht durch die direkte Thür; das wäre doch wohl … Nein, über den Gang. Soll ich: Mein Name ist … oder: Das ist aber nett, daß Sie keine Feder haben! … Eigentlich ist diese Geschichte recht fatal. …

Er fing an ängstlich zu werden. Wenn ein Dienstmann zur Hand gewesen wäre, hätte er den die Kommission besorgen lassen.

Indessen, das Schicksal hatte ihn schon mit sicherem Griff am Kragen und geleitete ihn, sanft schiebend, an die Thür der höheren Näherin.

– Bitte, Herr Doktor! …

Emil rang noch mit einem Witze, als er über die Schwelle trat, aber als er über der Schwelle war, fand er nicht einmal gleich Worte zu einer ganz simplen Einführung.

Verflucht nochmal: diese höhere Näherin sah ja aus wie eine … ja … wie eine Gräfin! Und das war ja wie ein förmliches Boudoir! Diese reizenden geblümten Vorhänge! Diese netten Möbelchen! Ein Teppich! Spitzengehänge über dem Waschtisch! Und dieses pompöse Gestell da, dieses Gardinenwerk über glitzernden Messingstangen – mein Gott, in so einem Himmelbette schläft eine Näherin! Wo hat sie denn übrigens ihre Nähmaschine? He? Sie wird doch nicht etwa …? … Dieses Odeur …! .. Der Schlafrock ..? ..!.. Gieb Deine Feder ab, Emil, und fleuch in den Bambuswald Deiner chinesischen Charaktere!

Emils Auge, gewohnt an das kahle schwarze Gewirr seiner Schriftzeichen, sah diese neue Umwelt nicht ganz exakt, sondern mehr in einem Schimmer aus eigener Zuthat, aber so viel war richtig: Fräulein Gertrud Seubert hatte sich recht geschmackvoll und gemütlich, mit einem unverkennbaren Sinn fürs elegant Trauliche, eingerichtet. Sie hatte den Stil ihrer Persönlichkeit auf ihr Zimmer übertragen. Und dieser Stil, man mußte nur das angenehm üppige, doch nicht übervolle Mädchen ansehen mit ihren schönen blonden Haaren, ihrer weißen Haut, ihren lustigen blauen Augen und den sehr wohlgepflegten kleinen Kinderhänden, dieser Stil war nicht klassisch, nein, gar nicht, sondern eine Art modernes Barock, aufs Amüsante, rundlich Ausgeschwungene, Bunte gehend. Eine Vestalin, das konnte ein Blinder mit Genuß greifen, war sie nicht, aber Emils bange Fragezeichen drehten die Fühler des Argwohns zu weit. Fräulein Gertrud befand sich in einer sozial unantastbaren Stellung und in einer sehr wichtigen dazu; sie war keineswegs blos eine höhere Näherin, wie die thörichte Frau Kummer mit der übel angebrachten Verkleinerungssucht der Berlinerin gesagt hatte, sondern sie gehörte dem Generalstabe der Berliner Konfektion an, als welche, wie man weiß, die halbe Welt mit Damengarderobe versorgt: sie war Directrice in einem der ersten Berliner Konfektionsgeschäfte.

Damit ist zugleich gesagt, daß sie das ahnungsbange Backfischalter schon eine gute Weile hinter sich hatte. Auch im Konfektionsgeschäfte erreicht man die höheren Würden nicht vor einer gewissen Altersreife. In der That, es war nicht mehr lange hin, und diese molligen kleinen Füßchen, die augenblicklich in moosgrünen Pantöffelchen mit heliotropfarbenen Schleifen steckten, mußten über die bei Frauen wenig beliebte Schwelle, über der die fatale 30 steht. Aber mit so einem munteren Gesichte, mit diesem festen Fleische, diesen alerten Bewegungen und vor allem mit diesem zuversichtlichen Humor, der dem Leben noch die amüsantesten Überraschungen zutraut – was verschlägt da so ein thörichter arithmetischer Lebensabschnitt. Amor rechnet nicht mit Zahlen, sondern mit reellen Werthen.

Emil der Referendar fühlte sich also etwas beklommen im parfümierten Dunstkreise seiner Nachbarin. Du lieber Gott, hier hatte er sich mit einem »Witz« einführen wollen! Vor des deutschen Gesandten in Peking Exzellenz hätte er nicht vertatterter sein können.

Fräulein Gertrud bemerkte die Schüchternheit mit Wohlgefallen. Gerade das hatte sie jetzt gerne. Sie mochte die betont schneidigen Herren nicht mehr, die die Stiefelabsätze aneinanderschlagen wie Husarenleutnants und aus der deutschen Sprache ein Schnarrwerk machen. Wie sie den schüchternen Emil so vor sich stehen sah, nicht gerade in der Jammerstellung, wie wir sie bei den betrippten Jünglingen des deutschen Lustspiels wahrnehmen, aber doch einigermaßen in verlegener Schräge, da hatte sie gleich ein recht angenehmes Gefühl, wie nett sich hier Bemutterung mit anderweiter Zärtlichkeit verbinden lassen möchte.

Da Emil durchaus nichts sagte, sondern nur zwischen Daumen und Mittelfinger der rechten Hand die spitze Stahlfeder ihr entgegenhielt, so meinte sie, daß es gut sei, ihrerseits Worte verlauten zu lassen.

Sie sprach: Jetzt hab ich Sie gewiß in einer wichtigen Arbeit gestört, Herr Doktor! und nahm mit einem hellen Lächeln die ganz warm gewordene Feder aus Emils Fingerklemme.

– Ach, es … es ist mir ein Vergnügen, Fräulein. Ich habe nur ein bischen in meinen Kollegheften nachgesehen.

– Und da hab ich Sie nun mit meiner dreisten Bitte herausgerissen! Ich kann mir schon denken, wie unangenehm das ist. Wer weiß, ob Sie nun gleich wieder hineinkommen in Ihre chinesischen Geschichten. Gott, das muß furchtbar schwer sein!

Emil blickte erstaunt auf.

Das Fräulein lachte.

– Sehen Sie, ich weiß schon, was Sie studieren. Ich hab Sie sogar schon chinesisch reden hören!

Emil wurde immer erstaunter, aber zugleich hatte er ein Gefühl der Genugthuung. Da er es selber für keine kleine Sache hielt, sich mit einem Chinesen chinesisch unterhalten zu können, so nahm er an, daß das auch anderen respektabel erscheinen müßte.

Er fragte:

– Mich …? Chinesisch …? Aber wo denn?

– Ja, antwortete Fräulein Gertrud, ich habe Sie ganz aus der Nähe bewundert, bei Gerson, in der Frühjahrsausstellung! Aber häßlich ist Ihr alter Chinese! So was von Mann! Sind denn die Chinesen alle so?

Jetzt nahm Emil das Gebahren des Wissenden, heiter Wissenden an. Er lächelte und strich sich den Schnurrbart, indem er sprach:

– Sie sollten da nur einmal meinen Südchinesen sehen, Herrn Pan-Wei-Fu aus Kanton! Der ist sogar sehr nett!

– Ja, haben Sie denn gleich zwei Chinesen?

– Eigentlich geht mich nur der Peking-Mann an, der Alte. Ich studiere nämlich Nordchinesisch, die Beamtensprache …

– Gott, haben denn da drüben die Beamten eine Sprache für sich? Das ist doch komisch! Ach, Herr Doktor, erzählen Sie mir doch ein Bischen!

Die Direktrice hatte es sehr schnell ergriffen, daß dieser schüchterne Herr bei seinen Kentnissen genommen sein wollte. Der Umweg über China war ihr neu, aber amüsant.

Emil war sofort bereit, die Wißbegierde der Nachbarin zu stillen, die ihm nun gleich anfing, sehr sympathisch zu werden. Er ließ sich gern einladen, auf einem der kleinen blausammtenen gepolsterten Stühle niederzusitzen, und er hielt mit seinen Kenntnissen über das blumige Reich der Mitte nicht zurück. Was Fräulein Gertrud auch fragte, Herr Emil hatte eine Antwort.

So saßen sie im roten Lampenscheine recht angenehm beieinander und schoben sich gemütlich Frage und Antwort über die wunderlichsten Dinge des chinesischen Lebens zu, während das eigentliche Interesse ihres Gespräches sich in konzentrischen Kreisen mehr und mehr an eine nähere Sphäre heranschob. Emil fing schon an, nur noch halb in China zu sein, da stieß Fräulein Gertrud, als es eben auf ihrer Standuhr elf schlug, ein leises Ach! aus:

– Gott, schon elf! Jetzt wird gleich Frau Kummer aus ihrem Kränzchen kommen. Hm, ist das dumm! Nich? Wir waren so nett im Plaudern! Aber so eine alte Tante … na, Sie können sich denken … da muß man schon … Aber, nicht wahr, Sie erzählen mir 'mal weiter …?

Sie gab ihm über den Tisch weg mit einem ungemein einladenden Blicke die Hand, und die liberale Machart des Schlafrockes brachte es mit sich, daß dabei der halbe rechte Arm in seiner ganzen weißen Fülle zum Vorschein kam.

Himmel, wie gefiel das dem Referendar! Er ergriff die kleine Hand und – ja, was wollte er denn? – behielt sie eine Weile in der seinen. Währenddessen erklärte er mit großer Bestimmtheit, daß es ihm ein ungemeines Vergnügen sein werde, seinen »Vortrag« sobald als möglich fortzusetzen. Aber wann?

Die Direktrice lächelte:

– Bringen Sie mir doch den Halter herüber, der zu der Feder gehört, Herr Doktor! So kann ich ja doch nicht schreiben!

– Richtig! rief Emil und ließ die Hand los, um sich an die Stirn zu schlagen. So was! Eine Feder und keinen Halter!

Draußen ging eine Thür.

– Herrgott, die Frau Kummer! Wie komm ich nun wieder hinaus …?

– Pscht! machte die Direktrice und schob den Riegel an der Zwischenthür zurück. Und nun, ganz leise, ihm über die Schultern her flüsternd, während sie ihn hinausschob:

– Ich brauche den Halter noch heute … In einer Stunde vielleicht … Ja? …

Die Thüre zu.

Emil stand in seiner Stube. Brühheiß stand er da und sah sich erstaunt um.

Dann lief er mit großen Schritten in seinem Zimmer auf und ab: In einer Stunde! Ah! … Ja … aber … am Ende … Schließlich will sie wirklich blos … Unsinn!

Indessen, er nahm, als die Stunde vorüber war, vorsichtshalber doch den Halter mit.

Die Direktrice hat sich sehr darüber amüsirt:

– Doktorchen, im Dunkeln kann ich doch keinen Brief schreiben!

Emil, oder der verführte Referendar – kein Zweifel, das Schicksal hatte es vor, aus ihm ein ganz absonderliches Exemplar seiner Gattung zu machen. Aber wie bei seinen erstaunlichen chinesischen Studien, so fühlte er sich auch bei seinem erstaunlichen »Verhältnisse« sehr wohl. Er widmete sich ihm mit derselben stillen und stetigen Hingabe wie der Pekinger Beamtensprache, wenn auch nicht mit demselben guten Gewissen.

Anfangs, am Tage nach dem Abenteuer, hatte er sogar an Flucht gedacht.

Ausziehen! Sofort ausziehen, noch ehe die Direktrice in ihr blausammtenes Privatmilieu zurückgekehrt war!

Aber das hätte ihm nicht blos für den angerissenen, sondern auch für den folgenden Monat doppelte Miete gekostet, denn so viel mußte er sich als Jurist wohl sagen, daß die Nachbarschaft eines liebenswürdig aggressiven Mädchens nicht zu den Fällen rechnet, die zum kündigungslosen Aufgeben eines Mietsvertrags berechtigen. Und als dann Fräulein Gertrud Abends ein Papierröllchen durch das Schlüsselloch schob, darauf die Worte zu lesen waren: »Wie geht's meinem kleinen Chinesen? Nicht vergessen: ½ 12 Uhr!«, da fand er die Idee einer heimlichen Flucht überhaupt unwürdig, unmännlich und absurd. Er hat auch nie wieder Anwandlungen dieser Art gehabt. Im Gegenteil: er verliebte sich. So soliden Leuten sind »Verhältnisse« am gefährlichsten, und wenn ein Schüchterner aufthaut, giebt's gleich einen See.

Feurig und überschwänglich wurde er ja nicht, und zum Versemachen ließ ihm schon das Chinesisch keine Zeit, aber er nahm die Sache gleich tief und bieder. Sein ganzer Grundschatz an Zärtlichkeitsgefühlen schwamm nach oben und lud sich breit und gründlich aus. Die Beiwürze des Unerlaubten, Heimlichen (Frau Kummer!) schmeckte ihm zwar ungewohnt und bedrohlich, aber im Grunde doch auch gut. Auch dem soliden Manne gewährt es ja eine wunderliche Genugthuung, wenn er sich einmal still bekennen zu dürfen glaubt: Siehe da, ich bin doch kein Philister!

Zudem war er wirklich in guten Händen. Die Direktrice wußte der Sache ein allerliebstes Wesen von bürgerlicher Ordnung zu geben. Alles Wilde, Alles, was der guten Kinderstube Emils fatal zuwider hätte sein können, vermied sie. Es war eine säuberliche Art des Unerlaubten. Netter konnte man gar nicht hinter den Kulissen der Moral vergnügt und verliebt sein. Sie ging sogar auf Emils Chinesisch ein. Ihren Namen, Trudel, ließ sie sich chinesisch aufbügeln, so daß To-lu-to-lo daraus wurde, weil ja die Nordchinesen so wunderliche Sprachwerkzeuge haben, daß sie kein R und die meisten anderen Konsonanten wenigstens nicht als Auslaut aussprechen können. Alles das lernte sie mit spaßiger Aufmerksamkeit und auch: wo ai ni (ich liebe Dich) konnte sie sehr hübsch sagen. Emil repetirte direkt mit ihr des Abends, was er in der Frühe im Seminar gelernt hatte, wenigstens, soweit es die Zeit und die Notwendigkeit, in Flüstertönen zu sprechen, erlaubte.

Diese Notwendigkeit fiel nur an den Sonntagen weg, die man zu allerlei Ausflügen benutzte. Man bevorzugte dabei durchaus die Teile der Berliner Umgebung, die nicht völlig mit Butterbrodpapieren und ähnlichen Dokumenten Berlinischer Naturschwärmerei garniert sind. Im Tegeler See giebt es ein paar kleine heimliche Inseln, wo verliebte Leute die Natur ganz ungestört auf ihre Art genießen können. Da gingen sie gerne hin. Eigentlich waren To-lu-to-los Kleider zu elegant für Idyllen, aber da sie vom Metier der schönen Kleider war, hatte sie nicht das Bedürfniß, mit ihnen vor der Welt Staat zu machen.

Ach ja, sie waren sehr glücklich so miteinander. Ein halbes Jahr verfloß in völlig ungetrübter Zärtlichkeit, und Emil nahm, wie an Chinesisch, so auch an Liebe immer noch zu. Der Gedanke, nach China zu gehen, war ihm schon gar nicht mehr sehr verlockend, denn daß ein Dragomanatseleve sich in Peking mit einer Berliner Direktrice vorstellen sollte, war ebenso ausgeschlossen wie die Möglichkeit, To-lu-to-lo ihrer Konfektionsthätigkeit in der Jägerstraße zu entziehen. Bis zur Diplomprüfung war es freilich noch ein ganzes Jahr hin. Aber was ist ein Jahr für ein kümmerlicher Zeitabschnitt, wenn man so verliebt ist wie Emil. Er fing an, China zu verwünschen und auf eine Revolution in Peking zu hoffen, die den Abbruch der diplomatischen Beziehungen mit diesem gefährlichen Lande herbeiführte.

To-lu-to-lo war ruhiger. Sie fand den kleinen Chinesen immer noch sehr nett, und wie das Alles in so guten, glatten Geleisen lief, das behagte ihr schon recht wohl, aber Perspektiven in die Ewigkeit hatte sie von vornherein nicht angelegt, und überdies konnte sie sich vorstellen, daß eine kleine Abwechslung am Ende auch nicht bitter wäre.

Wenn die Sonntagsausflüge jetzt mehr in belebtere Gegenden, am liebsten in Konzertgärten, gerichtet wurden, so war das ausschließlich ihr Werk. Sie wollte plötzlich »Menschen sehen«.

– Man muß sich auch ein bischen unterhalten, sagte sie.

– Aber hast du nicht mich? sagte er.

– Freilich, mein Süßes, aber Dich hab ich ja auch so, und das mit dem Unterhalten mein ich überhaupt anders.

– Aber wie denn?

– Na ja, so, weißt Du, daß man 'mal neue Gesichter … Du, sag 'mal, kannst Du nicht 'mal deinen Chinesen mitbringen? Das stell ich mir riesig drollig vor, mit einem Chinesen unter den Zelten!

– Herr Kuei geht Sonntags nicht gerne hin, wo viele Menschen sind.

– Na, dann bring einfach den anderen Onkel mit, den Südlichen. Oder fürchtet er sich auch vor den Berlinern?

– Nein, aber … der Kanton-Mann … ich muß Dir offen gestehen … der ist mir nicht gerade sehr angenehm … Mit Damen kann man ihn eigentlich nicht gut zusammenbringen. Er … weißt Du … er hat so orientalische Begriffe … ja … und er soll manchmal direkt frech werden.

– Na, Gott, wenn er doch ein Chinese ist.

– Ja, ja, Du mußt mich nicht falsch verstehen; ich mache ihm keinen Vorwurf. Er hat eben andere Kulturanschauungen, aber ich mag Dich doch keinen Dummheiten bei ihm aussetzen.

To-lu-to-lo lachte:

– Bist Du komisch! Jetzt soll sich eine Berlinerin vor einem Chinesen fürchten! Nu erst recht! Ich will Dir doch zeigen, daß ich mit so einem gelben Onkel fertig werde.

Und so war denn freilich kein Ausweg; Direktrice kommt von dirigieren. Am Sonntag, der auf dieses Gespräch folgte, traf man sich mit Herrn Pan-Wei-Fu in der Flora zu Charlottenburg.

Der Herr aus Kanton war wirklich ein schöner Chinese. An den Typus des Apollo von Belvedere zu erinnern verbot ihm freilich seine Eigenschaft als mongolischer Mensch, aber mongolisch genommen konnte er sich sehen lassen. Ziemlich lang und sehr schlank, in den Bewegungen eine würdevolle Steifheit, leise belebt durch eine gewisse Eleganz von selbstbewußter Grazie; die Gesichtsfarbe durchaus crême; die Augen schwarz und funkelnd wie überreife Brombeeren, nicht übertrieben schief liegend und auch nicht allzu schmal; die Nase beträchtlich, der Mund etwas aufgeworfen mit sehr vollen Lippen; der bis auf den Hinterkopf glatt rasierte Schädel schmal und lang; der glänzend schwarze Zopf zweifellos echt und voll, bis in die Kniekehlen hangend. Seine Hauptzierde und sein Stolz aber waren die überaus feingegliederten Hände mit den tadellos gehaltenen langen Nägeln.

Er hatte sich, wenn auch nicht mit dem Staatskleid des Gelehrten von Rang, so doch mit einem besonders kostbaren Gewande angethan: das Unterkleid moosgrün, das Oberkleid hechtblau, in den Ärmelöffnungen ultramarin. Statt des gewöhnlichen Klappfächers trug er einen runden Stielfächer, der auf gelber Seide reiche bunte Bemalung aufwies. Auf fünf Meter hin verbreitete er ein Gedüfte von Moschus und Kampher.

Hocherhobenen Hauptes trat er auf seinen dick filzsohligen braunen Stiefeln einher, und als ihm To-lu-to-lo vorgestellt wurde, legte er die leise geballten schönen Hände sanft aneinander und schüttelte sie mit vollendetem chinesischen Anstande ein paar Mal der Direktrice entgegen. Dann sagte er sofort:

– China-Mann sehr lieben Berlin-Weib. Ja! Gewiß! Gewiß! Immer! Sehr!

Dazu machte er ein überaus seriöses Gesicht, indem er To-lu-to-lo mit weit geöffneten Augen bis ins Einzelne musterte. Als er damit fertig war, wandte er sich zu Emil und erklärte:

– Gut! Dick! Ja! Sehr!

Die Direktrice fand das reizend und lachte mit vollem Gesicht, indem sie ihre chinesischen Kenntnisse verwendete und fragte:

– Hao-pu-hao? (Wie geht's Ihnen?)

– Hen hao! Hen hao! (Sehr gut!) antwortete entzückt Herr Pan, schob Emiln, der an To-lu-to-los Seite ging, entschlossen weg und begab sich an den freigewordenen Platz.

Emil erklärte ihm mit den besten chinesischen Höflichkeitswendungen, daß das des Landes nicht der Brauch sei, aber der Herr aus dem chinesischen Süden erwiderte blos in einer Art von Hammerrhythmus deutsch:

- Das geht! Ja, ja! Das geht!

Er wollte damit sagen: Sie haben ja so recht, aber ich bin aus Kanton.

Emil war entrüstet und hätte gewünscht, daß es To-lu-to-lo auch gewesen wäre. Aber die war sehr vergnügt. Sie fand den offenherzigen China-Mann nicht blos amüsant, sondern auch viel interessanter als den säuberlichen Emil, der immer blos mit den Augen flüsterte. Er drängte sich ja bedenklich nahe an sie heran, und sein Geruch war ein bischen bedrückend, aber sie empfand doch eine sehr eigene, ganz neue und gar nicht unangenehme Sensation. Sie hatte ursprünglich gedacht, der Chinese würde ein bischen eklig sein, aber nein, gar nicht! Im Gegenteil, anziehend, sehr anziehend! Alles an ihm fand sie so … so … rätselhaft … so angenehm merkwürdig … so … na ja, daß man ganz dahinterkommen möchte.

Sie gab sich ausschließlich mit Herrn Pan ab und nahm den empörten Referendar nur noch als Dolmetscher in Anspruch:

– Du, sag ihm mal, ich möchte gerne wissen, ob er außer seiner richtigen Frau auch noch ein paar Gemahlinnen zweiten Ranges hat?

– Aber To-lu! Das schickt sich doch nicht!

Er mußte aber doch fragen.

Zur Antwort hob Herr Pan drei Finger empor und lachte:

– Ja! Ja! Gewiß! Sehr! Das geht! Das geht!

Und To-lu-to-lo:

– Nun frag ihn 'mal, ob sie nett sind, seine Frauen.

– Aber To-lu! Was muß er sich denn nur von dir denken!

Er mußte aber doch fragen.

Herr Pan wiegte sein schmales Haupt hin und her, dann rief er:

– Das geht! Das geht!

Diesmal sollte das heißen: Wie man's nimmt! Augenblicklich bin ich für Sie, mein Fräulein.

Er wurde aber noch deutlicher in der Zeichensprache. Er nahm To-lu-to-los rechten Zeigefinger und plazierte ihn neben die drei Finger, die seine Gattinen vorstellten. To-lu-to-lo wollte sich ausschütten vor Lachen, aber Emil fand diese stumme Werbung schamlos und impertinent. Er ballte seinen chinesischen Wortschatz zu einer zornigen Abkanzelung zusammen, die Herrn Pan an seine Pflichten als Ehemann und an seine Stellung als kaiserlich deutschen Lektor des Südchinesischen am orientalischen Seminar erinnern sollte.

Aber der entartete Gatte und Lektor hatte wieder blos sein leidenschaftsloses Universalwort:

– Das geht! Das geht!

Ein gewisser Ton darin zeigte deutlich, daß es diesmal heißen sollte: Junger Mann, kümmern Sie sich nicht um chinesische Sittengesetze!

In diesem Stile, an dem To-lu-to-lo sehr viel, Emil aber gar keinen Gefallen fand, ging es fort, bis es Zeit war, die Flora zu verlassen und irgendwo in Berlin zu Nacht zu essen. Emil bemühte sich, dem zügellosen

Mann aus Kanton klarzumachen, daß er es für seine Pflicht halte, ihn vorher in seiner Pension abzuliefern, aber Herr Pan erklärte, daß es die chinesische Höflichkeit nicht zulasse, eher nach Hause zu gehen als eine Dame, mit der man sich gut unterhalten habe. Emil mußte sogar seine Zeche bei Kempinsky mitbezahlen und schließlich auch die Droschke, in der er den vom Champagner überfidel gewordenen Gelehrten der sechsten Rangklasse nach Hause schickte. Noch aus dem Droschkenfenster heraus sandte Herr Pan merkwürdig stilisirte Kußhände an To-lu-to-lo, unablässig mit dem Kopfe nickend und laut rufend:

– Das geht! Das geht!

Zwischen Emil und To-lu-to-lo gab es eine Szene.

Der Referendar durchlief dabei die ganze Tonleiter des beleidigten Liebhabers, vom dumpfgrollenden Tremolo des schmerzlichen Vorwurfs bis zu den schrillen Fistelhöhen gebietender Energie. Die Direktrice aber, wenn sie nicht einfach: Das geht, das geht! erwiderte, indem sie sich vor Lachen nicht zu halten wußte, beschränkte sich darauf, in mannigfachen Nuancen den Standpunkt zu betonen, daß sie doch nicht seine Frau sei.

– Überhaupt bist Du komisch. Ich habe Dir ja noch gar nicht gesagt, daß ich in den Chinesen verliebt bin.

– Schämen sollst Du dich, schämen! Erstens vor mir und dann vor dem … dem Chinesen!

– Aber so was! Schämen? Weil ich ihn nett finde und Dich langweilig?

– To-lu …! Ich sage Dir …!

– Was denn?

– Bring mich nicht um den Verstand!

– Das geht! Das geht!

– To-lu! Das hätt ich nicht von Dir gedacht. Sieh 'mal, wir sind doch immer so nett zusammen gewesen, und Du liebst mich ja doch noch …

– Ja, ja, ja! Gewiß! Sehr! Immer!

– To-lu! Ich sage Dir: Das lass ich mir nicht gefallen!

– Nicht?

– Du denkst wohl, ich bin ein kleiner Junge? Wie? Ich sage Dir …!

– Na, nu hör aber blos auf! Bange machen gilt nicht! So was! Schlaf Dein Gift aus! Das mag ich nicht, so ein Gethue. Gute Nacht!

Sie waren an ihrem Hause. Die Direktrice ging voran. Er mußte, wie sie es Frau Kummers wegen immer hielten, noch eine Viertelstunde unten bleiben.

Gott, wie fühlte er sich unglücklich, als er auf dem Trottoir drüben auf- und ablief, immer den Blick nach To-lu-to-los Fenster, hinter dessen Gardine er ihre Gestalt sehen konnte. Zum Weinen war ihm, zum Weinen! Aber vielleicht ging Alles noch gut, wenn er nachher in aller Liebe ihr bewiese, wie unrecht sie handelte. Er pries zum ersten Male die Notwendigkeit, zu flüstern. Flüsternd und im vertrauten Dunkel kann man sich doch nicht zanken.

Das Licht in To-lu-to-los Zimmer erlosch. Nun konnte er hinauf. Nie hatte er es so gefühlt, wie lieb sie ihm war, als jetzt, wie er sein Zimmer betrat und in sich die Worte erwog, die leisen, heißen Worte, die er zu ihr sprechen wollte.

Aber der Riegel war vorgeschoben.

Emil erschrak ins Tiefste. Ihm war wie obdachlos.

– To-lu!

Keine Antwort.

– Ich bitte Dich, Tolu!

Er hat noch ein paar Mal gerufen, aber sie hat nicht geantwortet.

Bald hörte er an ihren Atemzügen, daß sie schlief. Er legte sich nicht einmal ins Bett.

Die Wollust des Schmerzes ist eine spezifische Gabe der Lyriker; Referendaren ist sie meist versagt. Emil dachte nicht einmal daran, sich rhythmisch zu entladen; nein, er schrieb, mit Einhaltung der Höflichkeitsränder oben, unten und an den Seiten, sehr deutlich und mit unverkennbaren Anklängen an jenen Juristenstil, der mit der deutschen Sprache einige Worte gemeinsam hat, einen acht Seiten langen Brief. Darin wies er zwingend nach, wie unrecht die Direktrice handle, indem sie zu ihrem üblen Betragen in der Flora und bei Kempinsky nun auch noch Trotz, Hohn und Lieblosigkeit füge. Kein Zweifel, daß es eigentlich an ihr sei, den ersten Schritt zur Versöhnung zu thun; aber sie sei ein Weib, und also wolle er sich nicht auf den Standpunkt kalter Rechtserwägungen stellen. Er habe sie viel zu lieb dazu; hier sei seine Hand; Alles möge vergessen sein. Er werde sie nie daran erinnern, wie weh sie ihm gethan habe. Möge nun aber auch sie ihm mit doppelter Liebe entgegenkommen.

Dieser Brief bereitete ihm dieselbe Genugthuung wie einem Lyriker ein schmerzhaft zärtliches Gedicht. Er fühlte sich, während er ihn schrieb, intensiv und angenehm als stoisch milden, aber doch unentwegten Mann, und als er ihn geschrieben hatte, kam eine große Zuversicht über ihn: Jetzt wird sie erst ganz meine Liebe und meinen Wert begreifen; gepriesen sei dieser thörichte Chinese, daß er mir Gelegenheit gegeben hat, ihr einmal mehr aus mir zu offenbaren als die untergebene Zärtlichkeit des verliebten Jünglings.

Er schob, als sie nach Hause gekommen war, den Brief durch den Thürspalt und hustete drei Mal energisch dazu.

Die Direktrice hatte so etwas erwartet und lächelte blos, als sie das Papier niederfallen hörte. Sehr neugierig auf seinen Inhalt war sie nicht. Sie zog sich erst hübsch langsam aus, und zwar bis aufs Hemd, lockerte mit dem üblichen Seufzer der Erleichterung (den sich Emil als Reueseufzer auslegte) das Korset und kroch in ihren blausamtenen Schlafrock. Dann begab sie sich ans Theemachen, freute sich am blauen Aufschlag der Spiritusflamme, sah wohlgefällig zu, wie das Feuerchen sich um die Nickelkanne schmiegte, wartete, indeß ihre Augen sich im Schauen weiteten, auf die ersten herauspuffenden Stöße des Dampfes und goß dann mit einem Ausdruck von Befriedigung das sprudelnde Wasser über das Kraut. Drei Minuten muß er ziehen, dachte sie sich, ja nicht länger. Nun die schöne, kleine, grüne Kanne mit dem elegant gebogenen Schnabel! So! Und nun das chinesische flache Täßchen – ob das aus Kanton ist? Fein riecht er, der Thee! Nichts schmeckt besser dazu als Ingwerbiskuits. Die legte sie sich immer schon früh bereit, immer eins halb aufs andere, wie Zinnsoldaten, wenn sie in der Reihe umgefallen sind, auf einer netten Majolikaschale. Nun trinken und schnabulieren! Nachher so ein langes, dünnes Zigarrettchen! ... Ob die Chinesen eigentlich den Thee auch so machen? Sie sollen keinen Zucker daran thun. Ob das schmeckt? ... Nee! Bitter! Brr! Ein Stückchen muß hinein! ... Wenn der Chinese blos nicht so nach Kampher und Moschus röche. Ob man ihm das abgewöhnen kann? .. Die Hände sind entschieden das Schönste an ihm ... Sonst ist er ein bißchen schmal ... Überhaupt: so merkwürdig unfleischig ... so wie aus Elfenbein der ganze Mensch ... Waden hat er wohl überhaupt keine und Muskeln mal sicherlich nicht ... Aber trotzdem, das ganze

Auftreten so bewußt, so bestimmt, so angenehm unverschämt. Drollig! Aber doch, eigentlich lustig kann man sich nicht über ihn machen. Er kann gewiß recht wild werden ... Und so verliebt ...! Ich möchte eigentlich wissen, ob er ... Na, ich denke ... Ein bißchen Angst hätt ich schon ... So ein Chinese! Chi-ne-se! ... Vier Frauen hat er ... komisch. Na ja, China! ... Wie er Einen ansieht, so durch die Kleider durch ... eigentlich ist es doch ein bischen... Aber es hat was: Weil er eben ein Chinese ist!... Einmal ist er mir mit seinen langen Fingern ein Stück in den Ärmel 'raufgefahren – warme Knochen! Ich fühl's noch ... Merkwürdig, durch und durch ging's ... Ich kann mir denken, daß er Einen ganz verrückt machen kann ... Ob er sich eigentlich den Zopf im Bette aufmacht? Gott, muß das aussehen! Der lange, dürre Mensch, und hinten so eine schwarze Haarlatte 'runter bis in die Knie ... Strümpfe haben sie überhaupt keine und Hemden auch nicht ... komisches Volk doch ... Aber ein feiner Kerl ist er! Wenigstens 'mal was Anderes als unsere ...«

Da fiel ihr der Brief ein, der da an der Thüre lag.

– Der gute Emil. Na ja ... er ist ja recht nett und lieb. Aber auf die Dauer ... Und nun will er gar so sein! Was denkt er sich denn eigentlich? Das wollen wir denn doch lieber nicht einführen! – – Also, was schreibt er?!

Sie holte den Brief, zündete sich eine Zigarrette an und las. Kopfschüttelnd. Als sie fertig war, sah sie nach der Thür zu Emils Zimmer und schüttelte den Kopf wieder. So, wie wenn Jemand gar nicht begreifen kann, was der Andere will. Aufgeregt war sie gar nicht. Nach einer Minute auch schon nicht mehr erstaunt.

Sie ging an ihr kleines Schreibtischchen, wo eine Herde Pinscher und Katzen aus Chenille stand, nahm ein steifes ockergelbes Kärtchen mit Goldschnitt und schrieb darauf: »Du bist wohl nicht ganz munter!!??«

Das ockergelbe Kärtchen ging nicht ganz leicht durch den Thürspalt. Sie mußte es mit Gewalt hineinschieben, aber kaum, daß es ein Stückchen hineingedrungen war, fühlte sie auch schon, daß es drüben ergriffen und herangezogen wurde.

Da mußte sie wieder lächeln.

Emil dagegen ...

Was ist die Wirkung des blauen Briefes auf einen alten Hauptmann gegenüber der Wirkung dieser gelben Karte auf den jungen Referendar! Er empfand nicht blos die schnöden Worte als Harpunen in seinem Herzen, sondern, angefüllt mit dem Lehrstoffe der chinesischen Klasse, wie er war, sah er auch in der Wahl der Kartenfarbe schlangenhafte Perfidie: Gelb, die Farbe des chinesischen Drachens!!

– Oh, dieses niederträchtige Weib!

Von der Höhe seiner männlichen Zuversicht fiel er in einen sumpfigen Abgrund der Verzweiflung.

Kein Zweifel, es war endgiltig Alles aus! Verstoßen war er, um eines schlitzäugigen, zopfigen, knochigen, blöden, frechen Chinesen willen verstoßen!

Wollte sie ihn verrückt machen?! Wollte sie ihn ... ah, oh, ... was sollte er denn thun?

Die Thür einschlagen? Hinüberstürzen!?

Diese heroische Anwandlung war aber nur wie das letzte Aufblacken der Flamme eines Stearinlichtes. Gleich war's vorbei, und ihm blieb blos die große Niedergeschlagenheit, dieses Gefühl: Da lieg ich und bleib ich liegen, und wenn ein Lastwagen kommt, ich steh nicht auf. Und: Ach, wenn doch ein Lastwagen käme ...!

Emil hat noch ein paar Versuche gemacht, die Direktrice wiederzugewinnen. Briefe in einem weniger männlich-logischen Stile, Briefe mit Anflügen von weihevollem Schwung, Briefe ohne Einhaltung der Höflichkeitsränder, kurzum: Briefe, die eine Hyäne besänftigt hätten – aber Fräulein Direktrice fand sie blos »kalbsledern«. Sie hatte wirklich keine Zeit mehr für diesen Referendar mit den wasserblauen Augen und den ewig gleich sänftlichen Zärtlichkeiten. Das war ja einmal sehr nett gewesen, und es hatte ihr recht wohl gefallen, so ein großes Baby zu haben, aber kann man neben einer Feuerlilie noch ein Vergißmeinnicht ansehen?

Herr Pan war die gepanterte Feuerlilie, die Fräulein To-lu-to-lo nun mit viel Sorglichkeit und Liebe in ihr Beet pflanzte. Ganz offenkundig betrieb sie ihre exotische Liebhaberei.

Dieser schamlose Lektor entblödete sich nicht, Sonntags schon früh um acht bei ihr zu erscheinen. Dann fuhren sie um 12 Uhr zusammen aus, in offener Droschke natürlich, ein Skandal und Schauspiel für die Nachbarschaft. Wie ein Pfauhahn sah der Kerl jetzt immer aus, wie ein chinesisches Gigerl! Apfelgrünes Oberkleid mit eingewobenen Pfirsichblüthen, himmelblauer Beinrock mit Goldbrokat. Dazu ein rotes Band in den Zopf geflochten und diese lächerliche goldbraune Tellermütze auf und am Gürtel den rotledernen, dick mit Gold bestickten Pinselköcher und in der Hand einen geradezu wahnwitzigen Sonnenschirm. Das Seminar sollte doch wirklich einschreiten gegen ein so operettenhaftes Betragen! Und sie! Was an Farben ihm etwa fehlte, trug sie an sich. Weil dieser elende Kantonese das Grelle, Bunte liebte, hielt sie es für nötig, in allen Farben zu schillern wie die Horndecke eines Rosenkäfers. Und die Hüte! Empörend! Schamverletzend! Die Natur scheute sich, Farben von dieser herausfordernden Frechheit hervorzubringen; wenigstens kam es dem Referendar so vor, als gäbe es dieses »Farbengewieher« auf der ganzen Welt nicht, außer auf diesen zur höheren Ehre des Herrn Pan komponierten Hüten der Direktrice. Und dabei konnte er sich nicht unklar darüber sein, daß er sie entzückend schön fand, diese »Person«, daß er hinter der Droschke hätte herlaufen mögen, um sie nur länger zu sehen, daß er …. ach Gott: es blieb ihm ja doch nichts Anderes übrig, als stumm zu dulden.

Freilich, Wand an Wand weiter hier mit ihr in einem Hause zu wohnen, das überstieg seine Kräfte. Roch es nicht durch den Thürspalt nach Kampher und Moschus? Mußte er nicht zu den schmerzlichsten Schlüssen gezwungen werden, wenn er konstatierte, daß sie niemals mehr abends vor 11 Uhr und Sonntags Nacht überhaupt nicht nach Hause kam?

– Frau Kummer, hier haben Sie die Miete für nächsten Monat; ich ziehe heute aus.

– Ja … aber … Herr Doktor …?

– Ich … ich muß. Es thut mir leid.

– Aber nee, so was! Alle zwei Zimmer leer, und Knall und Fall!

– Was, alle beide Zimmer? …?

– Ja freilich, das Fräulein zieht ja auch! Ich weiß nicht! Ich weiß nicht! In die Dorotheenstraße zieht sie, als ob's dort schöner wäre.

– Dorotheenstraße …!?

Das war zuviel! Also in die nächste Nähe des Menschen, wenn nicht gar in dasselbe Haus!

– Wann zieht sie denn?

– Die Woche noch, und hat doch das ganze Vierteljahr schon bezahlt.

Ich weiß nicht! Ich weiß nicht! … Ungeziefer giebt's keins, reine wird auch Alles gemacht, kein Titelchen fehlt …!

Sie zuckte mit dem Kopfe mechanisch hin und her und riß die Augen auf. Auf einmal schien ihr eine Idee zu kommen. Sie unterbrach ihr zuckendes Kopfgeschüttel und sah den Herrn Referendar boshaft fragend an:

– Entschuldigen Sie, Herr Doktor – aber am Ende ziehen Sie auch in die Dorotheenstraße …?

– Nein! Überhaupt: ich ziehe gar nicht.

– Na nu aber!

Frau Kummer mußte sich aufs Sopha niedersetzen.

– Jetzt weiß ich gar nichts mehr! Bin ich denn drehend? Aber sagen Sie mir doch nur …

Emil sagte nichts. Er fühlte nur immer: Dorotheenstraße!

Die Direktrice war ausgezogen, aber geholfen war dadurch nichts. Denn wenn er auch sie nicht mehr sah, so mußte er doch ihren chinesischen Liebhaber täglich erdulden.

Die südchinesische Klasse war aus Mangel an Teilnehmern geschlossen worden, und Herr Pan wohnte nun den nordchinesischen Stunden bei, weil er wenigstens beim Schreiben mit unterweisen konnte.

Da saß er nun wie ein triumphierender Truthahn dem bedrückten Emil täglich zwei Stunden lang gegenüber und machte sich ein Vergnügen daraus, seine unterweisende Aufmerksamkeit besonders ihm zu widmen. Regelmäßig zu Beginn jeder Stunde richtete er einen Gruß von To-lu-to-lo aus, und die Brombeer-Augen funkelten dabei höhnisch. Aber auch sonst unterließ er es nicht, dem armen Referendar ab und zu ein paar Splitter ins Fleisch zu schieben.

– Bitte lesen das!

Emil sah vier Zeichen auf hochrotem Papier. Schwere Zeichen, seltene. Endlich hatte er das erste: To!

– Sche, sche! (Richtig!)

Das zweite fand er nicht. Sein Nachbar war glücklicher: Lu!

– Sche sche!

Jetzt fühlte Emil den Splitter und verzichtete darauf, sich an der Enträtselung der übrigen Zeichen zu betheiligen.

To-lu-to-lo! erklang es im Kreise. Der Chinese hüpfte vor Vergnügen und schrieb's groß an die Wandtafel: To-lu-to-lo.

Die Zeichen hießen auf Deutsch: Fremd kommt zu Fremd und wird vertraut.

Das ist wohl wieder eine von diesen chinesischen Gnomen, deren innerer Sinn sich uns versagt, dachten die Übrigen. Emil aber begriff, packte seine Hefte zusammen, empfahl sich bei Herrn Kuei-Lin und ging.

Nein, das konnte er nicht ertragen! Der Verlust des Mädchens allein war seiner Seele schon eine schmerzliche Wunde, aber sich täglich von diesem höhnischen Hallunken mit seinen langen Fingern darin herumstochern zu lassen – nein! Ein Ende! Ein Ende!

– Wenn ich zu ihm ginge und es mir verbäte!? Unsinn!: »Das geht! das geht!«

Und dazu dieses infame Gegrinse.

Fortwährend sah er dieses Gesicht mit dem niederträchtigen dummschlauen Zuge vor sich.

Unerträglich! Diese Visage! Dieser Geruch! Diese Sprache!

Alles Chinesische war ihm plötzlich eine große Widerwärtigkeit.

Oh, diese Rasse! Verlogen! Verkommen! Verseucht! Heimtückisch! Feige! Frech! Grausam! Häßlich! Schadenfroh!

Und diese Sprache! Ein Gebell! Ein Geklapper mit Holzklötzen! Ein ungefüges kindisches Gepappel!

Dann kam das Klima dran, der Fremdenhaß, der Schmutz, der mangelnde Komfort, die weite Entfernung des Landes.

– Ein dummer Streich, weiß Gott, ausgerechnet in das unliebenswürdigste Land der Erde gehen zu wollen! Die Konsulatskarriere – ja: ein guter Grundgedanke! Aber warum gerade unter diesen gelben, verlogenen, verkommenen etc. etc. Fratzen? Da war Japan! Persien! Indien! die Türkei!

– Wie anders wirkt dies Zeichen auf mich ein!

Zumal die Türkei. Er machte es sich klar, daß die Türkei wie für ihn geschaffen wäre. In jeder Hinsicht.

Aber die Hauptsache, die er sich indessen nicht als solche eingestand, war wohl der Umstand, daß die türkischen Stunden Nachmittags lagen, so daß er sicher sein konnte, um diese Zeit keinen Chinesen im Seminar zu sehen.

Ein Ende! Ein Ende! Und wenn das gleich so viel bedeutete, wie etwas Neues anfangen müssen. Nur nichts Chinesisches mehr! Wie Gift lag's in seinem Gehirne, dieses Tsching und Tschang und To und Lo! Hinaus mit ihm! Hinausgekehrt mit türkischem Besen! Hinter die Bücher! Hinter die Bücher! Nichts hören, nichts sehen, nichts denken als Türkisch!

Und so geschah's. Emil verschwand aus der chinesischen Klasse und tauchte in der türkischen wieder auf. Die chinesisch gebliebenen Referendare wunderten sich sehr darüber und fanden keine Erklärung, desgleichen die Studenten. Aber Herr Pan-Wei-Fu grinste und spielte mit einem ockergelben Zettel, auf dem zinnoberrot die Zeichen standen: To-lu-to-lo.

... Fremd kommt zu Fremd und wird vertraut ...

Leberecht der Gestrenge

In einer kleinen Stadt Niederschlesiens kanzelt als Pastor primarius mein ehemaliger Freund Leberecht Wacker. Der Kreisarzt, der Amtsrichter und der Apotheker, als welche drei die Fahne des Liberalismus in dieser kleinen Stadt hochhalten (meist bei einer merkwürdigen Marke Rotwein, die sich Saint-Julien nennt, aber ganz gewiß aus dem nahegelegenen Grüneberg stammt), heißen ihn blos Leberecht den Gestrengen und finden, daß er »ganz unangenehm schwarz« ist. Das geht aber weder auf die Farbe seines Haupthaares noch seines Bartes, denn beide sind ihm sehr blond, fast rötlich, sondern auf seine theologische Seele.

– Stöcker in Duodez! sagt grimmig lächelnd der Amtsrichter.

– Ein anmaßender Mucker! pflichtet der Kreisarzt bei.

– Ein unausstehlicher Pietist! erklärt der Apotheker.

In der That kann nicht geleugnet werden, daß mein ehemaliger Freund keiner von den freundlichen Pastoren ist, die gemütlich predigen und im Privatleben gutmütig behaglich lächeln. Wenn er so auf der Kanzel steht, sehr steif, zusammengekniffenen Mundes, die kaltblauen Augen unverwandt gerade aus, so fühlt man, auch ehe er spricht, sogleich, daß dieser Mann mehr für den strengen als den linden Kanzelstil ist. Und wenn er anhebt, zu reden, so bläst es kalt über die Häupter der Gemeinde weg, die sich gleich duckt. Er spricht nicht gerade gut und gar nicht leidenschaftlich, er predigt nicht einmal im eigentlichen Sinne, – er dekretiert.

– So und so seid ihr, und so und so solltet ihr sein, also seid ihr auf dem falschen Wege. Ich aber sage euch: kehrt um!

Dann kommen praktische Nutzanwendungen, sowohl allgemeiner als auch sehr spezieller Art, scharfe Anklagen der Zeit und Welt im ganzen und der lutherischen Gemeinde von X. im besonderen. Den Bilderschmuck der Sprache liebt er dabei nicht, lyrische Anwandlungen sind ihm fremd, und was er an Pathos besitzt, braucht er polemisch herbe auf, statt es nach Art der schwärmerisch gottlobesamen Kanzelredner seelenbrünstig zum Preise der erhabenen Weltordnung aufzurollen als einen gewaltigen Wortteppich. So ist er auf der Kanzel. Noch mehr beinahe steckt er den Gestrengen bei den übrigen Handlungen seines Amtes heraus. Besonders rigoros ist er in Aberkennung des Myrtenkranzes bei Bräuten, die den Termin spezifisch ehelicher Zärtlichkeiten nicht ganz genau eingehalten haben. In diesem Punkte ist er erstaunlich gut unterrichtet, und es heißt, daß er die erotischen Beziehungen seiner Gemeinde von Spionen überwachen läßt, wie der Staat revolutionäre Umtriebe. Soviel ist gewiß, daß er großen Wert darauf legt, das Privatleben seiner Herde, bis unter die Bettdecke genau, zu kennen. Da er sich zu diesem Zwecke der Ohrenbeichte als Lutheraner nicht bedienen kann, und da die guten Leute von X. ihm ihre intimeren Heimlichkeiten nicht freiwillig anvertrauen, so ist er darauf angewiesen, nach Möglichkeit selber nachzusehen, und da mag es wohl sein, daß er denjenigen seiner Gemeindeglieder manchmal etwas lästig erscheint, die, ohne gerade stolze Britten zu sein, dem Grundsatze huldigen: my house is my castle.

Ohne Zweifel thut Leberecht auch mancherlei Gutes, zumal an Kranken, Alten und Armen. Aber er thut es in recht eigentlich unmilder Art. Indem er unterstützt, erhebt er nicht zugleich, sondern drückt eher nieder. Wenn er in ein Haus tritt und die Mitteilung einer Unterstützung bringt, so verbreitet er doch nicht Licht und Wärme und macht keine helle Freude. Denn es ist keine Wärme, kein Licht, keine Freude in ihm. Er hat nicht das Lächeln und die leicht aufliegende Hand des geistlichen Freundes, sondern er ist immer der geistliche Lehrer und Richter, der stets auch züchtigt, indem er mitteilt.

In seinem eigenen Hause handelt er nicht anders. Wie er selbst die Gabe des Lachens nicht besitzt, ja nicht einmal richtig zu lächeln weiß, so trägt auch seine Frau, die magere Pauline, beständig einen tief eingegrabenen Ernst zur Schau, und selbst seine Kinder, der sechsjährige Fürchtegott und die fünfjährige Johanna, haben schon Leberecht- und Paulinengesichter. Man wundert sich fast, wenn sie Vater und Mutter sagen; man erwartet, daß sie ihre Eltern mit Herrn Pastor und Frau Pastor anreden werden. Die Dienstboten halten es in Leberechts Hause nur kurze Zeit aus, obwohl die Küche dort gut und die

Arbeit nicht übermäßig ist. Denn sie dürfen nie auf den Tanzboden gehen, und das Singen bei der Arbeit ist durchaus verpönt.

Für das ganze Wesen Leberechts giebt es eigentlich kein deutsches Wort; man kann nur triste sagen. Es ist der vollkommene Ausschluß alles Heiteren, der diesem Wesen sein Gepräge giebt. Mir ist es immer so vorgekommen, als fehlte es meinem ehemaligen Freunde, seitdem er Pastor ist, am Eigentlichen des christlichen Menschen. Er ist ein strenger Diener seiner Kirche, ein theologischer Beamter von äußerster Gewissenhaftigkeit, ein dogmatischer Bureaukrat. Es fehlen keineswegs die respektablen Eigenschaften dieser Menschenklasse, er ist, wie er ist, geradezu musterhaft für diesen ganzen Menschenschlag, es fehlen aber auch nicht die weniger lobwürdigen Eigenschaften des Bureaukraten, der blos Bureaukrat ist. Besonders Pedanterie und Herrschsucht treten deutlich hervor. So ist Leberecht in der That keine gerade angenehme Figur, und auch ich, der ich durchaus keine Generalantipathie gegen die Theologen unter den Menschen empfinde, nehme meinen Weg gerne auf dem rechten Bürgersteige, wenn er auf dem linken geht.

Den zornigen und abschätzigen Diatriben des liberalen Triumvirates schließe ich mich aber doch nicht an. Das kommt daher, weil ich Leberechts Geschichte kenne. Ich weiß, wie es gekommen ist, daß er gar so triste wurde, und ich kann mir nicht helfen: er thut mir leid.

Ich kannte ihn schon als Knaben. Er war ein frischer rotbäckiger Bauernjunge mit hellen, gescheidten Augen. Wenn ich in den Ferien zu meinem Onkel, dem Rittergutsverwalter, aufs Dorf durfte, war er mein liebster Geselle. Ich erzählte ihm von der großen Stadt, wo ich bei meinen Eltern wohnte, und er lauschte meinen Worten, als verkündete ich ihm eitel Märchen und Wunder.

Eine Pferdebahn, – was für ein erstaunliches Ding! Brennende Luft auf Säulen von Metall leuchtend, – wie kann das nur sein! Kirchen, in denen tausend Menschen sitzen und zu den Klängen einer Orgel singen, deren große Pfeifen so dick und hoch sind wie die Stämme der Erlen am Gutsbache, – ist das auch wahr?

Ich sehe ihn noch mir gegenüber im Grase sitzen und seine großen blauen Augen auf mich richten, die sich weiteten in dem Bestreben, eine Vorstellung des Vernommenen zu gewinnen. Dann kam er immer schnell auf die Schule zu sprechen und fragte in seiner harten schlesischen Sprache: »Is wul schwar in dar Schule?«

Natürlich that ich darauf erstaunlich weise und entwickelte gewaltige Lehrpläne, indem ich die unabsehbaren Schwierigkeitsgefilde besonders der Geographie und römischen Geschichte mit ein paar kühnen großen Linien entwarf. Aber statt ihn damit abzuschrecken, erweckte ich in ihm nur die Begier, all diese geheimnisvollen und fremden Dinge auch zu lernen.

Bald waren meine Schulbücher, die ich mir immer mit dem hellsten Eifer des guten Vorsatzes mitzunehmen pflegte, ohne mich doch jemals beim Onkel durch sie von ländlicher Muße abhalten zu lassen, mehr, viel mehr in seinen Händen, als in meinen, und selbst ich merkte es, so jung ich doch war, daß Leberecht auffällig schnell begriff, was er las, und es ging mir durch den Kopf: Warum darf eigentlich Leberecht nichts lernen?

Ich fragte meinen Onkel.

– Tja, sagte der, Leberecht ist ein armer Junge; seine Eltern können ihn nicht in eine Stadtschule schicken. Sie werden froh sein, wenn er hier fertig ist, damit er bald etwas verdient. Er wird aber wohl kein tüchtiger Knecht werden. Er sieht recht spärlich aus.

Das hinterbrachte ich in aller Einfalt und kindischen Grausamkeit meinem Freund:

– Lern doch nicht immer in meinen Büchern! Deine Eltern können dich doch nicht in die Schule schicken. Du mußt ein Knecht werden. Natürlich mußt du erst mehr Kräfte kriegen.

Ich entsinne mich des Blickes noch, den er auf mich warf, als ich das so kalt hin und nicht ohne den Hochmut des Stadtkindes sagte, das sich seiner Vorzüge bewußt ist. Es war kein freundlicher Blick.

Ich suchte auch gleich wieder gut zu machen, was ich angerichtet hatte, denn ich fühlte wohl, daß es nicht recht von mir gewesen war, ihm das zu sagen. Ich versuchte ihn zu trösten, indem ich ihm schilderte, wie langweilig die Schule sei, die Lehrer wie streng, das Leben in der Stadt wie öde gegenüber diesem freien Umherstreifen in Wiese und Wald. Er schüttelte blos den Kopf und sah sehr traurig aus.

Seit diesem Gespräch, das hat er mir später oftmals gesagt, hat er nicht aufgehört, seine Eltern zu bedrängen, daß sie ihn in die Stadt auf die Schule schicken sollten. Er hat dafür von seinem Vater nur Prügel gekriegt, aber die Mutter, eine auffällig zarte Frau, hat ein Ohr für diese Bitten gehabt, und sie hat sich, als sie fühlte, daß der Junge nicht ablassen würde von seinem Wunsch, als sie merkte, daß er krank darüber wurde, an den Pastor des Dorfes gewandt, ihn zu fragen, was denn in diesem unglückseligen Falle zu thun sei.

Der alte Pastor Kuhn war ein milder, gütiger Herr. Er hat sich den Jungen kommen lassen und ihn mit Lindigkeit ins Gebet genommen. Er wollte ihm die thörichte Einbildung ausreden, denn an etwas anderes dachte er nicht, ehe er Leberecht vor sich hatte. Aber als der zu reden anfing, da hat er sogleich gemerkt, daß hier ein Trieb lebendig war, für den es einen festen Grund im Wesen dieses absonderlichen Bauernjungen gab: Begabung und ernstlichen Ehrgeiz.

Darum hat er sich sogleich vorgenommen, Sorge zu tragen, daß dieser Trieb nicht ausgeprügelt, sondern vielmehr thätig gefördert würde. Er hat dies selbst begonnen, indem er den Jungen bei sich in die Schule nahm, und wie er dann von Tag zu Tag deutlicher merkte, daß Eifer und Fähigkeit zum Lernen gleich groß in ihm waren, da hat er nicht eher Ruhe gegeben, als bis der alte kinderlose Graf, der das Rittergut besaß, eine Summe für Leberecht festlegte, genügend, die Kosten zu seiner Ausbildung bis zur Absolvierung eines Gymnasiums zu bestreiten.

So ist Leberecht erst in die Stadtschule und dann aufs Gymnasium gekommen, und so schnell und gut hat er gelernt, daß er, der nur ein Jahr älter als ich war, trotz meines Vorsprungs mich doch schon in der Untertertia einholte. Ich war erstaunt, wie er sich umgewandelt hatte. Er war gar nicht der Bauernjunge mehr, als den ich ihn mir immer noch vorstellte; er hatte vielmehr etwas sehr Zartes und Blasses; in seinen Bewegungen drückte sich eine sonderbare Scheu aus, in seinen Augen lag immer etwas wie Furcht. Unablässig war er in Angst, es möchte ihm ein schlesischer Dialektausdruck entfallen, und immer wiederholte er mir die inständige Bitte, ich möchte den anderen Tertianern nichts davon sagen, daß er noch vor ein paar Jahren ein Bauernjunge gewesen war. Als er in der Klasse den Stand seines Vaters angeben mußte, stockte er erst und sagte dann mit geschickter Vermeidung des Wortes Bauer: Landmann.

Ich mochte ihn auch als Schulkameraden ganz gut leiden, denn er behielt mir gegenüber immer ein gewisses Wesen bei, das ich nicht Unterwürfigkeit nennen mag, das aber einen leisen Schein davon hatte, der mir recht wohl behagte. Ich spielte mich dafür als den flotten Stadtjungen auf, dem es nie fehlen kann, und ließ ihn voll Huld an manchen Annehmlichkeiten meiner besseren Umstände teilnehmen.

Sonntags ließen ihn meine Eltern zu Tische laden, und stets war in meiner Frühstücksbüchse auch etwas für ihn, der von seinen Pensionseltern nie etwas anderes als eine trockene Semmel mitbekam.

So ging es durch die Tertianerjahre. In der Sekunda schieden sich unsere Wege etwas, weil ich mich gewaltig in jene Unternehmungen von Wucht und Nachdruck warf, die um diese Zeit den werdenden Jüngling bewegen: litterarische Kränzchen in Verbindung mit viel Bierkomment. Leberecht that da nicht mit. Es lag ihm nicht und schien ihm überdies unerlaubt. Dafür arbeitete er um so fleißiger, und als wir in die Prima eintraten, war er Primus der Klasse. Da wurde er mir natürlich unsympathisch, und ich nannte ihn empört einen Streber.

– Ochse doch nicht immer so blödwitzig! sagte ich ihm. Du bist ja ein Stumpfhuhn.

Und ich erzählte ihm von meiner blonden Flamme, der ich mit violetter Tinte Sonette auf rosa Papier schrieb.

Aber dafür hatte er ebensowenig Sinn, wie für unsre litterarische Kneipzeitung, in der ich ihn auf das Schauderhafteste mit Epigrammen verfolgte. Er erklärte mir kurz und gut, daß er solche Allotria lächerlich fände, aber mir schien es manchmal, als hätte er eigentlich ganz gerne mitgemacht, wenn ihm nur nicht die Schneid dazu gefehlt hätte. Ich empfand im Grunde ganz richtig. Es war bei ihm das Gefühl, daß er sich derlei nicht erlauben durfte, da er doch ein armer Bursche war, bei dem es noch gar nicht einmal feststand, ob sich überhaupt nach bestandenem Abiturientenexamen die Mittel zum Studieren finden würden. Immer drohte dieser eine Gedanke über ihm.

Der Graf kümmerte sich persönlich gar nicht um seinen »lateinischen Lümmel«, wie er ihn nannte. Zwar hatte er dem Pastor gegenüber erklärt, er werde ihm auch die Möglichkeit zum Studieren geben, aber etwas Bestimmtes lag nicht vor, und die Eltern Leberechts, zumal der Vater, hörten nicht auf, dem armen Burschen in jedem Briefe das Unglück vorzustellen, das nun eintreten würde, wenn der Graf nicht Wort hielte.

Und das war nun die Zeit, wo wir anderen kein besseres Thema wußten, als von unserem künftigen Studium zu reden und von der Freiheit des Studentenlebens. Da fuhr denn auch ihm manchmal die Frage entgegen: Was willst du denn eigentlich studieren, Wacker?

– Ich?.. Ich weiß noch nicht, antwortete er dann und that gleichgültig.

Aber er wußte es sehr wohl: die klassische Philologie hatte es ihm angethan. Ein Professor wäre er gerne geworden. Die Lehrer sagten es ihm ja selber, wie er dazu in jeder Hinsicht bestimmt zu sein scheine, er, dessen lateinischer Stil nie von Cicero abirrte, und der jede Sallustianische Wendung schon genau so als feuilletonistisch empfand wie der Herr Rektor. Die klassische Philologie und das klassische Altertum überhaupt, das schien ihm ein gar herrliches Arbeitsfeld. Er hatte die Ideale der leitenden Professoren unserer Schule einfach übernommen, weil seine Phantasie ihm keine anderen eingeben konnte. Er sah nichts Höheres als einen Scholarchen, und einmal Gymnasialrektor zu werden, das schien ihm ein Ziel über allen Zielen.

Aber er wagte es nicht, sich diesem Ideale hinzugeben, denn er wußte ja, daß nicht er der Herr seiner Entscheidungen war, sondern der alte Graf in Berlin, der noch niemals daran gedacht hatte, ihn zu fragen, welches Studium er sich erwählen möchte.

So brachte er das letzte Gymnasialjahr in Bangen und Ungewißheit zu, und selbst in dem Augenblicke, als er nach bestandener Reifeprüfung als primus omnium zuerst gefragt wurde, bei welcher Fakultät er sich einschreiben lassen wolle, wußte er keine bestimmte Antwort zu geben.

An diesem Tage war es, daß er mir sein Herz ausschüttete.

Ich war ja ein hinlänglich leichtsinniger Mulus und wußte eigentlich auch noch nicht genau, welche Fakultät ich beehren wollte, aber ich fühlte doch, wie bitter die Lage dieses Menschen war, der, obgleich mit einer Prämie und dem besten Zeugnis entlassen, sich plötzlich wie verstoßen fühlte.

– Was soll ich nun thun, wenn der Graf kein Geld mehr giebt? Und wenn er nun verlangt, ich soll Jurist oder gar Theologe werden?

– Na, Gott, Pastor ist doch ganz nett.

– Nein, ich sage dir … Weißt du: ich *kann* blos Philologe werden … Alles andre ist mir schrecklich. Die ganze Zeit über habe ich immer blos an Philologie gedacht, und ich weiß ja, daß ich blos dazu passe. Ich … ich glaube auch ganz sicher, daß ich dazu … daß ich Talent dazu habe, und überhaupt: wenn man so an einer Sache hängt! Die ganze Welt ist mir ja gleichgültig dagegen. Ich interessiere mich ja blos für das Altertum.

– Gott, das bildest du dir wahrscheinlich blos ein. Ich kann mir gar nicht vorstellen, wie sich unsereins für diese schöne Gegend ordentlich interessieren kann. Siehst du, wenn du damals in unser Litteratur-Kränzchen eingesprungen wärst, da hättest du auch andere …

– Nein! Nein! Seit Untersekunda schon steht es bei mir fest. Und Du mußt nicht denken, daß es blos die Philologie ist. Nein: das Altertum selber! Diese große Zeit! Diese herrliche Welt! Ich kann mir überhaupt gar keine anderen Gelehrten denken als die, die die Geheimnisse dieser wunderbaren Reste erforschen, von denen jeder heilig ist.

– Na, weißt Du, das finde ich doch ein bischen komisch, so aufgeregt von dem Zeug zu reden, mit dem sie Einen acht Jahre lang vollgenudelt haben, bis es Einem am Halse steht. Einfach scheußlich ist der Kram! Ich bin froh, daß ich ihn los bin. Natürlich: Homer, – eine feine Nummer! Aber jetzt 'mal was anderes. Kennst Du Ibsen?

Ich kann auch Zola gesagt haben. So ein Mulus springt possierlich durch die Litteraturgeschichte.

Leberecht aber machte blos ein bekümmertes Gesicht. Meiner Einladung, mein Gast bei der Münchner Kathi zu sein, leistete er keine Folge.

Die Mulusferien gingen mir recht angenehm dahin, dann fuhr ich nach Zürich und belegte eine erkleckliche Anzahl von Kollegs aus verschiedenen Fakultäten. Logik und Anthropologie, altprovençalische Grammatik und Scherrsche Universalgeschichte bildeten einen bunten Ringelreihen um mich, dem ich mich aber bald entzog, um in Oberstraß bei ein paar Nihilisten und Nihilistinnen Russisch zu treiben und in vergnügsamen Gartenetablissements des Lebens hochgeschürzte Seite kennen zu lernen.

Da erhielt ich eines Tages folgenden Brief von Leberecht:

Lieber Freund!

Heute habe ich durch Zufall deine Züricher Adresse erfahren und gehört, daß Du in der freien Schweiz ein freies, fröhliches Leben führst. Vielleicht interessiert es Dich, auch etwas von mir zu erfahren.

Mein Leben ist nicht so frei und fröhlich, wie das Deine, aber Student habe ich doch wenigstens werden dürfen. Und so habe ich schließlich doch auch Ursache, Gott zu danken. Denn beinahe wäre es anders gekommen.

Als ich nach dem Examen nach Hause kam, wurde ich nicht so

empfangen, wie es Dir und den anderen wahrscheinlich im Elternhause geschehen ist.

»Was soll nun blos werden?« das war das A und O in den Reden meiner Eltern. Meine Mutter hat geweint, und der Vater hat geflucht und ausgespuckt. Ich habe vergeblich versucht, ihnen klar zu machen, wohin mein Sehnen stand. Sie können es ja auch nicht verstehen.

Es wurde mir bald klar, daß sie nur immer das Eine gehofft hatten, in mir einmal einen Pastor zu sehen, wenn der Herr Graf so gnädig wäre, das zu erlauben, und alles andere schien ihnen ohne weiteres unverschämte Phantasterei. Auch der gute Pastor Kuhn hatte nichts anderes im Auge, und er hielt es für selbstverständlich, daß ich den Grafen um nichts andres bitten dürfte, als um die Unterstützung zum theologischen Studium.

Es half nichts, daß ich ihm erklärte, keine Neigung zu diesem Berufe zu haben, ja, daß ich der Kirche eigentlich kalt gegenüber stünde. In seiner milden Weise erwiderte er mir darauf, daß der Zweifel, von dem ich aber gar nicht gesprochen hatte, denn ich stehe ja eben der Theologie wie allem übrigen einfach gleichgiltig gegenüber, die stärkste Brücke zum Glauben sei bei rechten Gotteskämpfern, deren jeder durch die Überwindung dieser schlimmsten Schwachheit des Geistes nur an Kräften gewinne zur endlichen Erstreitung der göttlichen Wahrheit.

Trotzdem habe ich es versucht, vom Grafen die Erfüllung meines sehnlichsten Herzenswunsches zu erbitten, nein, zu erflehen. Ich habe ihm einen vierzig Seiten langen Brief geschrieben und alles auseinandergesetzt und dargelegt, was mich erfüllte. Mein Brief kam mit folgender Randnote wieder an mich: Brevi manu mit dem Bemerken zurück, daß Briefschreiber Theologie zu studieren hat, wenn ich ihn unterstützen soll.

Gleichzeitig hat er dem Pastor geschrieben, daß er aus meinem Briefe mit Bedauern den Geist moderner Begehrlichkeit und Überhobenheit gespürt habe, daß er aber trotzdem, da er nun einmal »leider« seine Hand dazu geboten habe, mich aus den Gleisen meiner eigentlichen Bestimmung ausspringen zu lassen, bereit sei, mich auf die Dauer von sechs Semestern, nicht länger, zu unterstützen, vorausgesetzt, daß ich in Breslau dem Studium der Theologie obliegen werde.

Du kannst dir denken, wie mich das niedergeschlagen hat. Ich wollte mich anfangs direkt auflehnen und legte mir allerhand Möglichkeiten zurecht, wie ich vielleicht doch mit Hilfe von Stipendien und Privatstundenhonoraren meinen Lebenswunsch durchsetzen könnte, aber da stieß ich nun natürlich wieder auf das Weinen meiner Mutter und das Fluchen meines Vaters, und selbst der alte gute Pastor Kuhn wollte mir das Haus verbieten.

Da hab ich denn einen Strich quer durch alle meine Wünsche gemacht und habe einen – Dankbrief an den Grafen geschrieben.

Ich bin nun einmal »der aus seinem Gleise gesprungene« Bauernjunge, der froh sein muß, kein Knecht werden zu müssen, und mir ziemt es, die Hände zu küssen, die mir ins Gesicht geschlagen haben.

Aber nein: es ist unrecht von mir, in diesem Tone zu reden, denn bei all dem Leide ist mir auch ein großes Glück widerfahren, ein Glück, ohne das ich freilich diesen Schlag wahrscheinlich überhaupt nicht verwunden hätte.

Denke dir, – aber ich bitte dich, sage Niemand etwas davon, – Pastor Kuhns Ida und ich haben uns heimlich verlobt. Ich kann dir nicht sagen, wie das gekommen ist, denn ich bin nicht imstande, mit Worten dieses Herrliche zu schildern, aber dies eine magst du wissen: mit diesem Troste in der Seele will ich und werde ich das Schwere eines aufgezwungenen Berufes mannhaft tragen und schließlich, wenn auch nicht im Ganzen meines Lebens, so doch in einem guten Teile glücklich werden.

Dein
alter Schulkamerad und Freund,
der, Gott seis geklagt, Student
der Theologie
Leberecht Wacker.

So so, dachte ich mir, Theologe und verliebt dazu, – der arme Kerl! Im Übrigen verachtete ich ihn, daß er dem Grafen einen Dankbrief geschrieben hatte. Im ersten Semester ist man ein sehr entschiedener Herr.

Dann habe ich Leberecht eine ganze Weile aus den Augen verloren, denn ich mußte eine dunkelrote Mütze tragen und sehr häufig auf dem Mensurcrux stehen. Hatte auch viel mit mancherlei Mädchen zu thun, die mir interessanter waren als Leberecht.

So würde ich kaum in der Lage sein, über seine weitere Entwickelung zu berichten, wenn ich ihn nicht doch in bestimmten Zwischenräumen während der Ferien immer wieder gesehen hätte.

Das erste Mal traf ich ihn als einen stillen Menschen von allzu deutlich betonter Bescheidenheit an, der zwar, das merkte man gleich, in unbehaglichen Verhältnissen lebte, für den es aber eine seelische Zuflucht gab, die ihn immer wieder aufrichtete. Nicht zur Fröhlichkeit zwar, aber doch zu einer trostvollen Hoffnung.

– Na, hast du die Trennung von den braven Griechen und Römern glücklich verwunden? fragte ich ihn in meinem damaligen Fuchsentone, den ich sehr forsch fand, gleich beim ersten Wiedersehen.

– Ach, bitte, antwortete er, laß das. Ich denke nicht mehr daran, weil ich nicht mehr daran denken darf. Ich studiere Theologie und suche das Andere zu vergessen. Es geht schon. Übrigens ist das Hebräische wirklich sehr interessant.

– Na also! Die alten Juden waren auch nicht von Pappe, und ob man nun Zeus sagt oder Jahveh, es kommt immer auf dieselbe Couleur heraus.

– Ich bitte dich, sprich nicht in diesem Tone. Da ich nun doch Theologe bin, darf ich so mich nicht unterhalten.

– Ach so, du bist auch gleich fromm geworden? Muß das denn sein? Aber bon, ich will deine Fakultätsbedenken respektieren. Reden wir also nicht vom Gotte der alten Juden! Wie gehts dir denn sonst?

– Wie soll mirs gehen? Ich ducke mich und sage sehr oft: meinen herzlichsten Dank!

– Wieso?

– Mein Gott, ich lebe doch von anderer Leute Gnade.

– Ach so, der Graf …

– Nicht blos der. Den sehe ich wenigstens nicht, und er hat sich ausdrücklich alle Dankesbezeugung von mir verbeten. Blos immer zu Neujahr muß ich ihm schreiben. Das ist leicht. Aber sonst ….

In seinen Augen war ein unangenehmes Irren, wie wenn er Jemand voll Haß suchte. So ein verbitterter Sklavenblick.

Ich drang in ihn, mir zu erzählen, worunter er denn so litte.

Und er erzählte mir. Es war keine Leidenschaft, kein Aufbäumen in Ton und Wort, aber eine tiefe Erbitterung in seiner Rede. Ich sah, dieser Mensch leidet stumm und denkt an Rache, ohne es klar zu wissen. Er läßt sich treten und wagt nicht einmal auszuweichen, aber er ist keiner von denen, die unempfindlich gegen Demütigungen sind. Nur fehlt es ihm an Temperament und Kraft, auszubrechen aus dem Käfig. Er fühlt seine Kraftlosigkeit und hat nur den einen Trost: später, später!

Es war die jämmerliche Tragödie des Freitisches. Mir erscheint es nicht zweifelhaft, daß das, was er so tragisch empfand, für andere nur komisch gewesen wäre, für andere, die ein bischen Humor, starke Selbstzuversicht, eigene Freiheit und Frische in sich haben. Aber es war nun eben so, daß Leberecht diese Eigenschaften nicht besaß.

Er war schon damals halb aufgerieben, ein Entwurzelter. Dazu kam, daß er entschieden besonders Pech mit seinen Freitischen hatte.

Da war der erste, bei einem städtischen Bureaubeamten. Dem hatte ein verstorbener Bruder, der Pastor gewesen war, sein Vermögen hinterlassen, doch mit der Bestimmung, daß er zweimal in der Woche einem Studenten der Theologie Freitisch gewähren solle. Er that es auch, aber mit Wut im Herzen gegen den Freitischler, der, wie er meinte, langsam aber sicher »das lappige Vermächtnis auffraß«. Er war ein sehr unangenehmer Herr, der gleich bei Annahme Leberechts erklärte, daß ihm diese Freitischgewährung kein hervorragendes Vergnügen bereitete. Er aß wohl auch sonst nicht lukullisch, denn er war geizig, aber an den Freitischtagen herrschte die äußerste Knappheit demonstrativ als Prinzip. Daher sahen auch die übrigen Familienglieder mit Ärger auf den »Suppen-Kandidaten«, den sie als Grund der besonderen Fasttage erkennen mußten. Kaum, daß ein Wort bei Tische gesprochen wurde. Selbst das Klappern der Löffel schien für Leberecht einen feindseligen Klang zu haben. War der Hausherr in besonders übler Laune, so ließ er es auch nicht an höhnischen Reden fehlen. »Sie stochern ja so am Fleische herum, Herr Kandidat! Es thut mir recht leid, daß ich Ihnen kein Filet vorsetzen kann. Na, später werden Sie es ja nachholen. Die Herren Pastoren lassen sich nichts abgehen.«

Dagegen war Nummero Zwei ein fröhlicher Herr. Der war ein ebenso freisinniger wie witziger Kaufmann, der gerne sein Späßchen hatte und sich seinen theologischen Freitischler als eine Art Hofnarren hielt. »Liebet Eure Feinde!« sagte er, »und darum füttre ich einen Kandidaten.« Es gab gut bei ihm zu essen, aber Leberecht mußte sich viel gefallen lassen. Bald stellte Herr Meyer die ernsthafte Frage, ob das Kalb, dessen Nierenstück da in saurer Sahnensauce lag, auch eine unsterbliche Seele gehabt habe, und, wenn, ob diese besagte Seele nun auch im Himmel sei? Bald schärfte er seinen etwas stumpfen, aber recht schartigen Witz direkt an Äußerlichkeiten Leberechts und fragte, ob es für Theologen ein paragraphiertes Gesetzbuch gäbe, nach dem sie verpflichtet wären, ihren Konfirmationsrock bis zum Staatsexamen zu tragen. Bald forderte er Leberecht auf, eine kleine Predigt oder wenigstens eine Vorlesung über dogmatische Gegenstände zu halten. Und alles, was Leberecht sagte, war ihm eine Quelle erstaunlicher Heiterkeit. Im einfachsten Worte, in der knappesten Antwort fand er durch die infame Kunst des Witzboldes, alles zu verdrehen und zu verzerren, eine Albernheit oder Schiefheit. »Hört nur den Kandidaten! Hahahaha! Ja, so ein Theolog rechnet uns aus, wieviel Engel auf einer Nadelspitze tanzen können. Das ist historisch! Nicht wahr, Herr Pastor? Sagen Sie mal: Wenn ein Engel Schnupfen hat, niest er dann?« Und mit ihm sah die ganze Familie Meyer in Leberecht eine komische Figur. Selbst die Kinder erlaubten sich ungezogene Scherze mit ihm, und der Alte wollte sich ausschütten vor Lachen, wenn auf Leberechts Rücken ein Kreidekreuz von der Hand des Jüngsten prangte.

Der dritte Freitisch dagegen war fromm. Es waren zwei alte unverehelichte Damen, die ihn hielten. Sie hatten jeden Tag einen andern Theologen bei sich zu Gaste, und die Technik ihrer unausstehlichen frommen Tadelsucht bestand darin, daß immer der Theologe von gestern dem Theologen von heute als Muster vorgeführt wurde. Kaum war das Amen des Tischgebetes verklungen, so ging es los:

»Nein, Herr Wacker, wie gleichgiltig beten Sie zu unserm Herrgott! Ein zukünftiger Pastor sollte wahrlich schönere Worte finden und nicht in diesem kalten Tone zum Geber aller Gaben reden, ohn den nichts ist, das ist, von dem wir Alles haben. Ach, wenn Sie einmal Herrn Stellmacher beten hörten! Herr Stellmacher, ach, der betet so innig, der hat so einen Tonfall des Herzens, und seine Augen, seine Augen, die sind so … Ja, Herrn Stellmacher könnten Sie sich zum Muster nehmen. Herr Stellmacher, das ist ein Theologe, wie er sein soll. Herr Stellmacher, das wird einmal ein Pastor! Schon in seinen Bewegungen zeigt Herr Stellmacher den Knecht Gottes, und es ist immer so erbaulich, wie er das Mahl mit schönen Sprüchen würzt und nicht blos immer darauf bedacht ist, zu nehmen und zu essen. Nicht wahr, Amalie?« Und dann begann Amalie das Lob des Herrn Stellmacher auf dem dunklen Hintergrunde der Leberechtschen Gebrechen hell und herrlich aufzutuschen in eitel Glorie und Glanz. Leberecht ging nie anders von diesem frommen Tische, als zerknirscht und tief bedrückt von einem Gefühle grenzenloser Unzulänglichkeit.

Selbst beim vierten Freitisch, im Hause eines reichen Rentiers, der ihn aus gutherziger Laune hielt, litt Leberecht. Dort hielt man ihm nichts vor, verspottete ihn nicht, behandelte ihn nicht feindselig. Alle, der behäbige Hausherr, die stattliche Hausfrau, die beiden hübschen Töchter, und der Sohn, ein flotter Jurist im dritten Semester, kamen ihm freundlich und heiter entgegen. Die Speisen waren zahlreich und gut, es gab Wein bei Tische, nach dem Essen musizierten die Mädchen, und die drei Männer saßen rauchend beim Kaffee. Es wurde viel gelacht und geneckt, vom Theater, Konzerten, Bällen geplaudert, Toilettefragen behandelt, Pläne zu Sommerreisen entworfen. Ein junger Mann, der, aus ähnlichen Verhältnissen stammend, hier zu Gaste gewesen wäre, hätte sich sehr wohl fühlen müssen. Aber Leberecht fühlte nur, wie fremd er diesem Allen war, eine wie schlechte Figur er in dieser Umgebung machte. Man ließ ihm gewiß nichts merken, aber er wurde das Gefühl nicht los, daß hier an ihm Barmherzigkeit geübt wurde, ohne daß man sich im Übrigen um sein Wesen eigentlich kümmerte. Man war sehr nett zu ihm, aber es schien ihm, mit großem Unrecht wahrscheinlich, als wollte sich hier der Reichtum vor der Armut produzieren. Er hatte die Empfindung, als seien diese reichen Leute raffiniert grausam ihm gegenüber. Ihre Heiterkeit, ihr schönes Wesen, ihre guten Formen, sogar ihre Liebenswürdigkeit schmerzten ihn, denn alles dies besaß er nicht, und er fühlte wohl, daß er es nie besitzen würde. Und bald erschien ihm ihre Heiterkeit als Frivolität und alles übrige als Äußerlichkeit ohne Gehalt und inneren Wert, das ganze Verhältnis aber zwischen ihm und ihnen als Ungerechtigkeit. Er litt in diesem Hause mehr, als in allen übrigen.

Am liebsten war ihm noch der fünfte Freitisch, wo er für die einmalige Abspeisung in der Woche unverhältnismäßig viel zu leisten hatte, da man als Entgelt von ihm täglich eine Nachhilfestunde für den Sohn des Hauses verlangte, einen in seiner Klasse zurückgebliebenen Tertianer.

Das war die Erzählung Leberechts in den ersten Universitätsferien. Als er damit zu Ende war, gab er mir die Hand und sagte:

– Trotz alledem will ich aber nicht klagen, denn du weißt ja, was ich dir damals geschrieben habe: Ich bin verlobt. Du kennst ja Kuhns Ida. Wenn ich an sie denke, dann vergesse ich das alles. Wir lieben uns treu, und wenn sie einmal meine Frau wird, dann ist alles gut. Ach, du glaubst nicht, wie mich dieser Gedanke mit Hoffnung und Glück erfüllt. Sage aber noch zu Niemand etwas, gieb mir deine Hand darauf! Vielleicht schon in einem Jahre kann ich dich von dem Versprechen entbinden.

Er war ein ganz andrer Mensch, wie er das sagte, und ich fand, daß so eine Art von Verliebtheit, die ich eigentlich als Philistrosität zu verwerfen verpflichtet gewesen wäre, doch etwas hatte, das meinen vielfältigen Verhältnissen nicht eigen war. Ich wünschte ihm aufrichtig alles Glück und nahm mir vor, es nächstens auch einmal auf diese Manier à la Ida zu versuchen. Es ist mir erst geraume Zeit später geglückt.

Einstweilen fuhr ich nach Leipzig zurück, trug meine dunkelrote Mütze weiter und vergaß Leberecht wieder, bis ich ihn nach einem Jahre aufs Neue in den Ferien traf.

Wie war der Mensch verändert! Er sah mich feindselig an, schon wie er mich begrüßte, und wollte einfach vorüber gehen. Mir fiel besonders auf, daß sein Gesicht fast lippenlos erschien. Es war etwas Verkniffenes an ihm, und selbst seine Augen schien er nicht ganz zu öffnen. Ich dachte anfangs, es sei das nur so der theologische Duktus, und ich genierte mich auch nicht, ihm meine physiognomische Meinung zu unterbreiten.

– Aber Leberecht! So jung und schon so sauer! Es scheint, du hast deinen Frieden mit der Gottesgelehrsamkeit gemacht. Geh, zieh deine Falten auf! Du hast ja Ferien.

– Wenn ich Dir nicht gefalle, warum redest du mich an? Wenn du die Theologen verachtest, warum läßt du mich nicht vorübergehn? Ich will nichts von dir.

– Beim Zeus von Offenbach, – was redest du denn jetzt für einen Stil? Mensch, bedenke, daß ich seit drei Wochen C. B. bin. Aber im Ernste: was fehlt dir denn?

– Mir fehlt nichts.

– Dann mach ein andres Gesicht!

– Was hast du mit meinem Gesicht! Ich habe keine Ursache, zu lachen.

– Aber du kannst doch wenigstens wie ein Mensch aussehen. Nimm dir ein Beispiel am alten Kuhn! Wie Butter in der Sonne zerfließt, geht sein Pastorenantlitz auseinander vor heiterer Laune.

In dem Augenblicke, wie ich das sagte, fiel mir plötzlich etwas ein, an das ich gar nicht mehr gedacht hatte, und ich wußte auf einmal, warum Leberecht diese steilen Falten im Gesichte hatte: Kuhns Ida hatte sich ja vor einem halben Jahre mit einem kleinen Gutsbesitzer in der Nachbarschaft verlobt ....

Ich mußte Leberecht ansehen, wie ich meine Entdeckung gemacht hatte. Er stand steif da und sah unter sich. Ich gab ihm die Hand und sagte:

– Ach Unsinn! Deshalb! Du! Deshalb muß man doch nicht gleich leichenbittern! Das wäre noch schöner! Froh mußt du sein! Froh! Hat sie Dich so schnell aufgeben können, so wäre das auch keine richtige Ehe geworden. Danke deinem Gott!

Aber Leberecht schüttelte den Kopf. Dann sagte er, immer, ohne mich anzusehen:

– Dein Trost trifft nicht. Es ist nicht so. Es ist nur wieder das, daß mir Alles genommen werden soll, das zu mir steht und stimmt. Ich soll nichts haben, was mir lieb ist, auch dann nicht, wenn es ein Mensch ist, der mich liebt. Erst das Studium. Das hab ich überwunden. Aber nun das Mädchen. Darüber komme ich nicht weg. Wie ein Verrückter studiere ich und suche Trost, aber es ist blos Betäubung. Ich kann, nein, ich kann nicht glauben, daß es für mich auch die Liebe nicht geben soll. Ich muß doch auch ....

Mir schien es, als könne er vor innerer Erregung nicht weiter reden, und ich wußte vor diesem Schmerze kein Wort zu finden.

Plötzlich nahm er meine Hand und drückte sie:

– Dein lächelnder Pastor hat sie von mir weggerissen! Aus gemeinem Materialismus! ...... Weil dieser Herr Fricke Geld hat und ich keins! Nein! Das ist nicht christlich! Das ist nicht evangelische Liebe!

– Ja aber ich bitte dich, weißt du denn .... Hast du denn mit ihm gesprochen?

– Ich? Nein.

– Aber das hättest du doch thun müssen!

– Sie hat mich gebeten, es nicht zu thun.

– Trotzdem hättest du es thun müssen.

– Ich bin wie zerschmettert gewesen. Ich ... ich mußte ... Siehst du: ich bin so ... unkräftig ... Ich fühle: was über mich kommt, ist immer stärker als ich, und ich muß erst warten, bis ich Kraft gewinne, nicht aus mir, sondern aus Gott, aus Gott, um den ich ringe; aus Gott muß ich Kraft gewinnen, aus ihm, dem ich nun danke, daß er Alles so gefügt hat, daß er mich zu sich gezwungen hat in leidvollen Fügungen.

Was war denn über diesen Menschen gekommen? Er keuchte ja und war wie besessen!

Ich erschrack. Er fuhr fort:

– Laß fahren dahin! Sie liebt mich und muß leiden, denn sie hat dem zu folgen, der ihr Herr sein soll nach Gottes Rat und Schluß. Und ich … ich … ich darf sie nicht mehr lieben … Nein! Ich habe zu lernen, ich habe zu ringen … Ich bin noch schwach. Aber der, um den ich ringe, wird mir im Kampfe mit ihm Kraft geben … Ich werde stark sein und ihn haben als mein Gut und meine Kraft. *Mein* Gut und *meine* Kraft. Für mich giebt es nur ihn. Er sei darum gepriesen!

Ich konnte nur den Kopf schütteln und mußte ihn gehen lassen, der sich einfach umwandte und mich stehen ließ.

Schon damals sagte ich mir: So wird man also einer von den Strengen. Aber ich fühlte doch auch, daß das für's Erste nur Exaltation war. Hatte er nicht mit auflehnenden Worten begonnen? Hatte er nicht selber von Betäubung gesprochen? Gewiß, so war es: Er exaltirte sich in eine wütende Theologie, um sich zu betäuben. Wenn ihm endlich das Leben einmal lächelte, vielleicht, daß er doch noch zu einem besseren Frieden käme, als diesem Gottesfrieden voll Erbitterung.

Aber das Leben hat es auch weiterhin übel gemeint mit Leberecht Wacker.

Als ich ihn nach wiederum einem Jahre in den Ferien sah, da war er mit seinen sechs Semestern fertig und bereitete sich auf das Examen vor. Jetzt hatte er etwas, ich kann es nicht anders nennen: Hochmütiges, aber es war nicht die Hochmütigkeit dessen, der Lust an seinem stolzen Ich hat, sondern jener verzweifelte und fatale Hochmut, den man allzubald als Zuflucht eines oft Gedemütigten erkennt, der nun mit einem kümmerlichen Bischen von Errungenschaft schaltet, als hätte er Schätze in sich. Seine Errungenschaft war die Anschauung von der Welt als von etwas unendlich Schlechtem und dann die bornirte Anmaßung des vom Leben Mißhandelten, als sei er allein schon durch seine Demütigungen emporgehoben über Alle, denen es besser ergangen war. Diese verkehrteste Wendung des christlichen Gefühles war bei ihm bereits schroff und fest Gefühlsrichtung geworden. Er war sich dessen sicherlich nicht bewußt, aber er stand schon im Beginne der Zeit seiner Rache.

Diesmal kamen wir nicht so gut auseinander. Anfangs wollte ich seinen Kanzelton mit Humor parieren, aber wie er anfing, impertinent zu predigen, da wurde ich grob:

– Nein, mein Teurer, das kannst du mal deinen Bauern erzählen, und ich hoffe sehr, daß sie es vorziehen werden, Schafskopf zu spielen, als sich von dir die Welt verekeln zu lassen. Woher nimmst du das Recht, deine Erfahrungen zum Maßstab der Welt zu machen? Was, weil du nicht die Kurasche und Schneid gehabt hast, zuzugreifen, wo ein guter Griff gute Beute an Lebensgefühl und Menschenglück bringt, darum sollen die andern mit dir zusammen sauer sehen? Denkst du denn, du kennst das Leben, weil du kein Talent dafür hast? Köstlich! Der Blinde, der die Welt schwarz heißt! Hätte Dir dein Herrgott einmal ein hübsches Mädel in den Weg laufen lassen, vielleicht sprächst du dann anders.

– So! Also darauf kommt's an!? Und wenn ich Dir nun sage, daß Gott mir in der That auch diese Erfahrung geschenkt hat? Wenn ich dir nun sage, daß eben dies seine beste, die große Gnade war, der ich es verdanke, daß ich nun der geworden bin, der ich bin? Ah, wie ich dich an diesem Trumpf erkenne! Pfui, sag ich! Pfui! Wisse: Eben das, was dich und deinesgleichen zum Heiden, zum Götzendiener der Lust macht, hat mich zum erkennenden Knecht der Wahrheit werden lassen. Wenn ich noch hoffen dürfte, dich bekehren zu können, würde ich dir dieses lehrreiche Erlebnis, das mich hart an den Rand der Sünde gebracht hat, erzählen. So aber, da ich weiß, daß es Dir nur Anlaß zum Spotte geben würde, muß ich darauf verzichten und mich damit begnügen, Gott zu danken, daß er wenigstens mich an diesem Abgrund vorbeigeleitet hat.

Er ging steif und zufrieden von dannen. Mir aber saß der Floh im Ohr, daß ich gerne erfahren hätte, wie es in der Nähe des Abgrundes ausgesehen haben möchte, in den Leberecht, Gott sei gedankt, nicht gefallen war.

Der Zufall war mir günstig, denn ein Corpsbruder von mir, der im nächsten Semester von Breslau nach Leipzig zurückkehrte, konnte mir die Geschichte authentisch genug erzählen, da er der Nachfolger Leberechts in der Gunst jenes Mädchens war, das diesem, wie er meinte, Gott als letzten Wegweiser zum Lande der wahren Erkenntnis von der Schauderhaftigkeit der Welt in den Weg gestellt hatte.

Indessen: ich will wirklich nicht spotten. Es ist zwar manchmal schwer, sich nicht auf die Bank der Spötter zu setzen, aber in dieser Hinsicht soll man sich überwinden.

Die Geschichte ist kurz genug erzählt und hat keinerlei besonders interessante Momente. Und doch ist sie es zweifellos gewesen, die Leberecht den letzten Stoß gegeben hat.

Das Mädchen hat sie meinem Corpsbruder selbst erzählt und mit einer Reihe feierlicher Briefe Leberechts belegt.

Es war eines von den vielen leichtsinnigen, schnell verliebten Dingern, wie sie in jeder Universitätsstadt zahlreich genug vorkommen, um der flatterhaften Erotik der akademischen Bürger ausgiebig Gelegenheit zur Bethätigung zu geben. Ein Nähmädchen, zwanzig Jahre alt, blond, nett, sittsam im Auftreten, aber unverbindlichen Verhältnissen nicht abgeneigt. Die nun hatte Leberechts Wohlgefallen so sehr erregt, daß er offenbar gemeint hatte, in ihr Ersatz für Kuhns Ida zu finden, seine künftige Frau Pastorin. Das hatte sie bald bemerkt, und da sie, wie nun das genäschige Wesen der kleinen Mädchen manchmal auf sonderbare Geschmackswünsche verfällt, es gerne auch einmal mit einem Theologen versuchen wollte, als welchen sie Leberecht natürlich gleich erkannte, so war, viel mehr durch ihr als sein Bemühen, bald eine Annäherung geschehen.

Es braucht nicht geschildert zu werden, wie sich Leberecht im Anfang benahm. Da war er ganz der immer ernste, immer zärtliche, immer schüchterne Liebhaber gewesen. Hatte nichts gewollt, nichts versucht, nicht einmal einen Anlauf zum Duzen. Aber sehr bald schon hatte er in verschleierter Ferne ein kleines Pfarrhaus leuchten lassen und war immer sehr innig geworden bei leisen Andeutungen der Zukunft.

Lisbeth, so hieß die Kleine, war erst verblüfft gewesen über diese Zurückhaltung und die Solidität in der Anlage dieses absonderlichen Verhältnisses, aber sie hatte sich dann gesagt: das ist eben das Theologische. Und schließlich hatte sie die Perspektive ins Pfarrhaus recht nett gefunden. So waren sie sich näher gekommen, und weil sie sich immer versprach und du sagte, hatte er das schließlich auch acceptiert.

Aber nun, wie sie ihre Gewalt über ihn immer wachsen fühlte, hat sie beginnen wollen, ihn ein bißchen nach sich zu modeln. Mit seinem Anzug hat sie angefangen und hat es auch wirklich dahin gebracht, daß er seinen Sonntagsrock zuweilen in der Woche anzog. Die Krawatten dazu hat sie ihm geschenkt, aber sie mußten schwarz sein.

Andre wollte er durchaus nicht. Dann hat sie ihn das Küssen gelehrt. Das war schwer, aber schließlich hat er's ganz gut gekonnt. Nun aber wollte sie weiter gehen. Ob er denn auch tanzen könnte? Da ist er schon sehr streng geworden. Aber in ein Theater könnte er sie doch mal führen? Nicht um die Welt! Ob sie denn sein zukünftiges Amt vergäße?

Da hat sie sich denn gedacht: was kann da sein, und sie hat versucht, mit einem großen Hauptschlage eine durchgreifende Reform seines Wesens zu begründen. Und nun begannen, ins Lutherisch-Leberechtische übersetzt, die Versuchungen des heiligen Antonius.

Ich habe die Briefe Leberechts gelesen, die dieser schwierigen Epoche angehörten, und ich muß sagen: er hat mir rechtschaffen leid gethan. Diese Leute haben den Teufel zwar nicht im Leibe, aber in der Seele, und das ist sicher das Schlimmere. Wie hat der arme Kerl sich abgerauft mit dem, was er die böse Lust nannte. Zwar hat er dem Teufel kein Tintenfaß an den Kopf geworfen, aber ausgeschrieben hat er mehr als ein Tintenfaß, um ihn zu bannen. Armer Teufel! ..... Ich meine Leberechten.

Der Schluß war mein Corpsbruder. Er kam gerade in dem kritischen Augenblicke, als Lisbeth genug Briefe hatte und einsah, es werde ihr nie gelingen, diese Korrespondenz zu parieren. Sie griff mit beiden Händen nach dem flotten Mann mit den lachenden Augen und konnte es sich leider nicht versagen, an Leberecht einen recht wenig netten Brief zu schreiben.

Ein andrer wäre vor das Mädel hingetreten und hätte ihr in angemessenem Tone die Leviten gelesen, – Leberecht that wie immer: er verkroch sich in sich selber und bebrütete sein Mißgeschick. Als er damit fertig war, war auch sein tristes Wesen von Strenge und Säure fertig. Es fehlte blos noch das Examen, die Anstellung und Pauline. Die haben dann den Essig zur ganzen Schärfe gebracht, und ich fürchte sehr, es ist einer von den schlechten Essigen, die nie milde werden.

Das ist nun so: Aus den einen Trauben kocht die Sonne Malvasier und aus den anderen quetscht die harte Kelter einen Saft, der kaum gut genug ist, Salat damit anzumachen. Das ist der Wehe-Wein.

Selig sind, die ihn nicht trinken müssen.

Die falsche Kindbetterin

Die alten Herren sind auch einmal jung gewesen.

Manche verstellen sich zwar und thun so, als wären sie schon als Großväter auf die Welt gekommen, kühl und weise und gemessen, aber sie haben die schönen Geschichten, die das Gegenteil beweisen könnten, wahrscheinlich nur vergessen. Andere, die ein lustigeres Gedächtnis haben, machen keinen Hehl daraus, daß es eine Zeit gegeben hat, wo ihnen die Mütze im Nacken saß und das Herz gewaltig hinter allerlei Mädchen herschlug. Mit solchen ist es lustig und lehrreich zu plaudern.

Ich kannte einen alten Herrn dieser fröhlich aufrichtigen Art, als ich in München mit den »Modernen« zusammen feurige Reden wider die verächtliche Welt schwang, die Paul Heyse liest, und gleichzeitig für anderen Lesestoff sorgte, indem ich verwegene Gedichte und Novellen von mir gab. Dieser alte Herr hielt zu uns Jungen, obgleich er ein königlich bayerischer Oberlandesgerichtsrat a. D. war. Er fand, wir seien gar nicht so schlimm, wie man uns nähme, und vielleicht nicht einmal so schlimm, wie wir uns gaben. Ja er meinte sogar, seine Generation sei ein gut Teil schlimmer gewesen, als wir, und er pflegte hinzuzufügen: Gott lob!

Er meinte nämlich, eine gewisse Portion Untugend sei direkt ein jugendliches Reservatrecht, und wie er, der im übrigen kein Partikularist war, es nicht wünschte, daß das bayerische Wesen allzuviel norddeutschen Drill annähme, so wollte er auch nicht, daß die Jugend gleich so vollkommen reputierlich wäre, wie das Alter.

– Jugend soll drauflos gehen und ihre Lust haben! war sein Wort, deshalb soll sie freilich nicht ausschweifen, denn das ist recht eigentlich wider den Geist einer gesunden Jugend. Überschäumen – ja! Aber nicht auslaufen! Eine Jugend, die der reifen Mannheit nichts übrig läßt, zeigt erkrankte Instinkte. Sie ist ein Strohfeuer, das wer weiß wie wild aussieht, und hinter dem doch nichts steckt, als frühe Dürre. Den Saft erhalten, junge Leute! Nicht so schnell Glatzen kriegen! Lebfrisch bleiben und uns Alten ein fröhlicher Anblick! Dann wird euch kein Verständiger sauer ansehen, wenn ihrs auch mal ein bischen toll treibt!

Im alten Hofbräuhaus oben im »Offiziersverein« haben wir manchmal zusammengesessen, und ich habe ihm immer mit der gleichen Lust zugehört. Er konnte so nett erzählen, ein bischen im altmodischen Stile, so eine Spur kalenderhaft-behaglich; mir gefiel das außerordentlich. Oft habe ich ihm gesagt: Aber das müssen Sie schreiben! Das ist ja eine Novelle! Genau so wie Sies erzählen, sollten Sies schreiben, nichts dazu und nichts davon, und es wäre köstlich!

Aber davon wollte er nichts wissen:

– Erzählen, – ja; schreiben, – nein. Nicht etwa, weil ich dächte, es lohnte sich nicht, oder es gehörte sich nicht für mich, sondern ganz einfach: Ich kanns nicht. Ich habs nämlich früher schon ein paar mal versucht, aber erstens ist mirs sehr sauer geworden, und dann hat mirs schließlich nicht einmal gefallen, wie ichs gelesen habe. War alles so steifbeinig und mühsam, wie mit Reißzwecken aufgenagelt, kalt und kahl; mit einem Worte: man mußte merken, daß der Mann, der das geschrieben hatte, nicht vom Handwerk derer war, die mit Kunst erzählen. Ich weiß auch nicht, wie das kommt, aber es ist nun so: Sobald ich die Feder in die Hand nehme, krieg ich den Juristenstil und verliere alle Laune. Und überdies: Ihr schreibt ja gerade genug; da soll unsereins nicht auch noch mitthun wollen.

Trotzdem glaube ich, daß er die Geschichte, die ich jetzt versuchen will, ihm nachzuerzählen, sehr viel besser geschrieben hätte, als ich es vermag, der ich die Zeit, in der sie spielt, nicht miterlebt habe. Ich will mir alle Mühe geben, wenigstens den Ton zu treffen, in dem er sie mir erzählt hat, und ich hoffe, daß er mir kein zu gestrenger Kritiker sein wird, wenn sie ihm oben in seinem »Juristenhimmel« zu Gesichte kommen sollte, wohin er leider vor ein paar Jahren abgegangen ist.

Wir waren auf dem Wege zum Hofbräuhause einem Herrn begegnet, an dem mir eine überaus starke Ähnlichkeit mit einem Altersgenossen und Freunde meines Begleiters aufgefallen war: mit dem alten knurrigen Professor Störzer. Dieser alte Herr, der nun auch tot ist, war der direkte Gegensatz zu dem Oberlandesgerichtsrat. Er mochte die Jugend gar nicht und am allerwenigsten uns, die er einen »geistlosen Aufguß des jungen Deutschland« nannte und gerne mit dem zornigen Langzeiler, ich weiß nicht, welches römischen Poeten, regalierte, der, wenn ich ihn recht behalten habe, also lautet:

Proveniebant oratores novi stulti adolescentuli.

Er zeigte sich trotzdem manchmal an unserm Tisch, aber es gab dann immer Streit und Unerquicklichkeit. Denn zu allem übrigen kam auch noch, daß er, der alte Hagestolz, ein eingefressener Weiberfeind war, der es durchaus nicht verwinden konnte, wenn Einer von uns sich mannhaft als Gegner des Wortes bekannte: Das Weib ist bitter. Zumal für erotische Lyrik hatte er nur das eine Wort: Larifari! Und wir waren doch alle so ungemein erotische Lyriker.

Also diesem alten Weiberfeinde und Professor sah der Herr auffällig ähnlich, der uns begegnete, als wir zum Hofbräuhaus wandelten. Nur mochte er nicht wie dieser schon über die siebzig, sondern etwa fünfzig sein. Er grüßte meinen Begleiter, und ich fragte diesen deshalb: Ist das ein Verwandter vom Professor Störzer?

Der Oberlandesgerichtsrat lächelte sonderbar und sagte blos: Oh ja, sehr.

– Wieso? fragte ich weiter.

– Das ist eine kleine Geschichte, die ich Ihnen gleich nachher erzählen will, wenn nicht etwa der Professor oben ist. Denn Sie wissen ja: Der liebt die erotischen Geschichten nicht.

Wir fanden unsern Tisch leer und blieben den Abend über allein. Der Oberlandesgerichtsrat gab erst sein Urteil über das Bier ab, dann fing er gleich zu erzählen an:

Sehen Sie, das ist auch so eine Geschichte, aus der Sie ersehen können, daß Sie die Liebe und den Leichtsinn nicht erfunden haben, und daß vor Ihnen auch schon Leute da waren, die an der Quelle lagen und tranken. Seien Sie also künftig nicht unbescheiden und thun Sie fürder in Ihren Novellen nicht so, als wären Sie die Entdecker des gelobten Landes.

Nun warten Sie mal; wie fang ichs an, daß ich Ihre gute Meinung von meinem novellistischen Talente nicht Lügen strafe! Ich kann schon gar nicht mehr gemütlich erzählen, seitdem Sie mich zum Dichter gekrönt haben. Das ist wirklich unbequem; ich fange schon an, zu disponieren und zu komponieren. Alte Leute muß man nicht eitel machen. Das ist schonungslos.

Also lassen Sie mich denn dichten! Das heißt, nota bene, Sie dürfen Gift darauf nehmen: Das Leben hats vorgedichtet. So was fällt blos dem Leben ein. Warten Sie, ja wann war es doch ... richtig: 1847. Da kam er von der Schule in Bamberg und zog nach München, dort Philologie und Geschichte zu studieren. Er war ein verteufelt hübscher Junge, und noch nicht neunzehn alt, hochaufgeschossen, sehnig, stramm, – heute würde man schneidig sagen. Aber doch sah er anders aus, als die, die heute schneidig aussehen wollen.

In parenthesi: Wir sahen damals wirklich hübscher aus, als ihr heute. Wir hatten ein anderes Ideal von Männlichkeit. Wir wollten nicht wie Leutnants aussehen, sondern eher wie ... aber das ist nicht leicht zu sagen ... uns schwebte so was vor wie Freiheitsdichter, Volkstribun, – na kurzum irgend etwas Ideales, Deutsches, mit langen Haaren und schwärmerisch kühnen Augen.

Hans Störzer kam diesem Ideal sehr nahe, und noch heute denke ich mit Lust daran, wie schön er aussah mit seiner langen blonden Mähne à la Chamisso, die ihm bis über den hohen Rockkragen wegfiel, seiner scharfen Nase, seinen großen, natürlich unbezwickerten Augen und dem feinen Mund mit dem bischen Schnurrbart darüber. So wie er aussah, hätten wir Alle aussehen mögen, schon der Mädchen halber, die ihm in einer Weise nachliefen, daß wir es schamlos finden mußten.

Wiederum in parenthesi: Unsre münchener Mädchen von damals, wohlverstanden: die guten Bürgersmädchen, waren, so will mirs scheinen, von einem verliebteren Schlage, als die heutigen, ganz abgesehen davon, daß sie viel hübscher waren. Ich glaube: die Rasse war noch reiner, die Dingerchen waren bayerischer, runder, lustiger, und, wenn auch ein braves Teilchen Schwärmerei und Romantik in ihnen steckte, so war das doch keine Verstiegenheit ins Kalte und Nebulose, sondern vielmehr eine Promenade ins Schäferliche, wo das alte gefällige Lied durch die heimlichen Büsche klingt:

Was kann man denn dawider,
Wenn man nun einmal muß.

Die Frisur des schönen Hans
(Adelbert von Chamisso)

Wer die Welt blos als moralische Anstalt betrachtet, wird dagegen seine Einwendungen haben, aber es giebt ja auch andere Standpunkte, und, was uns damals betraf, so standen wir auf denen und fühlten uns recht wohl dabei. Ich kann mich nicht erinnern, daß irgend Einer von uns jemals mit einem käuflichen Frauenzimmer zu thun gehabt hätte. Wir hätten das als Geschmacksverirrung, oder aber als Beweis dafür betrachtet, daß er nicht imstande war, mit honetten Mädchen umzugehn.

Hans Störzer aber war direkt ein Meister in dieser angenehmen Kunst, und er hatte es noch viel weniger als irgend ein anderer von uns nötig, die Liebe von ihrer unsaubersten Seite sehen zu müssen. Er war in einer Weise Hahn im Korbe, daß wir uns nicht gewundert hätten, wenn die Rede gegangen wäre, daß sich Prinzessinnen um ihn zankten.

Er hatte aber auch wirklich alles, was den Mädchen damals gefiel. Nicht allein, daß er ein schöner, aufrechter Bursche war, dem man auf zehn Schritte unverdorbene Lebenskraft ansah, er war auch bald bekannt und bewundert als ein Kerl, der reiten, tanzen und fechten konnte, wie kaum ein anderer. Dies aber, ohne darum in den Ruf eines Krafthubers zu kommen; denn ebenso bekannt war es, daß ein Stück Poet in ihm steckte. Die Mädchen, die ihn auf dem Reitfelde, das nun zum Maximiliansplatz geworden ist, seinen Rappen tummeln sahen, wußten zugleich, daß er auch den Pegasus zu zügeln wußte, und seine Auslage auf dem Fechtboden war nicht eleganter, als die zierliche Form seiner Sonette und Terzinen.

Nur eines war bedenklich an ihm: er war in der Liebe nicht so beständig wie im Fechten und Reiten. Den schönen hohen Rappen Maxl hatte er semesterlang, aber bei einem Mädchen hielt ers nicht lange aus.

Das Nannerl ist nett,
Das sieht wohl ein Jeder,
Aber die Babett,
Die ist auch nicht von Leder.

Richtig verliebt war er wohl eigentlich nie dabei; die Liebe war für ihn auch blos so eine Art Kraftübung, – ihr würdet heute Sport sagen. Daß er darin den höchsten Rekord hatte, that ihm wohl; daß ein paar liebe Dinger darum Herzweh leiden mußten, berührte ihn wenig. Übrigens glaube ich auch nicht, daß das Herzweh im allgemeinen sehr groß war. Hans gehörte zu jener Art verführerischer Jungen, in die sich die Mädchen gern schnell, aber nicht tief verlieben. Sie merken es ihnen gleich an, daß es sich bei ihnen immer blos um Durchgangsstationen der Liebe handeln kann, und gerade das ist für viele ein Reiz mehr. Diese Art Don Juans (d. h. diesen Ausdruck möcht ich gleich wieder zurücknehmen, denn er giebt ein falsches Bild) ist im Grunde nicht sehr gefährlich. Herzbrüche giebts da selten, weil eben das Herz nur selten dabei ist.

Das hindert nicht, daß manchmal etwas passiert, das übel ausläuft. Und so was bildet den Inhalt der Geschichte, die ich nun erzählen will. Sie gehört zur Gattung der Tragikomödien.

Bei ihr muß ich nun aber wirklich den Novellisten spielen und alle Parenthesen beiseite lassen, sonst kommen Sie aus dem protestierenden Kopfschütteln gar nimmer heraus, und mein Renommé auf dem neuen Parnaß ist beim Teufel. Aber warten wir auf Kathi mit der neuen Maaß! ... Also nun!

Die Mädchen sollen zuerst vorgestellt sein. Marie hieß die älteste, war dreiundzwanzig Jahre und brünett; dann kam die Elies; die war zweiundzwanzig und schwarz; aber die jüngste hieß Cenzi und war blond und neunzehn. Hübsch waren alle dreie, und ihr Vater war Professor an der Ludovico-Maximiliana. Er las Geschichte, ganz alte Geschichte; was nicht mindestens altassyrisch war, interessirte ihn garnicht. Trotzdem war sein Haus in der Theatinerstraße lustig und von den Studenten gerne besucht. Das kam natürlich in erster Linie von den Töchtern, aber die Frau Professorin hatte auch ihr gut Teil Verdienst daran. Denn sie war so eine richtige, lustige, gemütliche, launige Altmünchnerin, der man die zweiundvierzig durchaus nicht ansah, die sie auf ihrem rundlichen Rücken hatte.

Bei Frauen wird Humor selten gefunden; sie hatte welchen; d. h. ich meine hier Humor in dem umfassenden Sinne, wo das Wort Weltanschauung und Lebensdirektive bedeutet. Bei ihr speziell sah dieser Humor so aus: sie nahm die Welt wie sie gebacken ist, seelenruhig und heiter gelassen hin, ohne auch nur im mindesten daran zu denken, wie dies oder das wohl anders sein sollte, möchte oder könnte. Sie sah in der Hauptsache nur das Gute und Ersprießliche im Leben; kams aber mal bös und grob, so wußte sies schnell und ohne viel Aufregung so zu drehen, daß sie und ihr Haus nach Möglichkeit gut aus der Affaire kam. Es gab schlechterdings keine Überraschung für sie. Ein häufiger Spruch von ihr war: Dem Leben ist alles zuzutrauen; darum muß man sich nie aus dem Konzept bringen lassen. Immer, wenn sie ausging, trug sie einen umfangreichen Regenschirm bei sich, und wenn man sie dann auf den völlig wolkenlosen Himmel aufmerksam machte, antwortete sie: Der Himmel ist imstande und regnet ohne Wolken; hab ich mein Regendachl, brauch' ich mich um den Himmel nicht zu kümmern.

Etwas ganz exemplarisch schönes war ihr Verhältnis zu den drei Töchtern. Ich habe derlei nie wieder gesehen. Sie stand zu ihnen wie eine ältere Freundin, vor der es kein Geheimnis geben konnte, weil es ganz unmöglich schien, ihr etwas zu verschweigen; denn ihr Urteil, ihr Spruch war zu allem nötig. Dabei hatte dieses Verhältnis aber nichts Laxes; sie stand vielmehr in sehr großem Respekt bei den Dreien, nur, daß dieser Respekt auch nicht den geringsten Schein von Angst, von Entferntheit in irgend einem Punkte hatte. Es war einfach dies: die Mädchen fühlten nicht blos die unmittelbarste und innigste Liebe zu ihr, als der Mutter, sondern sie hatten auch die klare Empfindung, daß diese eine besondere, überlegene Frau war, so wenig sie das äußere Wesen davon an den Tag legte. So war Liebe und Respekt in Einem da, und beides war reines Naturprodukt, nicht Katechismusresultat oder sonstwie Pfropfwerk.

Ähnlich war das Verhältnis der beiden Alten zu einander, nur daß der gute Professor doch auch ein klein wenig von seinen eigenen Qualitäten überzeugt war, sodaß das Gefühl irgendwelcher Inferiorität glücklich vermieden blieb.

In dieses Haus nun, wo es viel fröhliche Abende mit Musik und Gesang und recht oft auch Tanz gab, ließ sich Hans Störzer sehr gerne einführen. Zu keinem anderen Zwecke als eben diesem hatte er ja bei dem Professor ein Kolleg über assyrische Geschichtsquellen belegt, die ihm im übrigen so gleichgültig waren, wie einem Mediziner das kanonische Recht.

Hans verkehrte sonst nicht gerne in Familien, denn das stimmte nicht zu seinen Anschauungen von freier Burschenherrlichkeit. Er hatte es ja auch nicht nötig; die Mädchen legten im allgemeinen weniger Wert auf seine Besuche in ihren Häusern, als auf ihre in seinem. Das war eben das angenehm Unverbindliche in diesen Verhältnissen mit dem gepriesenen schönen Hans.

Nun aber war es ihm einmal ergangen wie dem Mohammed, und er hatte sich wie dieser schnell entschlossen gesagt: Kommt der Berg nicht zum Propheten, so muß eben der Prophet zum Berge kommen; der Effekt ist ja der gleiche.

Und in der That, es kam, wie er gewünscht und ohne weiteres angenommen hatte: alle drei Mädchen verliebten sich in ihn.

Die erste, die das merkte, war die Mutter. Eine gute Menschenkennerin, die sie war, erkannte sie sogleich, daß das keine Sache von bedenklicher Tiefe war, und so dachte sie sich: mögen sie sich immerhin ein bischen abraufen die dreie um den hübschen Jungen. Wärs blos eine, so wärs bedenklich; nuns aber alle dreie sind, wird eine der andern aufpassen, und so wirds ohne schlimme Streiche vorbeigehen. Auch rechnete sie wie mit einem absolut sicheren Faktor darauf, daß eine nach der andern zu ihr kommen werde, Rat und Spruch einzuholen. Einstweilen hielt sie es für ein genügendes Präventiv, wenn sie mit ein bischen mehr Ernst als sonst den Finger erhöbe und vor diesem Allerweltshans warnte, hinter dessen Sporen- und Sonettgeklingel die gesammte Gänseherde Münchens einherschnatterte.

Es ist eigentlich sonderbar, daß die kluge Frau Professorin, die sonst auch das scheinbar Unmögliche immer mit in Rechnung zog, in diesem Falle blos an das Wahrscheinliche dachte. In der Liebe aber, das hätte sie bedenken müssen, geht es immer unwahrscheinlich zu. Daß sie das übersah, und vor allem, daß sie nicht an die Heimlichkeit als wesentliches Ingredienz verliebter Abenteuer dachte, war verhängnisvoll.

Das Unwahrscheinliche, das sich begab, war dies: die drei Schwestern waren ohne jede Eifersucht aufeinander und vergötterten ihren Hans gemeinschaftlich. Und eben, weil dies so gemeinschaftlich geschah, dachten sie nicht daran, sich der Mutter zu offenbaren. Eine alleine hätte es am Ende nicht gewagt, vor ihr ein Geheimnis zu haben, aber alle drei zusammen, das ergab so eine Art Komplottstimmung, in der die erste Pflicht ist: du sollst deinen Kameraden nicht angeben.

So geschah es, daß sich die Mutter, die nur immer darauf achtete, daß die Mädchen nicht einzeln aus dem Hause kamen, ganz sicher fühlte und nichts übles ahnte. Sie hielt es nicht mal mehr für nötig, zu warnen, oder die drei auch nur mit dem schönen Hans zu necken. Als dieser dann auch bald aus dem Hause wegblieb, dachte sie mit Genugthuung für sich: hier haben seine Reit- und Reimkünste einmal versagt.

Mittlerweile aber hatte der schöne Hans ruhig unermüdet und vergnüglich mit drei Werken gemahlen. Dieses Abenteuer in triplo war wirklich die Krone seiner Liebessiege. Derlei war außer ihm sicher noch keinem gelungen. Er stieg damals mit einer richtigen Triumphatorenmiene einher. Eben hatte er die Entdeckung gemacht, daß sich mit den drei Namen der Schwestern zusammen ein wunderhübsches Anagramm-Sonett prägen ließe (er brauchte nur bei Elies das e weg zu lassen), da raubte ihm eine Eröffnung, die ihm Marie als die älteste machte, alle Lust an Reimspielen und jedes Triumphgefühl.

Sie trat ganz ruhig vor ihm hin und sagte ihm: Du mußt Cenzi heiraten; thust Du das nicht, so bist Du ein schlechter Mensch.

Auch ohne Kommentar merkte er, was hier in der Mühle verschüttet war, und er machte das übliche betroffene Gesicht dazu. Aber zum Heiraten mochte er sich nicht verstehen. Nein, das ging doch einfach nicht. Seine Jugend, sein Studium, seine Eltern .... es war ja alles ganz richtig. Marie erkannte die schöne Seele des schönen Hans sogleich und legte sich keinen Augenblick aufs Bitten. Sie eröffnete ihm nur noch, daß sie sich, nachdem er für sie nicht mehr in Betracht käme, nun an die wenden müßten, an die sie leider und zu ihrem Unheile die ganze Zeit nicht gedacht hätten, an ihre Mutter. Das war dem schönen Hans über die Maaßen unangenehm zu hören, und er bat, so gut er bitten konnte, man möge damit doch um Gotteswillen noch eine Weile warten (nämlich, bis er in die Ferien ausgekniffen wäre, um im nächsten Semester nach Würzburg zu gehen; denn er fürchtete sich schrecklich vor der Frau Professorin), aber Marie sah ihn blos groß und verächtlich an und ging.

Erst gabs wohl noch ein großes Weinen der dreie, wobei Cenzi viel und leidenschaftlich umarmt wurde, dann traten Marie und Elies vor die Mutter hin und bekannten.

Ich bin ja nicht dabei gewesen bei dieser Szene, und mir hat auch niemand darüber berichtet, aber ich bilde mir ein, genau zu wissen, wie sich die Frau Professorin dabei benommen hat. Geweint hat sie gewiß nicht und gewiß auch nicht gezetert, aber dennoch werden die ungeratenen Kinder etwas von einem Ernst und einer Anklage gespürt haben, das ihnen, wenn Strafe überhaupt noch not war, Strafe genug gewesen ist.

Das liebe Publikum, das in solchen Fällen ein so dankbares Publikum ist, wie sonst nur selten, hat aber garnichts davon zu merken gekriegt, daß es in diesem lustigen Hause eine so ernste Szene gegeben hat.

Dafür hat es drei Monate später um so mehr Feuer erhalten, die Köpfe erstaunt zusammenzustecken und zu tuscheln: Sagen Sie, ist Ihnen nicht auch was aufgefallen an der Frau Professor Ferner, oder kommt es blos mir so vor? Es ist ja kaum glaublich in dem Alter, aber …. die Zunahme an Umfang …. Wie?

Nach noch einmal drei Monaten wurde schon nicht mehr gefragt, und es gab nur ein Kopfgeschüttel mit Anspielungen auf das späte Glück der alten Sarah.

Ein merkwürdig ernstes Gesicht hatte der Professor aufgesteckt, und seine Kollegen, die gerne witzig gratuliert hätten, merkten bald, daß das hier deplaziert wäre. Es ist ja auch nicht gerade angenehm, meinten sie unter sich, in dem Alter nochmal zur Kindstaufe bitten zu müssen. Und noch dazu bei drei erwachsenen Töchtern. Ganz gescheidt, daß sie die aus dem Hause geschickt haben. Peinlich so was.

Erst wie der Frau Professorin die Wochenstube gerüstet war, hieß es: Die drei Mädchen sind wieder da; nun, an sorgsamer Pflege wird es der späten Wöchnerin jetzt nicht fehlen; hoffen wir, daß alles gut vorüber gehen wird; es ist doch eigentlich kein Glück so was ….. Und nun hat auch noch die Jüngste, die Cenzi, krank werden müssen! Es muß halt immer alles zusammen kommen. Der arme Ferner steckt jetzt in keiner guten Haut. Er sieht aber auch danach aus.

So war viel Mitgefühl unter den erstaunten Leuten da, und die Wochenstube wäre gewiß von sorglich teilnehmenden Gevatterinnen nicht leer geworden, wenn nicht Professor Thalhammer, der damals berühmteste Geburtshelfer in München, der als ältester und intimster Freund des alten Ferner natürlich die Wochenpflege und später die Entbindung auf sich genommen hatte, ernst erklärt hätte: Die Wöchnerin darf durchaus niemand bei sich empfangen.

Was nun folgt, braucht nicht erzählt zu werden. Die List der Frau Professor war geglückt, der Ruf der kleinen Cenzi war gerettet, der schöne Hans rieb sich in Würzburg die Hände.

Aber … aber … Sehen Sie: eigentlich ist die Sache doch nicht ohne komische Züge, und der alte Boccaz hätte sie wohl als lustiges Abenteuer erzählt und erzählen dürfen, aber ich habs nicht gekonnt, so gerne ichs gemocht hätte. Denn in den Einzelheiten schwebt mir diese Geschichte immer wie ein ausgelassenes Fastnachtsspiel vor; komm ich aber hinein, muß ich ernst werden. Ja, wenn alle Menschen vom Schlage dieser lieben resoluten falschen Kindbetterin wären, dann ginge wohl auch heute so was leichter dahin. ... Die gute Frau Professorin hat sich alle redliche Mühe gegeben, nach ihrer Weise auch diesmal das Unabänderliche so in das Leben ihres Hauses einzufügen, daß es nichts an dessen Harmonie und Heiterkeit änderte, aber es ist ihr nicht gelungen.

Die arme Cenzi hats im Hause nicht geduldet. Sie ist irgendwo Schulschwester geworden und im weißen Kleide der Dominikanerinnen bald gestorben. Und auch Marie und Elies habens nicht verwunden. Sie blieben unverheiratet im Hause und zogen den kleinen Peter auf, der bald nach dem Tode seiner wirklichen Mutter auch die vorgeschobene verloren hat.

Was aber aus dem schönen Hans geworden ist, wissen Sie. Er hat bald aufgehört, sich zufrieden die Hände zu reiben. Sehen Sie, an ihm hat sich das gerächt, wovor ich die jungen Leute immer warne: das maßlose Aufgehen in der Ausschweifung und der herzlose Mißbrauch in der Liebe.

Was sich an der armen kleinen Cenzi und ihrer Familie erfüllt hat, das ist schließlich die Schuld einer engbrüstigen Moral, die selbst so aufrechte, prächtige Menschen wie diese Frau Professorin zwingt, gefährliche Komödien zu spielen, die nun ihrerseits eben deshalb nicht gut und klar ausgehen können, weil sie bei all den guten Absichten, die ihnen zu Grunde liegen, doch mit den infamen Mitteln dieser Moral: mit Verheimlichung, Lüge arbeiten müssen.

Was sich aber am schönen Hans erfüllt hat, das ist eigene Schuld; er hat seinen Lohn dahin, weil er wider die *wahre* Sexualmoral gesündigt hat, als welche aus der Natur selber und aus dem Pflichtkodex des Kulturmenschen stammt. Er hat unmoralisch gehandelt, indem er ohne Maaß und ohne Liebe frivol mit einem Triebe spielte, der ohne Maaß und ohne Liebe immer zum Laster ausartet und fast immer Fluch im Gefolge hat. Daraus gewinnt dann auch immer wieder jene falsche Moral Kraft und Einfluß, die den Trieb selber zur Sünde stempeln möchte, oder ihn wenigstens nur unter Verhüllungen anerkennt. Die Sünder wider die wahre Liebesmoral werden meistens so grimmige Apostel des Moralgespenstes, wie unser knurriger, giftiger

Professor Störzer. Der predigt nun Ekel, weil er sich übergessen hat, und schimpft auf die Weiber, weil sie die schwarze Stelle in seinem Gewissen sind.

Führen Sie ihn und seinesgleichen nur immer frisch und fröhlich ab, aber nicht blos in Worten, sondern auch in Werken! Und wenn man Sie deswegen unmoralisch nennt, so denken Sie an diese Geschichte!

Don Juan Tenorio

Wenn Einer stark und schlank in den Gliedern ist und dazu ein paar tiefdunkelblaue, angenehm feurige Augen, entzückend geschwungene, volle Lippen und einen Tenor hat, mächtig emporströmend wie die Strahlmasse eines Riesenspringbrunnens und süß wie die erste Liebe, – dann ist es schwierig, sehr tugendhaft zu sein.

Es giebt Mädchen und giebt auch Frauen, die es solchen Tenören geradezu unmöglich machen, bei der Stange der Tugend zu bleiben. Joseph damals, in Ägypterland, der hatte es leicht mit der einen Potiphar; *einen* Mantel kann schließlich jeder schießen lassen, zumal, wenn die Schneiderpreise so niedrig sind, wie man es für die Zeiten des alten Testamentes annehmen darf. Aber, wenn die Potiphars dutzendweise auftreten und die englischen Schneider so teuer sind, wie heutzutage, dann ist es schon nicht mehr so einfach, keusch und in Hemdsärmeln davonzueilen; ganz abgesehen von der polizeiwidrigen Unanständigkeit, die für einen wohlerzogenen modernen Menschen in einer solchen Garderobeverfassung liegt. In einem solchen Falle ist in diesen Zeitläuften Tugend sowohl unökonomisch als auch gegen die gute Sitte. Es geht einfach nicht. Wir leben nicht in Ägypterland.

Aus diesen Gründen (und noch ein paar andern) ist es zu erklären, daß der Kammersänger Müller (ich nenne ihn Müller, damit er inkognito bleibt) in den Ruf eines Mannes geriet, der im Irrgarten der Liebe öfter spazieren ging, als auf der Promenade.

Seine Freunde nannten ihn darum Don Juan Tenorio. Erstens, weil er ein Don Juan, zweitens, weil er ein Tenor war, und drittens, weil der wirkliche Don Juan, ohne ein Tenor zu sein (weshalb ihn Mozart auf Bariton gesetzt hat) aus einem Hidalgogeschlechte Namens Tenorio gewesen sein soll. Woraus man erkennen kann, daß Kammersänger Müllers Freunde in den historischen Wissenschaften wohl beschlagen und nebstbei Leute von Gründlichkeit waren.

Indessen: Müller war doch noch etwas mehr, als Don Juan und Tenor: er war auch Antisemit. Vielleicht war er es deshalb, weil sein spanisches Vorbild als richtiger spanischer Hidalgo ganz ohne Zweifel auch Antisemit gewesen ist, vielleicht hatte er aber auch gar keinen Grund dazu außer dem, daß es heutzutage allgemein üblich ist, Antisemit zu sein. Gleichviel: er war es und zwar ebenso voll wie ganz. Es war sein Sport, seine Erholung, seine Zimmergymnastik; er liebte den Antisemitismus wie der Radler sein Rad; es hätte ihm was gefehlt, wenn er des Gefühles verlustig gegangen wäre, die Juden zu hassen. Die Juden, – ha! Die jüdischen Tenöre – ho! Die jüdischen Kritiker, – Himmelherrgottsdonnerwetternochmal!

Im Übrigen aber war Müller ein kreuzgemütlicher Herr, der in Wahrheit weder einer Fliege noch einem Juden etwas zu Leide hätte thun können. Ich glaube: Gerade weil er eigentlich niemand hassen konnte, gab er sich diese grimmige Mühe, alles Jüdische mit dem Hasse eines Nibelungenrecken zu verfolgen. Er hatte zu wenig Bewegung und Leibesarbeit für seine gewaltige Statur; er hätte sich eine Jagd pachten oder Fußball spielen sollen, um die überschüssigen Kräfte los zu werden; da er alles dies nicht that, mußte er gewaltig viel trinken und dabei auf die Juden schimpfen.

Es war also eine Art hygienischer Antisemitismus, dem er fröhnte, eine liebe, heilsame Gewohnheit, und, weil er sich so wohl dabei fühlte, war er ganz verliebt darein und aufs Innerlichste davon überzeugt, daß sein Judenhaß zu ihm gehörte, wie sein Tenor, als ein wesentlicher Bestandteil des Mikrokosmos Müller.

Seine Freunde waren nicht weniger antisemitisch als er und teilten mit ihm die Neigung für Getränke von Wucht und Fülle. Es waren vorzüglich zwei, mit denen er gerne schwere Bowlen trank und die jüdische Rasse vertilgte: der grenzenlos dicke Bassist Schulze und der kleine glatzköpfige Doktor Lehmann, ein Privatgelehrter, der neben vielem Geld eine böse Zunge hatte und im Grunde der einzige von den Dreien war, dem man es zutrauen konnte, daß er einmal mit seinem

Judenhasse Ernst machte, – nur hätte es nicht gar zu ernst ausfallen dürfen. Der Blutdurst wird immer seltener, selbst unter Germanen und Privatgelehrten.

Da an dem Theater, dem Müller und Schulze angehörten, der Mittwoch immer opernfrei war (weshalb man ihn den Tag der Seligen nannte), so war dieser Tag ein für allemal dazu bestimmt, mit einer redereichen Bowle beschlossen zu werden, deren Schauplatz abwechselnd die Wohnung eines der Dreie war. Ich will nicht sagen, daß man dabei durchaus nichts anderes gethan hätte, als gegen Judäa zu Felde zu ziehen, denn es gab ja schließlich auch noch Collegen, aber so viel steht fest, daß im rollenden Cyklus der Bowlen immer ein Zeitpunkt eintrat, wo der eine oder andere den übrigen Gesprächsstoff mit breitem Schwunge beiseite schob und dafür das Leib- und Magenthema von der Nichtsnutzigkeit der pp. Juden mitten auf den Tisch aufpflanzte.

Sie amüsierten sich selber darüber, wie sich das stets so gesetzmäßig vollzog, als steckte ein Gelübde dahinter, und es galt als Ehrenpunkt, das Urthema mit immer neuen Ouverturen einzuleiten. Je weiter der Sprung zum Juden war, und je eleganter er ausgeführt wurde, um so lebhafter dröhnte der Beifall dem kühnen Springer. So hatte Schulze einmal einen wahren Triumph erlebt, als er mit einem unnachahmlichen Gedankensatz von der Apfelweinkur auf die Judenfrage übergegangen war, und das in einem Augenblicke, als wirklich keiner etwas Böses ahnen konnte. »Es ist kein Zweifel«, hatte er gesagt, »der Apfelwein gehört zu den besseren Abführmitteln, aber dieser infamen Nation macht er uns doch nicht ledig!«

Es war ein solcher Bowlenmittwoch, und die drei Freunde waren in Don Juan Tenorios Wohnung versammelt, als dieser erklärte: Heute giebts Knoblauchbowle!

Der grenzenlos dicke Bassist, der nichts ahnend beschaulich dasaß wie der japanische Gott des Reisbiers und der Zufriedenheit, erhob majestätisch sein Haupt, daß seine fünf Kinne übereinanderherschwappten, und ließ seinen Bauch, den er eben etwas nach oben plaziert hatte, entsetzt fallen, sodaß das Zimmer bebte. Der Privatgelehrte klatschte sich schonungslos auf die Glatze.

Dann riefen beide rollenden Auges und fürchterlich, im Baß der eine, der andere im Sopran: Knoblauch!? …! …?

– Echte Knoblauchbowle! wiederholte der Tenor: mit Mazzes.

– Dieser zügellose Bursche erlaubt sich ungebührliche Ironieen mit seinen älteren und seriöseren Freunden, bemerkte der Bassist und blies Luft von sich.

– Er macht übelriechende Witze und vergißt, daß er es mit Leuten von Geschmack zu thun hat, erklärte der Privatgelehrte.

– Er macht gar keine Witze, sagte der Tenor gelassen und rief zur Thür hinaus: Frau Kunkel, ist der Judenknabe da?

In diesem Augenblick geschah etwas Schreckenerregendes: Schulze, der mit einem Gewaltsatze aufspringen wollte, es aber nicht vermochte, hob statt dessen seinen Bauch mit Aufbietung all seiner Kräfte schnaufend dreimal hoch und ließ ihn dreimal wieder fallen. Es war wie ein Erdbeben. Dazu rief er mit tiefstem Donnerton: Luft! Luft! Führt mich in Atmosphäre!

Der Privatgelehrte aber, dem das sehr leicht fiel, war wirklich aufgesprungen und blies den Tenor von unten mit emporgeworfenem Kopfe an wie weiland David der Hirtenknabe den Riesen Goliath: Wie?! Was sagt er? Wen erwartet er? Was? Wie? Wahnsinn! Wahnsinn!

Der Tenor lächelte blos. Dann begütigte er: Ruhe! Friede sei mit euch! Haltung, meine Freunde! Hört mich an!

Es war wie vor einer großen Arie.

Und nun sprach er:

– Ihr wißt, daß ich einige Verehrerinnen in dieser Haupt- und Residenzstadt habe. …

– Lasterbube! brummte der Dicke.

– Ich trage das mit männlicher Würde und thue mein Mögliches. …

– Das Fleisch ist willig, und der Geist wird schwach, fistelte der Privatgelehrte.

– Ein bischen Neid ist hochwillkommene Würze. Das nebenbei! Aber, was ich zu sagen hatte: Seit zwei Wochen hab ich auch einen Verehrer.

– Ich sah diese Verirrung längst voraus; so endigen alle Debaucheurs. Aber dennoch: pfui! Du bist auf glitscherigem Pfad, Tenorio! Ich werd es Herrn Krafft–Ebing schreiben.

Der Dicke schüttelte das Haupt.

Tenorio fuhr unbeirrt fort:

– Seit zwei Wochen bombardiert mich ein junger Handlungslehrling mit allerhand Briefen, sowohl in Prosa als auch in einer Art Verse. Z.B.

Wenn ich Dich als Siegfried seh,
Schwingt mein Herz sich in die Höh;
Einmal nur in Deiner Näh
Möcht ich weilen;
Zu Dir eilen;
Wo ich geh und wo ich steh,
Denk ich Dein in Lust und Weh.

– Pfui! dröhnte es aus der Tiefe des Dicken.

– Dieser Handlungslehrling ist ein Backfisch, erklärte Lehmann.

– Nein, es ist ein kleiner Jüd.

Der Dicke wimmerte, als ob er Kolik hätte.

Der Glatzköpfige pfiff vor Ärger.

– Karfunkelstein heißt der Dichter.

– Luft! Luft! Ich ersticke. Knöpft mir die Weste auf!

Der Dicke sah ganz hilflos aus.

– Natürlich kann ich mir das nicht gefallen lassen.

– Überliefere ihn meiner Faust, Tenorio! Ich werde ihn am linken Fuße ergreifen, so; mächtig dreimal so um mein Haupt schwingen, so; und seinen elenden Judenschädel an einer Schandsäule zerschellen lassen, so ...!

Der Bassist mimte diese entsetzliche Handlung mit vielem Ausdruck.

– Die Frechheit dieser Rasse zieht die letzte Badehose aus, wenn sie Verse macht, bemerkte der Privatgelehrte.

– Ich werde ein Exempel statuieren. Ich habe den hebräischen Knaben für heute eingeladen, – erklärte Müller.

– Gut so! Schleppt ihn an meinen Stuhl! Mit dieser meiner rechten Hand werde ich ihm die Ohren elephantisch lang ziehen. Wo ist der israelitische Bube! Her mit ihm! Aber vorher, Tenorio, gieb mir zu trinken!

Schulze sah aus, wie ein kanibalischer Opferpriester. Die Rockärmel hatte er beide hochgestreift.

Da klingelte es.

– Macht keine Dummheiten, Leute! Wir wollen ihn einfach betrunken machen. Sein Katzenjammer soll seine Strafe sein.

– Elender Weichling! Schlappohriger Entschluß! Assa foetida und Anilintinte ihm in den Schlund!

Der Bassist sah immer noch furchtbar aus.

Aber Lehmann pflichtete bei:

– Alkohol, dem germanischen Manne begeisternde Labe, ist dem knoblauchgeschwächten Organismus des Semiten Gift. Wir wollen ihn einseifen, daß ihm der Schaum bis ins Gehirn steigt.

Der Privatgelehrte sah teuflisch aus, als er das sagte.

Da klopfte es zaghaft an die Thür, Schulze donnerte ein gewaltiges Herein! und in die Stube trat ein junger Mensch von etwa siebzehn Jahren.

Die sechs Antisemitenaugen blickten ihn streng an und fanden, daß es ein greulicher Judenjunge sei. In Wahrheit war es ein hübscher, etwas mädchenhaft aussehender Bursche. Wäre die Statur nicht gar so kümmerlich gewesen, besonders in den unteren Partien, und hätten die Arme sich mehr in den üblichen Verhältnissen gehalten, so hätte die ganze Erscheinung als höchst angenehm gelten können. Zumal in den schwarzen Augen lag etwas rührend Gläubiges, ein tiefes Feuer, das sich nur nicht heraustraute. Und auch der Mund war edel und fein. Aber der gute Eindruck mußte verschwinden, sobald das schüchterne Kerlchen sich bewegte. Er hatte im Gange etwas von einem aufgeregten Papagei, wie er so über die großen Zehen daher kam und mit dem Oberkörper zuckte. Dazu unablässige Verbeugungen und ein ratloses Herumirren der schönen Augen.

– Sie sind also der Herr Karfunkelstein!? redete ihn der Tenor an.

– Ja, Herr Kammersänger, ich heiße Karfunkelstein.

– Wissen Sie, was das bedeutet!? donnerte ihn der Bassist an.

– Ich … ich … entschuldigen Sie … ich verstehe nicht … wieso? …

Der kleine Mann sah eine Spur energisch aus, als er das sagte.

– Genug! Setzen Sie sich!

Der Bassist reckte seine Faust nach einem leeren Stuhle hin.

Der Anflug von Energie schwand vor dieser mächtigen Geste. Der junge Mann setzte sich und blickte den Tenor schüchtern lächelnd an.

– Trinken Sie! donnerte der Bassist.

Diese Aufforderung war in deutlichster Imperativform gestellt, es konnte gar kein Zweifel darüber obwalten, aber Herr Karfunkelstein nahm sie als Frage und antwortete demütig: Nein.

– Treiben Sie keine frivolen Späße mit uns, Herr Diamantgeschmeide! Erfassen Sie mit Ernst die ernste Situation! Nehmen Sie dieses Glas und trinken Sie es ungemein schnell aus!

Der Bassist blähte die Backen und verdoppelte damit den Umfang seines ohnehin übermenschlich großen Antlitzes.

Der junge Mann erschrak heftig und machte Miene, aufzustehen.

Aber der Tenor brachte ihn gleich wieder zum Sitzen, indem er sprach: Jaja, mein Freund, Sie müssen schon trinken. Sind Sie nicht mein Gast? Nun also! Thun Sie uns Bescheid! Wir wollen lustig sein, mein Herr Verehrer!

Der junge Mann errötete, lächelte und trank.

Es war ihm ja unbehaglich, und er fühlte, daß dieses Getränk ihm zu Kopfe stieg, aber er fühlte sich doch auch wieder innig wohl und sehr geehrt, da er mit seinem Idol zusammensitzen durfte, mit diesem Mann, in dem er die Verkörperung von Gestalten verehrte, die für ihn der Inbegriff alles Hohen und Erhabenen waren.

Wie die Bowle ihm Mut gemacht hatte, was sich verblüffend schnell einstellte, fing er denn auch gleich zu schwärmen an. Unter dem dröhnenden Hohoho des Bassisten und dem meckernden Hähähä des Privatgelehrten stammelte er seine Begeisterung für den angebeteten Herrn Müller ergriffen von sich, und, wie er noch mehr Bowle getrunken hatte, genügte seiner Seele das prosaische Wort durchaus nicht mehr; er ließ sie in Versen auslaufen.

Der arme kleine Bursch! Auf dem Stuhle stehend und eckig mit den Armen die Luft durchfegend krähte er mit trunkener Stimme entsetzlich gereimte, aber ehrlich empfundene Banalitäten und that immer wieder selig Bescheid, wenn ihm das boshafte Trifolium, gleichfalls immer betrunkener werdend, unter Ausrufen dick aufgetragener Bewunderung für seine Poesie zutrank.

Der Bassist nannte ihn nur noch König Salomo und zwang ihm einen Stiefelknecht als Harfe in die Arme. Der Privatgelehrte erbot sich, seine Gedichte unter dem Titel »Ladentisch–Hymnen an den göttlichen Müller« in Goldschnitt und mit Karfunkelsteins Porträt herauszugeben, und der gefeierte Kammersänger selber erklärte, er werde der unziemlichen Krämerfrohnde des begnadeten Isaak ein Ende machen und ihn zum Heldenknabensopran ausbilden.

Daran schlossen sich Gesangsproben des mehr und mehr sinnlos werdenden jungen Mannes, der unablässig singen mußte:

> Keiner ging, doch Einer kam,
> Siehe, der Lenz lacht in den Saal.

– Oh du verfluchter König Salomo, erklärte der Bassist, du singst wie eine Libanonamsel auf Cedernwipfeln, und der Meister selber, hätte er das erleben dürfen, würde dir den Weihekuß versetzt haben. Komm her, du säulenbeinige Zierde Israels, daß ich dich an meinen Bauch drücke!

Der Bassist hatte vor Betrunkenheit seinen Antisemitismus völlig vergessen und beteuerte, daß er diesen hoffnungsvollen Knaben schwärmerisch liebte.

Dieser selber begann schließlich hebräisch zu singen, indem er dazu einen sonderbaren knickebeinigen Tanz vollführte, den man allgemein als Tanz vor der Bundeslade bezeichnete und unermüdlich da Capo begehrte.

– Noch einmal den Knieknacketanz der Israeliter! schrie der Bassist.

– Knackeknie! Knackeknie! Oh Du sü .. ßes, oh du schö .. nes, oh du kr .. umm .. es Kna .. a .. a .. ackeknie! sang der Privatgelehrte.

Es war längst Mitternacht vorüber, als allgemeine Müdigkeit zum Aufbruch mahnte.

Der Bassist stülpte sich seinen samtnen Wagnerhut aufs Haupt, der Privatgelehrte keilte sich seinen Zylinder auf den Schädel, der Tenor suchte die Kopfbedeckung des jungen Mannes. Der aber erklärte mit Bestimmtheit, niemals in seinem Leben diesen Raum verlassen zu wollen, der für ihn der Himmel aller Himmel sei. Man setzte ihm sein kleines Hütchen auf und sprach ihm gütlich zu, aber er warf es mit einem Gekräh höchster Verzückung zum Fenster hinaus und schwang die Arme stürmisch im Kreise und rollte verwegen die Augen und weinte dann vor Seligkeit.

Es war kein Mittel, ihn fortzubringen. Nicht einmal wegtragen ließ er sich, und schließlich: Wohin hätte man ihn tragen sollen? Niemand wußte seine Wohnung. Unmöglich, ihm ein vernünftiges Wort zu entlocken.

– Wo wohnst du, König Salomo? Wo strahlt die Pracht deiner heimischen Kandelaber?

– Wagelaweia! Wallhall, ragender Bau! Wa .. wa .. wa …

– Haben Sie wenigstens einen Hausschlüssel?

– Winterstürme wichen dem Wonnemond, Wo … wo … wonnemond.

– So lagre sein Gebein aufs Kanapee, Tenorio!

– Eine nette Geschichte. Einen wildfremden Judenknaben im Haus. Vaterfluch und gerungener Mutterarm. Mensch! Denken Sie doch an Ihre Herren Eltern!

– Ein Wälsung wächst mir im Schoß … Ein Wä .. Wä .. Wälsung … wagelaweia … Wälsung.

– Schlaf wohl, Tenorio! Hüt mir den Knaben hold und wache sein!

Die Hausthüre fiel hinter Schulze und Lehmann ins Schloß.

Wohl zu ruhen wünsch ich Ihnen,
Wünsche Ihnen wohl zu ruhen!

klangs von unten herauf. Noch ein paar dröhnende Schritte. Ein gewaltiger Baßgähner. Eine Schutzmannsstimme. Doppelreplik in Baß und Fistel. Stille …. Don Juan Tenorio hörte nichts mehr als das Schlaflallen seines Verehrers, der, den Kopf in einer Lache verschütteter Bowle, mit von sich gestreckten Armen auf der Tischplatte einschlief.

Herr Kammersänger Müller schüttelte den Kopf, stemmte die Arme in die Seite und gähnte.

– Verfluchte Chose! …

Er nahm seinen Verehrer in die Arme und legte ihn aufs Sofa.

– Siegfried, lachender Held! murmelte der, und ein beglücktes Lächeln blieb um seine Lippen, indeß er fest einschlief.

Don Juan Tenorio begab sich in sein Schlafzimmer und fand kaum Zeit, sich auszuziehen. Dann sank er ins Bett und schlief augenblicklich ein.

Er habe von »lauter Synagogen« geträumt, hat er später erzählt.

Am nächsten Morgen gab es ein böses Erwachen.

Morgen ist eigentlich zu wenig gesagt. Es war Mittag vorüber.

Don Juan Tenorio erwachte mit einem vollkommen dumpfen Kopfe und verwünschte den Begriff der Bowle an sich. Dann versuchte er an sein Repertoire zu denken, und gleich darauf stilisierte er eine Unpäßlichkeitserklärung.

Da hörte er aus seinem Zimmer ein stoßweises Schluchzen, und mit einemmal erinnerte er sich des Geschehenen. Mit beiden Beinen zugleich war er aus dem Bette heraus und stürmte, soweit es ihm das bis auf die Knöchel reichende Nachthemd gestattete, ins Nebenzimmer.

Jammer, was er da sah!

Der kleine Karfunkelstein saß, kalten Schweiß auf der Stirne, Thränen in den Augen, auf dem Sofa und preßte beide Hände auf die Schläfen.

– Oh Gott! Oh Gott!

Weiter sagte er nichts.

– Ist Ihnen übel?

– Oh Gott! Oh Gott!

– Warten Sie, gleich wollen wir Kaffee trinken ..

– Oh, oh, – ach, welche Zeit ist es denn?

– Halb eins!

– Halb …?

Der arme Bursche riß die Augen entsetzt auf und lief zur Thüre.

– So können Sie doch nicht fort!

– Ich … ich … ich muß ins Geschäft … Ach Gott, ach … ah … Mein Prinzipal! Meine Eltern ….

Er sank auf dem nächsten Stuhle nieder.

– Ich … ich … nein: ich *kann* ja nicht mehr nach Hause … Ich … muß … fort … weg … Mein Vater … Ach Gott … ach …

Der arme Junge weinte wie ein Kind.

Herr Müller vergaß durchaus, daß er einen Judenknaben vor sich hatte, an dessen Schmerz er sich von Rechtswegen hätte weiden sollen, und war sowohl von Mitleid für Isaak wie von rechtschaffener Wut über sich selber ergriffen. Er sagte das Herrn Karfunkelstein auch ganz unumwunden, bat ihn um Verzeihung und tröstete ihn.

Jetzt wollten sie erst mal richtig Kaffee trinken und sich in den Zustand gesitteter Menschen versetzen, dann werde er ihn zu seinen Eltern bringen und, wie sichs gehörte, erklären, daß nur er, der gewissenlose

Verführer, an Allem schuld sei. So werde ihm, dem Isaak, nichts geschehen, und ein bischen Katzenjammer sei schließlich keine Cholera. Also Mut! –:

Siehe der Lenz lacht in den Saal!

Wie Isaak diese Stimme und Weise hörte, ging ein mattes Lächeln über seine im übrigen ganz aus der Struktur gekommenen Züge, und er erklärte sich bereit, Toilette zu machen, Kaffee zu trinken und überhaupt alles zu thun, was der Herr Kammersänger für gut befinden würde.

Es dauerte nicht lange, und Don Juan Tenorio saß mit seinem israelitischen Verehrer am Kaffeetisch.

– Schwarzer Kaffee, viel schwarzer Kaffee, junger Freund, das ist das beste gegen die Dämpfe genossener Bowlen. Diskret ein Kognak sanft hinein wird auch nicht ohne Wirkung sein!

Wie Jung–Isaak aber das Wort Kognak hörte, ergriff ihn ein Schüttelfrost, und er hob beide Hände beschwörend, flehend, abwehrend hoch.

Deshalb ließ der Kammersänger die Kognakflasche nur nach seiner Seite hin in Thätigkeit treten und legte bei seinem Gegenüber das Hauptgewicht auf schnelle und exakte Einnahme von Kaffee.

Diese halb ärztliche Art der Behandlung war zweifellos nötig, denn der unglückliche junge Mann wurde ersichtlich immer grüner im Gesicht und zeigte überhaupt alle Symptome einer schweren Erkrankung. Es war ja nicht blos der Katzenjammer, der allein schon genügt hatte, sechs Isaaks von dieser schwachen Konstitution grün zu färben: es kam noch eine unbeschreibliche Angst vor Vater, Mutter und Prinzipal hinzu.

Don Juan Tenorio, der als Mann von vielen Graden die Attacke des Katzenjammers bereits mit siegfriedhaftem Trutz zurückgewiesen hatte und sich nach dieser kleinen Anstrengung doppelt wohl fühlte, ließ sich während dieses medizinischen Frühstücks erst mal Bericht über die häuslichen Verhältnisse Isaaks erstatten. Er erfuhr dabei, daß sein Verehrer einem streng orthodox jüdischen Hause entstammte, denn Karfunkelstein senior gehörte dem Synagogendienste der Stadt an; er war für die jüdische Gemeinde das, was man bei den Katholiken Meßner, bei den Protestanten Küster heißt. Wie er sehr fromm war, war er leider auch sehr streng, und Isaak hatte allerlei Befürchtungen höchst peinlicher Art; seine einzige Hoffnung, erklärte er, sei Rebekka, die Schwester; diese sei die einzige, die vielleicht den Zorn des Alten besänftigen könne; die Mutter werde sich nur einschließen und immer weinen, immer weinen.

Synagogendiener – Rebekka – die immer weinende Mamme –, Herrn Müller stieg der Antisemitismus hoch, und es ward ihm höchst unbehaglich zu Mute bei dem Gedanken an das Milieu, in das er sich jetzt als Ankläger seiner selbst begeben sollte.

Er beschloß bei sich selber, diesen Kelch möglichst schnell zu leeren, und beeilte daher den Aufbruch.

Da Isaaks Hut nirgends zu finden war, weil er ja vergangene Nacht den Weg durchs Fenster genommen und nun vermutlich einen Bäkkerjungen zum Besitzer hatte, so mußte in der umfangreichen Hutsammlung des Kammersängers Ersatz gesucht werden. Man einigte sich, da die steifen Hüte dem schmalköpfigen Isaak sämtlich bis auf die Ohren rutschten, auf Tenorios Tiroler-Hütchen, das nach Einlage mehrerer Bogen Löschpapier ungefähr paßte. Der Gamsbart und die verwegen nickenden Spielhahnfedern stachen freilich in einem etwas harten Kontraste von dem übermelancholischen wüsten Antlitze Isaaks ab, und dieser Hut auf diesem Kopfe paßte mehr in die Fliegenden Blätter, als auf die Straße, aber Isaak war in einer Verfassung, daß er selbst im weißlackierten Blechzylinder eines Droschkenkutschers in die Öffentlichkeit getreten wäre, und so verließ man denn das Haus. Der Kammersänger schmetterte eine Droschke herbei, und die Angst Isaaks, begleitet von der schwülen Unbehaglichkeit Müllers, fuhr zur alten Synagoge.

Je näher sie ihrem Bestimmungsort kamen, um so bänger wurde Isaak, um so unbehaglicher befand sich Müller. Als die Droschke in der engen Straße mit den vielen Trödlern und den zahlreichen kleinen jüdischen Buchhandlungen hielt, vor einem schmalen hohen Hause, das den Eindruck eines engbrüstigen langen alten Hausierers machte, der sich nur am Schabbes wäscht, da konnte sich Isaak durchaus nicht mehr helfen und mauschelte etwas vor sich hin, das ebensowohl polnisch oder hebräisch oder eine Mischung aus beiden sein konnte, und Müller sagte laut und vernehmlich: Hol mich der Teufel!

Dieser Aufforderung wurde aber keineswegs Folge geleistet (denn der Teufel ist eine christliche Institution und nicht in der Judengasse etabliert), sondern der schöne Bruno, Don Juan Tenorio, Kammersänger und Inhaber zahlreicher Orden und Medaillen für Kunst und Wissenschaft, mußte thatsächlich mit dem zitternden, stöhnenden, völlig jeder Haltung beraubten Isaak, dem der Schweiß unter dem höhnisch kecken Tirolerhütchen herunterrann, die enge, finstere, schmutzige Treppe in diesem engbrüstigen Hause hinaufsteigen und oben die Klingel ziehen.

Grrrr … ring … ging … ging … grrr! machte diese Klingel, die, wie es sich in diesem Hause von selbst verstand, schwindsüchtig war und an einem zweifellos alttestamentarischen Drahte hing. Kaum hatte dieser Draht ausgerasselt, öffnet sich aber auch die Thüre, und …

Aber das ist der Wendepunkt nicht blos in dieser Geschichte, sondern auch im Leben Don Juan Tenorios. Es gebührt sich also, sie mit einem neuen Hauptsatz einzuleiten –:

Ein junges Mädchen erschien im Thürspalt, stieß in angenehmster Alt-Lage einen Schrei der Freude aus, nahm Isaak am Kopfe, daß das Tirolerhütchen in einem gießbachhaften Bogen zur Erde fiel, drückte ihn an die Brust, küßte ihn auf die Stirn, nahm ihn bei der Hand und sagte: Gott Lob und Dank! Dann erst bemerkte sie den erstaunten Kammersänger, der, seinen Cylinder in der Hand, voll weltmännischen Anstandes dastand, und trat, ein bischen erschrocken, einen Schritt ins Dunkel des Korridors zurück.

Jetzt fühlte Tenorio seinen Augenblick gekommen. Er sprach: Sie erschrecken mit Recht vor mir, mein Fräulein, denn ich bin es, der am Ausbleiben Ihres Bruders und an Ihrer Angst und Sorge die Schuld trägt. Gestatten Sie es mir, daß ich vor Ihnen und Ihren Eltern meine ausführliche Beichte ablege. Pardon, daß ich vergaß: mein Name ist Bruno Müller, Königlicher Kammersänger.

Der gewandte Heldentenor, der nur einem weiblichen Wesen zarteren Alters gegenüberzustehen brauchte, um sich sofort als Herr der Situation zu fühlen und zu betragen, brachte dies mit großer Sicherheit und in einem unnachahmlichen Tonfall vor, in dem sich vielerlei ausdrückte: Schuldbewußtsein, Ehrerbietung, Zuversicht vollkommner Verzeihung, leutselige Herablassung.

Das junge Mädchen gab ein halb schüchternes, halb erstauntes Ah! von sich und sagte dann mit einer weichen, wie mütterlichen Stimme ganz ruhig: Die Eltern sind beide wegen Isaak aus, kommen aber wohl bald zurück. Wenn Sie ein paar Minuten warten wollten …?

– Ich bin so frei, erklärte der Kammersänger, dem die Stimme des Mädchens sonderbar wohlgefiel, und trat über die Schwelle des Synagogendieners Abraham Karfunkelstein.

Im Korridor sah er von Fräulein Rebekka noch weniger, als eben vor der Thür, aber nun wurde er in die gute Stube der Karfunkelsteins geführt, und da war es hell.

Und da sah er nun inmitten von verblichen grün mit Plüsch überzogenen Mahagonimöbeln, daß Rebekka sehr schön war, in einer Art schön, wie er sich nicht erinnerte, jemals ein Mädchen gesehen zu haben. Geblendet war er nicht, – wer hätte den schönen Bruno blenden können! Es war mehr, – er fühlte sich in einer wunderlich tiefen Weise gerührt. Der Don Juan fiel von ihm ab, wie ein Rollenkostüm. Ihm wurde ganz weich ums Herz. In diesen Augen, die ihn so groß und fragend anschauten, lag ein so reiner Seelenfrieden, eine so stille tiefe Güte, daß er sich ganz verrucht vorkam. Alles an diesem Antlitz: die klare hohe Stirn, die edelgerade Nase, die etwas vollen, aber doch strengen Lippen, das schöne Oval der ganzen Kopfbildung, alles hatte einen großen und doch herzlichen Zug.

– Madonna! dachte er bei sich und war ganz verblüfft darüber, daß ihm dieser Begriff angesichts einer Jüdin kommen konnte, aber gleich darauf hätte er sich an seine Stirn schlagen mögen: Natürlich, warum denn nicht, … man muß den Antisemitismus wahrhaftig nicht bis zur Umkehrung geschichtlicher Thatsachen treiben wollen ….

Den Antisemitismus …

Don Juan Tenorio schämte sich und wurde noch verwirrter.

Nein, was dieses Mädchen schön war! Und wenn sie nun gar sprach … Heiliger Himmel, was für Seligkeiten aus dem Tone einer Mädchenstimme strömen können! Und da wagt man es noch, sich auf die Bühne zu stellen, den Mund bis zu den Grenzen der Möglichkeit aufzureißen und die Gallerieen anzubrüllen! Da, da, das war Gesang, Seele, Schönheit, höchstes Glück für Ohr und Herz. Hol der Teufel die Kunst!

Bei einem solchen Durcheinanderstrudeln von Gefühlen ist es nicht wohl möglich, viel zu reden. Kein Gedanke daran, daß der gewandte Bruno hier in diesem Zimmer, vor dieser stillen Schönheit so schöne Sätze zutagefördern konnte wie draußen vor der Thüre. Er benahm sich nicht viel gewandter als gestern Isaak bei seinem Debüt. Ja bei Gott, er fühlte sich wie ein kleiner Gymnasiast, wie ein in Begeisterung beklommener Handlungslehrling, und dennoch: er fühlte sich wohl.

Noch wohler wäre ihm freilich gewesen, wenn er gar nichts hätte zu sagen brauchen, wenn er diese Augen, dieses Oval, dieses ganze Madonnenwesen nur still hätte anstaunen dürfen, wie man in der Kirche ein schönes Altarbild betrachtet, andächtig, ohne Wunsch, in schweigendem Genuß seltener Augenblicke reinster Hingebung. Aber er mußte leider doch auch etwas sagen, und wenns auch nicht viel war.

Er beschränkte sich in der Hauptsache darauf, den allmählich ruhiger werdenden Isaak auf Kosten seiner eigenen moralischen Qualitäten gewaltig herauszustreichen und unablässig Verzeihung für sich zu erbitten.

Fräulein Rebekka nahm das alles mit einem reizenden Zuge von Ungläubigkeit entgegen und versicherte immer wieder, es sei ja nun alles gut, und bei den Eltern werde sie schon dafür sorgen, daß dem Nachtschwärmer nichts übles geschehe. Wenn sie nur bald kommen wollten, die Eltern ... Aber es verging eine viertel Stunde, und eine halbe Stunde verging, aber die Eltern kamen nicht. So mußte denn der Kammersänger wohl oder übel Urlaub nehmen und sich verabschieden, aber er verfehlte nicht, sehr fest zu erklären, daß er auch den Eltern persönlich seine Beichte noch ablegen und also wiederkommen werde.

Er wurde aufs freundlichste dazu eingeladen.

Mit einer Verbeugung, die tief unter dem Niveau der sonst von ihm exekutierten stand, verabschiedete sich der Verführer Isaaks. Als er die Hand Fräulein Rebekkas in der seinen hielt, war ihm schier schwindlig zu mute. Und als er wieder unten vor der Hausthüre stand, da war ihm, als habe sich in sein ganzes bisheriges Leben eine Art Lichtspalt eingeschoben: Alles, was zu dieser merkwürdigen halben Stunde gehörte, erschien ihm in einem eigenen matten Glanze; selbst dieses enge, ungemütliche Haus, das er noch vor kurzem nur mit einem deutlichen Ekelgefühl und unter Anrufung des Teufels als Nothelfer betreten hatte, kam ihm jetzt wie verklärt vor; der alte Hausierer hatte eine Gloriole ums Löckchenhaupt gekriegt.

Tief den Cylinder in die Stirne gedrückt und diese Stirne sinnend zur Erde geneigt, wandelte der aus dem Geleise geratene Tenorio langsam den Bürgersteig dieser Straße entlang, die er sonst nur mit den eiligsten Schritten des Abscheus durchmessen haben würde. Zu wiederholten Malen drang zutrauliches Flüstern an sein Ohr: »Keine alten Kleider zu verkaufen? Höchste Preise …!« Er ließ es sich milde gefallen und schimpfte nicht im Mindesten. Ja, er blieb sogar vor den Trödlerläden stehen und betrachtete die ausgebreiteten alten Uhren, Löffel, Teller, Tassen, Hosen, Uniformröcke, Säbel, Flinten, Kupferstiche, Spazierstöcke, Fingerringe, Schachteln, – mit leerem Blicke zwar, aber sonst äußerlich ganz mit dem Aussehen eines Mannes, der sich leidenschaftlich für altes Gerümpel interessiert. In Wahrheit sah er nichts von alledem; er hätte genau so leer in einen Senftopf oder auf eine Bildsäule von Praxiteles gestarrt.

Mit einem Worte: er war wie betäubt. Es war etwas in ihm vorgegangen, das ihn aus allem inneren Zusammenhalt gebracht hatte, eine Umkrempelung in der Herzgegend, eine vollkommene Neumöblierung seines seelischen Interieurs. So was strengt an, zehrt; man gewöhnt sich nicht so schnell an eine neue inwendige Einrichtung, zumal, wenn sie so plötzlich an die Stelle der alten getreten ist und so ganz anders aussieht, als diese.

Auch wird man leicht idiotisch, wenn man unter dem Einfluß von Zwangsvorstellungen steht und unablässig gewisse Worte, wenn auch nicht mit den Lippen, so doch mit den stummen Sprachwerkzeugen des Herzens, wiederholt. Und der umgekrempelte Kammersänger *stand* unter dem Einflusse von Zwangsvorstellungen und *wiederholte* unablässig ein gewisses Wort. Die Zwangsvorstellungen: zwei wundertiefe Augen in einem schwermütig schönen Gesicht; das Wort: Rebekka.

Und nun vergesse man, bitte, nicht: Müller war Antisemit. Was denken Sie wohl, was es für eine antisemitische Seele bedeutet, wenn sie unablässig wiederholen muß:

Rebekka! Rebekka!! Rebekka!!!

Das muß zu einer Katastrophe führen. Auf die dumpfe Betäubung muß ein Sturm folgen, das blöde Hindämmern muß von einem wütenden Rasen abgelöst werden.

So geschah's.

Der Kammersänger hatte die Trödelläden absolviert und war in seinem brütenden Einherschieben vor einen Buchhändlerladen gelangt. Mit dem stieren Blicke seiner Benommenheit sah er über die Bücher und Bilder hin, die da aufgestellt und aufgehängt waren. »Die antisemitische Pest«, »Die Schmach des Jahrhunderts«, »Die Prediger des Hasses«, »Die antisemitischen Giftköche«, – er las das mit den Augen und fühlte nichts dabei. So auch sah er blos mit den Augen die Porträts unzähliger Rabbiner und alter jüdischer Berühmtheiten, Männer mit langen Bärten und Schläfenlöckchen, runde Käppchen auf dem Kopfe. Dann goldumrahmte Spruchtafeln in hebräischen Lettern, Seidendamasttücher mit eingestickten Zügen in denselben Charakteren, Gipsbüsten, Gebetriemen. Nichts von alledem drang in das innere kammersängerliche Bewußtsein. Da fiel sein Blick auf ein Bild mit der Unterschrift: Isaak führt Rebekka in das Haus seiner Mutter Sarah, – oder so ähnlich, und wie er die ausgebreiteten Arme dieses Isaak sah, der als schöner Jude abgebildet war und in der That eine überaus orientalische Figur machte, da stieg ihm plötzlich das Blut zu Kopfe, und mit einem Gefühl, halb Wuth, halb Ekel, rannte er davon.

In einem Zustande ingrimmigster Verzweiflung langte er zu Hause an, warf den Cylinder auf den Tisch, sich selbst aufs Sopha und stöhnte gewaltig.

Das schöne Bild Rebekkas war verschwunden, er sah nur den geölten Isaak von jenem infamen Stahlstiche. Alles, was er an Wut gegen die Juden im Herzen hatte, aller Haß, Spott, Ingrimm des Antisemiten stieg in ihm hoch. Ein albernes Tingeltangellied, das er vor Jahren als Student einmal von einem parodistischen Judendarsteller gehört hatte, drängte sich ihm unvertreibbar als Begleitung zu diesem Bilde auf, und er mußte mauschelnd unzählige Male wiederholen:

Komm' se rain, komm' se rain,
Komm' se rain in de gute Stube!

Dazwischen wälzte er sich ruckweise auf dem mit gestickten Kissen seiner Verehrerinnen dicht belegten Divan hin und her und lachte wild auf.

Zu denken, daß er, *er* sich beinahe in ein Judenmädchen, ein Schickselchen verliebt hätte, hohohohoho! Sie vielleicht gar geheira … hohohohohoho! Isaak führt Rebekka in das Haus seiner Mutter Sarah …

Komm' se rain, komm' se rain,
Komm' se rain in de gute Stube.

Oh! Oh! Oh! Und dann, wenn sie Kinder gekriegt hätten … hohohohohohoho! Lauter kleine Mauschelmüllers mit krummen Beinen, Plattfüßen, Triefaugen, immer wieder nachwachsenden Stirnlöckchen. Hohohohohohoho! Tatteleben würden sie gesagt haben, Tatteleben zu ihm! Ha!!!

Der Kammersänger sprang mit einem wilden Satze auf, preßte sich die Fäuste auf die Schläfe und durchmaß das Zimmer mit den Schritten eines Wüterichs auf der Bühne.

Die Post wurde gebracht. Drei Rosa-Briefe darunter. Er schmiß sie an die Wand.

Der Repertoirezettel kam. Er machte eine Papierkugel daraus und schleuderte sie unter den Divan.

Die Wirtin wollte eine Bestellung ausrichten. Er spießte sie mit seinen Blicken ans Bücherbrett und blies ihr ein so entsetzliches Hinaus! ins Gesicht, daß sie sich mit einem Kreischen von den Blicknägeln wieder losriß und wimmernd davonfloh.

Diese Stimmanstrengung hatte ihm etwas Luft gemacht, daher beschloß er, ein bischen Stimmgymnastik zu treiben und erfüllte sein Zimmer mit ungeheuerlichen Reihen rasend gerollter Tonleitern, sodaß sich in der ganzen Umgebung die Fenster mit erschrockenen Gesichtern und geschüttelten Köpfen bevölkerten. Aber ihm thats wohl, seinen Kummer in sinnlosen Lauten hinauszubrüllen, und nie war er dem Geschicke, das ihn mit einer Riesenstimme begabt hatte, so dankbar wie in dieser Viertelstunde, als er von ihr einen so martialischen und rohen Gebrauch machte.

Als er genügend erschöpft war, rannte er aus dem Hause zu seinem Kapellmeister, erklärte ihm, daß er geisteskrank sei und mindestens zwei Monate lang nicht auftreten könnte. Dann, als der Maëstro ihn mit einigen boshaften Bemerkungen, die indeß wirkungslos abprallten, entlassen hatte, ging er in eine Weinstube und betrank sich. Ganz allein. Grimmig. Aber vollständig.

Es ist eine bekannte und täglich aufs neue erprobte Thatsache, daß wir im Wein das Kraut zu verehren haben, das gegen den Schmerz gewachsen ist. Indessen: es hilft nur solange, wie der Rausch währt. Wacht man am nächsten Morgen auf, sitzt Meister Schmerz schon wieder auf dem Bettrande und grinst: Dummer Kerl, so billig gehts nicht.

So geschah es auch dem armen Müller. Nur, daß der Schmerz, der gestern in seinem Herzen gewütet hatte, wie in einem hohlen Zahn, jetzt als Wehmut auftrat, als die bekannte windelweiche Wehmut, die aus dem Menschen einen feuchten Lappen macht, der immer wieder aufs neue ausgewunden sein will.

Nichts bringt den Menschen so herunter. Wehmut ist die gefährlichste Ausschweifung der Seele. Und wenn es gar Wehmut aus verstockter Liebe ist, dann wird alle Mannheit gehaltlos wie wässriges Fischfleisch.

Blut, wo ist dein Feuer, Lachen, wo ist dein Sieg?

Bohrt dem Mann einen Ring durch die Nase und führt ihn zu den Kühen auf die Weide!

Ein Zustand tritt ein, wo der beste Kognak versagt wie ein nasses Zündhütchen.

Die Seele wimmert und weiß nicht warum. Das Gehirn hat sich in einen Schwamm verwandelt, mit dem man wohl eine Wandtafel abwischen könnte, aber unter keinen Umständen einen Gedanken fassen kann. Irgendwo, inwendig, dort, wo sonst der Kern vom Wesen sitzt, das sich Ich nennt, geht ein Drillbohrer maschinenmäßig auf und ab.

Dies der Zustand des Herrn Kammersänger Müller in den folgenden Tagen.

Der Theaterarzt befühlte den Puls, besah die Zunge, schüttelte den Kopf und schrieb ein Attest.

Auf dem Theaterzettel erschien der Vermerk: Unpäßlich Herr Kammersänger Müller.

Die Zeitungen verfehlten nicht, den Patienten der allgemeinen Teilnahme zu versichern und die Hoffnung auszusprechen, daß der begnadete Künstler bald seine volle Frische wieder gewinnen möge.

Sämmtliche Verehrerinnen schickten in Vers und Prosa die rührendsten Wünsche.

Müller lag und litt. Der Drillbohrer ging rastlos auf und ab.

Aber am Morgen des dritten dieser gräßlichen Tage erwachte der gequälte Tenor mit einem Lächeln und – pfiff.

Er hatte so einen angenehmen Traum gehabt.

Wie war es doch gewesen? Richtig! –: Er war in einem Krankenhaus gelegen, wo er eine schwere Operation überstanden hatte. Eine große, sorgsam verbundene Wunde auf der Brust. Hatten sie ihm das Herz herausgenommen? Gleichviel: er fühlte sich so leicht, so neu. Und neben ihm am Bette saß eine wunderschöne Krankenschwester, ein großes silbernes Kreuz um den Hals, und hatte ihre rechte Hand auf seiner Stirne. Sie sprach kein Wort, sah ihn nur an. Und es war ihm unbeschreiblich wohl zu Sinne.

Soll man nicht lächeln und pfeifen, wenn man so was geträumt hat?

Aber Tenorio ward noch vergnügter, als er sich den Traum auch ausgelegt hatte:

Also natürlich erst mal: die Krankheit geht vorüber; und dann: Rebekka.

Wie? ..? ..

Freilich!!

Tenorio hatte es ja geträumt, und solche Träume kommen *nicht* aus dem Bauche.

Er sagte sich: Kaum, daß ich das Mädchen wiedergesehen habe, und wenn auch nur im Traume, wird mir wohl, und ich pfeife. Folgerung: Ich muß das Mädchen so oft als irgend möglich sehen. Unerforschliche, dunkle Kräfte, geheimnisvolle Schicksalsmächte haben mich nächtlicher Weile mit der Nase darauf gestoßen: Thu ihn ab von Dir, den Antisemitismus, wenigstens im Falle Rebekka, und suche Dein Heil bei diesem liebenswürdigen und schönen Wesen!

Und übrigens: Mußt du dem Antisemitismus wirklich untreu werden? Mit nichten! Sahst du nicht das Kreuz an ihrem Halse? Das Mädchen muß sich einfach taufen lassen. Wie simpel! Amor vincit omnia. Liebe bricht Religion, wie Kauf Miethe.

Liebe ..? .. Aber wieso denn ..? .. Erstens: ich … Nun ja … es scheint wohl so … (der Rekonvaleszent pfiff eine schelmische Weise) … Aber dann –: sie ..? .. Ist es erlaubt, anzunehmen, daß ….? … Könnte sie nicht schließlich …. (der Kammersänger erbleichte, ehe er den Gedanken fertig dachte) … schon irgend einen Isaak ..? … (Tenorio fuhr sich in die Haare und senkte das Haupt) … Klarheit! Klarheit! Schnelle Gewißheit! Ich gehe zu Grunde, wenn ich nicht bald erfahre, ob dieser Traum mich geäfft oder mit Wahrheit erleuchtet hat!

Priesterlich in seinem langhinwallenden Nachthemde entstieg der Kammersänger dem Schauplatz des schicksalbeeinflussenden Traumes, feierlich wusch und rasierte er sich, ernstbedächtig kleidete er sich in bedeutungsvolles Schwarz. Milde Schokolade, schaumig bekrönt von lilienweißer Schlagsahne, wurde zur Stärkung des Leibes erkoren, kein brutaler Kognak entweihte die Andacht dieses seltenen Frühstücks.

Ruhig, ernst, friedlich und ein bischen schwach machte sich der traumverklärte Kammersänger auf den Weg, – kein Konfirmand kann andächtiger zur ersten Kommunion schreiten. Das Kreuz am Halse leuchtete ihm voran. Er überlegte sich schon, welchen christlichen Namen Rebekka annehmen sollte, wenn … nun ja! Er entschied sich schließlich für Elisabeth.

Liebe sieht Alles auf Goldgrund. Das ist ein optischer Fehler, aber dem Herzen ein Wohlgefallen. Der Realismus kommt in der Ehe, und da ist es dann Sache des Glücks, ob der Goldgrund sich in eine liebe, stille, gesegnete Landschaft auflöst oder in das gewisse Grau, das alle Farbe und Heiterkeit verhängt.

Aber bei der Ehe sind wir noch nicht. Fürs erste schwelgte der Kammersänger noch in allen Goldgründen der Liebe und sah seine holde Rebekka-Elisabeth als so eine süße, schöne Madonna der Florenzer Primitiven.

Der biedere Vater Synagogendiener figurierte daneben als würdevoll flankierender Santo so und so, und die unendlich schüchterne Mama Sarah durfte als Mutter Anna den Hintergrund ausfüllen. Jung-Isaak irgendwo in der Ecke als lautenschlagender Angelino.

So sah sich für ihn alles recht trefflich an, zumal, da es ihm sehr schnell klar wurde, daß kein Bräutigam Isaak vorhanden war und die Blicke des schönen Mädchens mit dem unsichtbaren Kreuz um den Hals nicht ohne den gewissen Ausdruck zu ihm flogen, den Verliebte wohl auszulegen wissen. Auch deutete sich Tenorio den Abschiedshändedruck bereits als stilles Bekenntnis erwiderter Neigung, und kurzum, er ging recht zuversichtlich von dannen, obwohl eigentlich nicht das Mindeste vorgefallen war, das ihn berechtigt hätte, irgend welche Hoffnungen zu schöpfen. Denn, daß Karfunkelstein senior sich bereit erklärt hatte, ab und zu Freibillets für die Oper entgegenzunehmen, bedeutete doch eigentlich noch keinen Ehekonsens und die Einwilligung zum Übertritt Rebekkas in die christliche Kirche.

Indessen: die Brücke war geschlagen, und wenn sie auch nur aus dem Papier der Freikarten war, sie würde schon halten, dachte sich der zuversichtliche Kammersänger, der ja schließlich auch einige Erfahrungen in der Ausnutzung derartiger Kommunikationsmittel der Liebe hatte.

Nun lagen die Dinge hier allerdings anders als sonst, wo die guten verliebten Kinder auch ohne Brücke zu ihm kamen, aber dafür entwickelte er diesmal eine um so lebhaftere Thätigkeit.

Nicht allein, daß er es sich nicht nehmen ließ, so oft, als es nur angängig war, in der Stube mit den grünen Plüschmöbeln zu erscheinen und sich mit dem lebhaftesten Interesse darnach zu erkundigen, welchen Eindruck Mutter Sarah in der letzten Tannhäuseraufführung etwa empfangen hatte, oder ob sich Vater Abraham nun endlich von der Ansicht emanzipiert habe, die Wagnersche Musik bestehe ausschließlich aus Dissonanzen, nein, er entdeckte auch an Rebekka ein so fabelhaftes musikalisches Verständnis und eine derartig phänomenale Altstimme, daß er ohne Übertreibung behaupten zu müssen erklärte, sie habe eine Goldgrube in der Kehle.

Diese Goldgrube konnte nicht ohne Eindruck auf das Karfunkelsteinsche Ehepaar bleiben. Denn wenn die beiden alten Leutchen auch keineswegs das Ansehen von geldgierigen Hebräern hatten und mehr zu den stillzufriedenen sinnierenden Juden gehörten, denen eine erzvaterhafte Frömmigkeit die mangelnden Reichtümer dieser Welt ersetzt, so hätten sie es doch für sündhaft gehalten, ihrem Kinde die Möglichkeit der Ausnützung eines ihm innewohnenden Vermögens zu nehmen. Sie waren es also gerne einverstanden, daß Tenorio den Rebekkaschen Alt in häufigen Unterrichtsstunden ausbildete und übrigens auch sonst für Steigerung ihres musikalischen Interesses und Verständnisses nach allen Kräften thätig war. Häufige Konzertbesuche, natürlich unter Begleitung eines Familienmitgliedes, waren ein Hauptmittel zu diesem – und einem anderen Zwecke. Zumal, wenn das begleitende Familienmitglied die Gestalt Isaaks hatte, unterdrückte der andere Zweck den einen sichtlich.

Ob Isaak etwas davon merkte, bleibe dahingestellt, aber über allem

Zweifel erhaben ist die Thatsache, daß Rebekka durchaus im Bilde war. Und zwar mit Wohlgefallen.

Machen wir es kurz: Noch ehe die Stimme des schönen Mädchens merklich an Umfang gewonnen, noch ehe ihr musikalisches Verständnis den Grad erreicht hatte, dem Tenorio mit heißem Bemühen zustrebte, war sie ebenso grenzenlos in ihren – Lehrer verliebt, wie der Lehrer in seine – Schülerin.

Fromme Jüdinnen sind sehr zurückhaltend, und ihre Sittsamkeit ist außerordentlich, aber schließlich hat jedes Ding seine Grenze, und ein Rendezvous in Ehren kann niemand verwehren. So begannen denn Rebekka und Bruno sich auch heimlich zu treffen.

Diese heimlichen Stelldicheins waren aber durchaus anderer Art, als sie der Sänger mit dem bedenklichen Spitznamen sonst gewöhnt war. Früher hätte er derlei einfach lächerlich gefunden, diesmal fand er es über alle Begriffe schön und herrlich. Auch war es sehr ernst. Denn mehr und mehr hatten diese heimlichen Begegnungen nur ein Thema: Das Kreuz am Halse.

Ach, so einfach, wie es sich Bruno gedacht hatte, war die Sache nicht. Zwar, der Hals war da (und was für ein schöner Hals), und Kreuze gab es so viele, wie Pastoren, die es ihm umgehängt hätten, – aber der Hals wollte nicht. An dem Hals hing schon eine Kette, und die hatte der Vater Abraham in der Hand, der sie eher zugeschnürt hätte, als zu dulden, daß ein Kreuz daran befestigt würde. Und Rebekka hing dem Vater mit der ganzen Kindesliebe an, die nirgends so fest und unbeirrbar ist, wie unter Juden.

Bruno beschwor, flehte, wetterte, – aber Rebekka schüttelte nur immer traurig den Kopf, und wenn sie dann zu weinen begann, hörte Bruno auf zu beschwören, zu flehen und zu wettern.

Also gut: Auch ohne Kreuz am Halse!

Bruno wußte schon lange nicht mehr, was Antisemitismus ist, und erklärte mit Seelengröße, daß er auf diesen Halsschmuck verzichte. Aber heiraten wollte er, heiraten! Er hatte keine Lust, noch länger zu warten und heimliche Liebe zu üben, als welche, wie er erklärte, erwachsener Menschen unwürdig und absolut unzeitgemäß sei. Auf, zu Vater Abraham!

Rebekka drückte ihm heiß die Hand, sah ihn aber zugleich traurig an, so ganz aus der Tiefe traurig, daß er es nicht begreifen konnte, warum.

Er fragte sie danach.

Aber sie sagte nur: Geh! Und drückte ihm wieder heiß die Hand.

Schwer ist's, einen Herrn zu besuchen, den man anborgen will, selbst dann, wenn man ziemlich sicher weiß, daß er den Kassenschrank aufmachen wird; schwerer ist's, zu einem Herrn zu gehen, den man um die Hand seiner Tochter bitten will, selbst wenn man ein berühmter Tenor mit 40,000 Mark Jahreseinkommen und seiner Sache sicher ist. Man mag noch so gewandt im Setzen guter Worte sein: wenn man kein Handlungsreisender ist, der überhaupt keine Schwierigkeiten kennt, wird man nur mit Zagen die Klingel ziehen, nicht anders als wie beim Zahnarzte, wo man auch denkt: Wenn ich nur schon wieder draußen wäre.

Bruno, der Kammersänger, der erklärte Liebling der Stadt (mit Ausnahme der andern Tenöre), Ritter zahlreicher Orden und Inhaber aller existierenden Medaillen für Kunst und Wissenschaft, Lehrer und Geliebter Rebekkas, schön, hochgewachsen, gesund, kräftig, vermögend, akademisch gebildet, unbestraft, Sekondeleutenant der Reserve und tadellos angezogen – fühlte sich wie ein Schulbube, der dem Herrn Lehrer ein Strafexercitium überreichen soll, als er vor der Schwelle eines armen alten Juden und Synagogendieners stand, mit der Absicht, ihn um seine Tochter zu bitten.

Wie?! Kam er denn eigentlich als Bittender? Kam er nicht vielmehr als Gebender? Warf er nicht Glanz über diese Hütte? Mußte man nicht einfach die Arme öffnen und stammeln: Ja! Ja! Ja! …? Natürlich! Weg mit dieser blöden Bangigkeit! Brust heraus! Kopf hoch! Ein paar lachende Worte, und Alles ist gethan!

Grrrrr … ring … ging … ging … grrr!

Diese infame Klingel!

Aber drin, im dunklen Gange, der heiße Händedruck und ein schneller, noch heißerer Kuß.

Nun vergiß leises Flehn,
Süßes Wimmern!

In ein paar Minuten ... hoiotohoh!

. . . .
. . . .
. . . .
. . . .

Wer stürzt da ohne Hut zum Hause heraus!? Wer rennt da über die Gasse? Um Gotteswillen, wer schwenkt da so die Arme und ruft, wie ein zu Tode Getroffner: Droschke! Droschke!

Spuk und Gespenster! –: der Kammersänger Müller fegt an den Trödlerbuden vorüber, jagt über die Börsenbrücke, fällt eine Droschke an, reißt den Wagenschlag auf und verschwindet in dem grün angestrichenen Räderkasten.

– Kalte Umschläge ...! Eisbeutel! ... Brausepulver ...! Kognak ...! Schwarzen Kaffee ...! Morphium ...! Morphium ...! Machen Sie, daß Sie hinauskommen ...! Schicken Sie nach dem Theaterarzt ...! Nein! ... Bestellen Sie eine Droschke! ... Schreiben Sie dem Intendanten, daß ich nach Amerika gereist bin ...! Wo ist mein Handkoffer! .... Ah ...! Ah ...! Ah! ...

Die Wirtin kriegte es mit der Angst und lief zum Doktor.

Der Doktor kam und wurde nicht eingelassen.

Tenorio saß an seinem Schreibtische und zerriß einen Briefbogen nach dem andern. Auf jedem stand nur: Rebekka!

Da er das ebenso gut rufen wie schreiben konnte, so rief er es dann eine Weile.

Aber schließlich schrieb er weder, noch rief er, sondern saß wie leblos, den Kopf zwischen die Hände gepreßt, vor seinem Flügel und starrte den Namen Blüthner an.

– Also das! Das! Nur ein Jude darf in die Familie Karfunkelstein eintreten! Ist es nicht zum Lachen? Wie? Zum Kreischen?

Tenorio haute mit beiden Fäusten auf die Tasten, daß der Flügel wie ein gepeinigtes Tier aufbrüllte.

– Ah, und da wundert sich diese Bande, daß der Antisemitismus wächst!

Knallend flog der Flügeldeckel zu.

– Abgelehnt! Einfach abgelehnt! Ich! Wie wenn ich aus der Gosse wäre! Es ist … es ist … heiter!

Jetzt hätte er am liebsten dem Flügel einen Tritt gegeben.

Da klingelte es.

Hin– und Widerreden im Flur.

– Ist das nicht …?

Der Kammersänger war mit einem Satze an der Thüre, riß den Schlüssel herum und die Flügel auf.

Rebekka!

Mit einem Male war ihm anders.

Sie ging auf ihn zu, faßte seine beiden Hände und sah ihn thränenden Auges an.

Dann warf sie sich ihm an die Brust und schluchzte in höchster Qual.

Da war sein Wüten hin.

Er küßte ihr die Stirne, den Mund, die Hände, und wie sie auf einen Stuhl gesunken war, ließ er sich vor ihr nieder und weinte in ihren Schoß.

Es wurde nichts gesprochen außer dem einen Satz von ihm: Und du … kannst nicht?

Sie schüttelte den Kopf und sah ihn flehend an.

Da stand er auf, zog sie zu sich heran und küßte sie lange.

Nie hatte er seine Liebe zu dem schönen Mädchen so über alles mächtig gefühlt, wie jetzt, wo ihr Gesicht verweint und wie verwischt war. Denn nie hatte die grundgütige Liebe und Tiefe ihrer Seele so aus ihren Augen geleuchtet wie in diesem Augenblicke, als der tiefe Schmerz ihrer Hilflosigkeit in ihnen war.

Sie gingen zusammen fort, wieder zu Vater Abraham.

Es ist klar, daß dieser Gang nicht blos dem vergessenen Cylinder galt.

Er galt …, aber das ist eine heikle Geschichte, zumal, da sie einen so zornigen Antisemiten zur Hauptperson hat, wie Herr Kammersänger Müller einer gewesen ist.

Angedeutet ist auch verraten: Herr Müller nahm einen längeren Urlaub und brachte diesen – in der Provinz Posen zu.

Kurz nach seiner Rückkehr, mit Personalpapieren, in denen eine kleine Änderung vorgenommen worden war, heiratete er Fräulein Rebekka Karfunkelstein.

Die Sache ist ja blos äußerlich.

Die Hauptsache ist, daß das kammersängerliche Ehepaar Müller zu den glücklichsten Ehepaaren zählt, die auf dieser Erde gefunden werden.

Was für eine entzückende Frau die Frau Kammersänger Müller ist! Selbst der Bassist und der Privatgelehrte schwärmen für sie.

Und welch ein Ehegatte ist Müller!

Freilich, wenn der Goldgrund der Liebe so zur ehelichen Ideallandschaft wird, in der so reizende Buben und Mädels herumspringen, wie hier, dann müßte einer ja ein Monstrum sein, wenn er kein idealer Ehegatte wäre.

Antisemit ist Müller übrigens doch noch manchmal.

Die Haare der heiligen Fringilla

Eine erbauliche Geschichte

Es lebten einmal (wer weiß, wie lange es her ist), durch das Band des heiligen Sakramentes der Ehe rechtmäßig und katholisch miteinander verbunden, in einem schönen Schlosse ein Prinz und eine Prinzessin. Den Prinzen wollen wir Flodoard, die Prinzessin aber Eulalia nennen, – denn wir haben uns in dem Taschenbuch der fürstlichen Häuser davon überzeugt, daß es keinen Prinzen Flodoard gibt, der mit einer Prinzessin Eulalia ehelich und katholisch verbunden wäre.

Der Prinz, – nun, das war ein ganz annehmbarer Herr. Hübsch wohl eigentlich nicht, auch nicht gerade aufdringlich intelligent, aber er konnte so mit hingehen und machte mit den anderen Prinzen seines Hauses eine ganz harmonische Gruppe. Eine rosige Hautfarbe, gehoben durch einen kohlpechrabenschwarzen Spitzbart und muntere, ganz hellblaue Augen, alerte Bewegungen, die Kleider direkt aus London, – wer mehr verlangt, ist unverschämt. Zudem strich er die Kniegeige und war ein Gönner der mimischen Künste.

Prinzessin Eulalia ermangelte der Reize, die in Märchenbüchern und Zeitungsberichten den Prinzessinnen anzuhaften pflegen. Dafür entstammte sie aber auch einem grausam alten Fürstenhause, das infolge seiner unerhörten Vornehmheit eigentlich auf fortwährende Inzucht angewiesen und daher auch noch durch allerhand kleine geistige Schönheitsfehler ausgezeichnet war. Wir müssen es uns versagen, darauf näher einzugehen, weil wir weder die Absicht noch den Beruf haben, ein Lehrbuch der Psychopathologie mit besonderer Berücksichtigung der ältesten Dynastengeschlechter zu schreiben, und es muß uns genügen, auf die spezielle Form hinzudeuten, in der die psychischen Leberflecke bei Prinzeß Eulalia auftraten. Die hohe Dame war, um es mit der gebührenden Delikatesse auszusprechen, religiös etwas stark empfindlich. So bekam sie z. B. Zustände epileptoider

Natur, wenn sie genötigt gewesen war, einem Ketzer die Hand zu reichen; erst eine dreistundenlange Waschung in reichlich mit Weihwasser versetzter Eau de Cologne war, wie sie behauptete, imstande, die also besudelte Hand wieder in den früheren Zustand rechtgläubiger Immakulanz zu versetzen. Dies nur *ein* Beispiel, dem wir noch eine ganze Reihe ähnlicher anzufügen vermöchten, wenn wir nicht vorzögen, zu unserer eigentlichen Geschichte zu kommen.

Prinz Flodoard wußte die Ehre wohl zu schätzen, die darin lag, daß er mit einem, wenn auch etwas welken Sproß jenes grausam alten Fürstenhauses durch die Ehe verbunden war, aber er huldigte der vielleicht frivolen, aber begreiflichen Anschauung, daß diese Ehre ihn nicht an dem Genusse derjenigen Vergnügungen hindern zu müssen brauchte, die ihm jene Ehe nur in unvollkommenem Maße gewährte. – Wie wir schon erwähnten, schenkte er den mimischen Künsten den Vorzug seiner Gunst. Wäre sein Interesse nur von der oberflächlichen Art gewesen, wie sie auch in den bürgerlichen Schichten des Volkes auftritt, so würde er sich darauf beschränkt haben, es von seiner Loge aus zu betätigen: da er aber ein Mann von Gründlichkeit und überdies einer jener vorurteilsfreien Prinzen war, die auch die direktere Berührung mit den Untertanen nicht scheuen, so überschritt er die Schranke, die ihn von den darstellenden Künstlern trennte, und begab sich so oft als es nur anging, d. h. stets dann, wenn er ohne seine hohe Gemahlin das Theater besuchte, hinter die Kulissen. Nur so, sagte er sich, kann ich mit dieser wunderlichen Welt in innigeren Kontakt kommen. Und so war es.

Das Fräulein hieß Fanny und verkörperte die heroischen Weiblichkeiten jüngeren Alters. Denn sie besaß eine starktönende Stimme, lange Beine, volle Arme, glutvolle Augen und einen Busen, der jeder vorgeschriebenen Wallung gewachsen war.

Ob Fanny den Ruhm einer großen Künstlerin verdiente, das mögen auf Ehre und Gewissen jene Herrschaften entscheiden, die in der Stadt ihrer Tätigkeit über diese Dinge gegen das übliche Zeilenhonorar zu Gerichte sitzen; an uns ist es lediglich, zu konstatieren, daß Prinz Flodoard in jeden gewünschten Kontakt mit ihr kam und keine Ursache hatte, daran zu zweifeln, daß sie Temperament besaß und heroischer Anstrengungen fähig war.

Somit wäre alles gut gewesen, und wir brauchten diese Geschichte nicht zu schreiben, wenn nicht Prinzessin Eulalia durch eine boshafte

Manicure (mit der Fanny einen kleinen Raufhandel gehabt hatte) von der Sache Wind bekommen hätte.

– O! sagte sie, o! und ließ ihren Beichtvater kommen.

Pater Ivo war ein Kapuziner von der verehrungswürdigen Einfalt eines frommen Greises und dem treuherzigen Glauben eines unverdorbenen Kindes. Seit mehr denn fünfzig Jahren trug er seine Kutte und wußte nichts mehr von der Welt und ihrer Arglist, denn was er davon gewußt hatte, hatte er vergessen. – Diesem wackeren Mönche also erzählte Prinzessin Eulalia mit sanft umschreibenden Worten das Greuliche und fragte zum Schluß: Was ist zu tun? Was kann hier helfen?

– Nichts, als die Haare der heiligen Fringilla! antwortete Pater Ivo.

– Ah! sagte die Prinzessin.

– Ja! sagte der Pater.

– Nämlich, fuhr er fort, die Haare der heiligen Fringilla, auf der bloßen Brust in einer geweihten Kapsel aus dem Holze des Judasbaumes getragen, haben die Kraft, die bösen Lüste zu vertreiben, indem sie sie im eigentlichsten Sinne hinfällig machen, so zwar, daß ....

– Ich verstehe, sprach die Prinzessin, indem sie zu den übrigen Falten ihrer Stirn noch eine bekam; das wird das Richtige sein. Wie aber und woher bekommen wir so schnell Haare von der heiligen Fringilla und Holz vom Judasbaume?

– Hier, antwortete Pater Ivo prompt, griff in seine Kutte und brachte eine Kapsel zum Vorschein, hier sind Haare und Kapsel. Ich bedarf ihrer ohnehin längst nicht mehr, fügte er mit einem milden Lächeln hinzu.

Die Prinzessin nahm die Kapsel mit Dank und Andacht entgegen und hätte sie gerne geküßt, wenn sie nur etwas gelüftet gewesen wäre; so mußte sie sich begnügen, sie mit Devotion zu betrachten. Das Ding sah eigentlich wie eine der alten Taschenuhren mit hohem, runden Glasdeckel aus, nur, daß unter dem Glas kein Ziffernblatt, sondern, auf einem Pölsterchen von weißem Samt, eine Anzahl brauner, ganz, ganz feiner schlichter Haare zu sehen war, die sich fast wie Seidenfäden ausnahmen, so fein waren sie.

Mit dieser Kapsel in den überaus weißen und natürlich hellblau geäderten Händen begab sich die Hoheit Eulalias in die Gemächer ihres Gatten, der eben die Kniegeige traktierte, indem er den ganzen Schmelz seiner Empfindungen für Fanny auf ihre vibrierenden Saiten strich. Als er seine hohe Gemahlin bemerkte, beendigte er die empfindungsreiche Piesse mit einer mehr ausdrucksvollen als harmonischen Figur und sah den Sproß des grausam alten Fürstenhauses fragend an.

Der Sproß aber sprach: Nimm, mein Geliebter, hier in dieser Kapsel aus dem Holze des Judasbaumes einige Haare vom Scheitel der heiligen Fringilla, hänge die Kapsel um deinen Hals und trage sie fürderhin auf deiner bloßen Brust.

Was hat sie denn? dachte sich Prinz Flodoard; es herrschen doch nicht die Pocken oder der Typhus in unserer Stadt, und ich bin überdies in der Unfallversicherung! Sprechen aber tat er so: Aus welchem Grunde wünschest du dieses?

– Es ist gut gegen allerlei Anfechtungen, erwiderte mit Betonung und einem eigentümlich bohrenden Blicke die Prinzessin.

Der Prinz hatte eine bange Empfindung, nicht unähnlich der, die auch Prinzen haben, wenn sie beim Zahnarzt sind und dieser die elektrische Bohrmaschine herbeizieht. Daher sprach er schnell: Ich danke dir sehr für diese Aufmerksamkeit. Wie du weißt, habe ich stets zu den besonderen Verehrern der heiligen Fringilla gehört.

Die Prinzessin neigte hoheitsvoll, aber nur ein bißchen, das Haupt und sprach: So wirst du, hoff' ich, *immer* und *überall*, *stets* und *wo* du auch bist, *jederzeit* und *bei allen* Gelegenheiten eingedenk sein, *wessen* Haare du auf deiner Brust trägst, so daß schon der Gedanke allein deinen Fuß vor jedem Straucheln behüten wird, abgesehen von der magischen Kraft der heiligen Haare selber.

Daß sie etwas weiß, ist sicher, dachte sich der Prinz. Es ist doch scheußlich, daß in diesem Neste alles auskommt. Sprechen aber tat er so: Du kannst dich in jeder Hinsicht vollkommen beruhigen, meine Teure. Ich werde die Kapsel sofort umhängen und gewiß immer an sie denken. Überdies ist sie, wie ich sehe, so voluminös, daß ich sie unausgesetzt *fühlen* werde.

Prinzeß Eulalia tat, was sie nur selten zu tun pflegte: sie lächelte. Und, indem sie lächelte, sprach sie: daran erkenn' ich meinen Pater Ivo; er denkt an alles. Prinz Flodoard aber dachte sich: Es wird höchst unschick aussehen, wenn dieser Knollen die Hemdbrust aufbeult. Man wird denken, daß ich eine Hühnerbrust habe.

Indessen, umhängen mußte er sich die Kapsel doch.

Am Abende desselbigen Tages, da sich dieses begeben hatte, befand sich Flodoard (denn in solcher Gesellschaft wollen wir ihn bloß Flodoard schlechthin nennen) bei Fanny. Es war ein schwüler Sommerabend, von der Art, wie die Dichter sie bevorzugen, wenn sie auf hitzige Ereignisse kommen wollen. (Doch wünschen wir mit solchen Dichtern nicht verwechselt zu werden, denn wir haben keinerlei hitzige Absichten, – vielmehr wird diese Geschichte gleich aus sein.) Flodoard sowohl wie Fanny befanden sich in jenem leichten Kostüme, in dem man sich nur dann am offenen Fenster zeigt, wenn man kein vis-à-vis hat. Das Fannys war aus Seide und rosarot, das Flodoards dagegen, bis auf die große rote Krone unter der Brustkrause, durchaus weiß und aus Battist. Der Schwüle wegen hatte Flodoard es unterlassen, den weißen Kragen seines Gewandes zu schließen, so daß der Hals sowohl wie ein Teil der Brust sichtbar ward, und so kam es, daß Fannys Blick unter anderem auch auf die uns hinlänglich bekannte Kapsel fiel.

Es war vielleicht indiskret, daß sie es tat, aber Fanny fragte, indem die rosarote Seide sich dem durchaus weißen Battiste näherte: Schau, was hast du denn da hängen?

Es war vielleicht frivol, daß er es tat, aber Flodoard antwortete, indem der durchaus weiße Battist die Berührung der rosaroten Seide sanft erwiderte: Das sind Haare vom Scheitel der heiligen Fringilla.

– Die helfen gewiß gegen Erkältung, meinte Fanny.

– Nein, sie sollen vielmehr gegen Erwärmung helfen, witzelte Flodoard.

– Haare von einer Heiligen hab' ich mein Lebtag nicht gesehn; die muß ich mir näher anschau'n, entschied Fanny, hing dem witzigen Herrn die Kapsel ab und ging damit zum offenen Fenster.

Obwohl wir vorhin bemerkt haben, daß es ein schwüler Sommerabend war, als sich alles dieses begab, erhob sich doch plötzlich in den hohen Bäumen des Parkes, nach dem hinaus die Fenster der neugierigen Heroine gingen, ein Wind und entführte (»auf seinen Fittichen« wollen wir sagen, weil es sich um verehrungswürdige Gegenstände handelt) die Haare der heiligen Fringilla in das grünschwarze Dämmericht. Allwissend, wie wir es dank unserer Eigenschaft als epischer Dichter sind, können wir hinzufügen, daß ein junger Spatz, der eben sein erstes Verhältnis mit einer fast noch weichschnäbeligen Spätzin hatte und sich in einem verlassenen Staarkasten der ausgelassensten

Flitterwochen erfreute, unverschämt genug war, die zarten Reliquien mit seinem frechen Schnabel in freier Luft aufzufangen und sie mit den Worten: »Gute Polsterung ist das sicherste Fundament eines liebevollen Lebens« seiner Geliebten unter die warme Basis zu schieben. Habent sua fata capilli.

Fanny, die offenbar nicht mehr Gewissen als eine Spätzin hatte, geriet über die Entführung der Haare nicht etwa in Verzweiflung, sondern sagte bloß kurzhin: Weg sind sie!

Aber Flodoard, der an die Dame aus dem grausam alten Herrscherhause dachte, rief erschrocken aus: Kruzi Türken, das ist aber ’mal unangenehm!

Worauf die Heroine eine spöttische Nase machte, indem sie sich einer bei Menschen sonst seltenen Fähigkeit bediente, die darin bestand, daß sie auf dem Nasenrücken ein paar Längsfalten erzeugte. Dazu sprach sie: Du hast aber auch immerzu Angst vor deiner grauslichen Hoheit. Übrigens macht das gar nix. Ich leg’ einfach ein paar Haare von mir in die alte Tombackuhr.

Flodoard fand das im ersten Augenblick ingeniös, aber dann wurde er verzagt: das geht ja nicht; du hast ja *blonde* Haare!

Dies ist die Peripetie der Geschichte. Hier setzt das Wunderbare ein. Die sonst nie versagende Füllfeder des Dichters erlahmt in diesem Augenblicke und vermag nur das Äußerliche der mirakulosen Begebenheit zu registrieren: Fanny kicherte und ging ins Nebenzimmer, von woher man das Schnippsen einer Schere und ein nochmaliges Kichern vernahm.

Am nächsten Morgen, als Prinz Flodoard an der Seite seiner hohen Gemahlin erwachte, sah er, daß diese im Bette aufgerichtet saß und mit starren Augen in die Kapsel sah, die sie ihm im Schlafe abgenommen hatte.

Der Prinz erschrak heftig und fragte: Wa … Was tust du denn da?

Prinzeß Eulalia starrte weiter und flüsterte fast ekstatisch: Flodoard, sage mir, hast du die Kapsel geöffnet?

Der Prinz antwortete hurtig, aber sanft: Nein, meine Teure, das tat ich nicht.

Prinzeß Eulalia sandte die Widerhaken zweier Inquisitorenblicke in seine Seele und flüsterte noch ekstatischer: *Schwöre*, daß du die Kapsel nicht geöffnet hast!

Der Prinz überlegte sich den Sachverhalt und sprach dann mit Festigkeit: Ich schwöre!

Die Prinzeß erhob ihre Augen zum Betthimmel, als ob dort, wo sich die Falten des Mulls in einem gekrönten Bausch trafen, etwas Unerhörtes zu sehen sei.

Auch Prinz Flodoard wandte seine Blicke dorthin, doch war es ihm nicht gegeben, irgend etwas Besonderes zu bemerken.

An diesem Tage wurde Pater Ivo zu früherer Stunde als je ins Schloß berufen. Prinzessin Eulalia empfing ihn mit allen Anzeichen feierlicher Gehobenheit. Und sie sprach: Mein teurer Pater, ich glaube, daß die Gnade bei uns eingekehrt ist.

– Sie kehrt bei allen ein, die rechten Sinnes sind, antwortete der fromme Greis. Aber: wieso?

– Seht her, antwortete die Prinzessin, – die Haare der heiligen Fringilla haben *Locken* bekommen!

– O! rief der Pater aus, o! o! o! Wie heiß muß die Brust des Prinzen sein!

Die Prinzessin nahm einen strengen Ausdruck an: Wie? So weltlich erklärt ihr dies? Und selbst, *wenn* es die Brust meines Gatten gewesen wäre, die dies vermocht hat, – wäre es nicht ein Wunder? Schlichte Haare, die zu Locken werden, ohne daß man sie wickelt oder brennt?!

– Ja, es *ist* ein Wunder! entschied der Mönch, der sich seiner rationalistischen Anwandlung schämte.

– Aber was mag es *bedeuten*? fragte die Prinzeß.

Pater Ivo überlegte eine Weile, durchdachte alle Wunder ähnlicher Art, erwog, verwarf, verglich, schied aus und sagte schließlich was folgt: *So* ist es, meine erhabene Tochter; merket wohl auf! *So* und nicht anders: Gleich einem göttlichen Zugpflaster haben die Haare der heiligen Fringilla alle böse Brunst aus dem Herzen Eures hohen Gatten gezogen und sind so im Feuer verbotener Lüste zu Locken geworden! Nicht zufrieden damit, ein *Abwehr*mittel zu sein, sind sie ein *Heil*mittel geworden. Preisen wir die Macht der Gnade! Der Prinz ist für alle Zeiten gerettet! Meine erhabene Tochter darf fürderhin ruhig schlafen!

Von diesem Tage an erhielt Prinz Flodoard sogar den Hausschlüssel.

Daß die Kapsel aber wirklich eine wunderbare Kraft in sich schloß, bewährte sich, so oft er sie nur ansah, denn regelmäßig folgte diesem Blicke der Befehl an seinen Kutscher, ihn nach dem Hause zu fahren, dessen Fenster nach dem Parke gingen, in dem die echten Haare der heiligen Fringilla jenem Spatzenpaare zum Polster dienten.

Der mutige Revierförster

König Leberecht, der schon in vorgerückten Jahren befindliche, aber immer noch recht rüstige Beherrscher eines angenehm im Gebiete der mittleren Zone gelegenen Landes, liebte es, die Büchse im Arm, auf hohe Berge zu steigen und dort all das Wild zu erlegen, das man mit viel Mühe und Kunst in die unmittelbare Nähe seines Feuerrohres brachte.

Auf diesen Jagdzügen begleiteten ihn, der gerne Menschen um sich hatte, weil er wohl wußte, daß es für Fürsten nicht gut ist, allein zu sein, nicht nur eine Schar bevorzugter Männer des Hof- und Staatsdienstes, sondern auch eine wohlausgewählte Mustergarnitur solcher Leute, die sich durch sachgemäße Überdeckung größerer Leinwandflächen mit Farbe oder durch andere Hantierungen von gewissermaßen künstlerischem Charakter in der Leute Mund gebracht und überdies durch die Annahme des Titels von Professoren bewiesen hatten, daß sie, obwohl keiner ernsthaften Beschäftigung obliegend, doch Sinn für das bürgerlich Reputierliche besaßen. Es war, und dessen war sich ein jeder in des Königs Jagdgefolge wohl bewußt, eine große Ehre, mit Seiner Majestät durch die Felder und die Auen zu streifen, sowie auf schmalen Pfaden die erhabenen Gipfel der Bergwelt zu erklimmen, die wie wenig anderes dazu angetan erscheint, dem Menschen einen Begriff davon zu geben, wie großartig die Welt ist. Indessen, wie die meisten Ehren, so war auch diese mit Anstrengungen und Unbequemlichkeiten verbunden. Schon das Klettern allein erschien den älteren Ministern, vortragenden Räten, Kammerherren und Kunstprofessoren als eine im Grunde nicht ganz erfreuliche Muskelübung.

Denn, abgesehen davon, daß der königliche Bergsteiger schon an und für sich in seiner Eigenschaft als Fürst jenen elastischen und lebhaften Gang hatte, von dem wir immer in den Zeitungen lesen, wenn von einem in Bewegung befindlichen Landesvater die Rede ist, war König Leberecht auch noch besonders auf diesen Sport trainiert, da er Zeit seines Lebens die meisten freien Stunden, die ihm die Regierungsgeschäfte ließen, hauptsächlich dazu verwandt hatte, sich in der ebenso gesunden wie vornehmen Kunst des Kletterns auszubilden. Er wäre, wenn ihm die Schicksalsgöttinnen statt einer Krone einen Gamsbarthut und statt des Zepters einen Bergstock in die Wiege gelegt hätten, zweifellos ein ebenso vortrefflicher Bergführer geworden, wie er nun in Wirklichkeit ein scharmanter König geworden war.

Aber die böse Notwendigkeit, mit den untrainierten Beinen des Untertanen den trainierten Beinen des Souveräns in gleichem Schritt und Tritt zu folgen, war noch nicht einmal die fatalste Begleiterscheinung jener ehrenvollen Jagdpartien. Das Unangenehmste waren die kalten Bäder, die die höchst badelustige Majestät auf luftigster Höhe im schneekühlen Gewässer munterer Gebirgsbäche zu nehmen liebte, und von denen sich keiner ihrer Begleiter ausschließen konnte, da sich der Wasserscheue sonst dem Verdachte ausgesetzt hätte, daß er nicht unter allen Umständen gesonnen sei, seinem höchsten Herrn überallhin zu folgen.

Wie viele ministerielle, geheimrätliche, kammerherrliche, kunstprofessorale Schnupfen die Erfüllung dieser harten Untertanenpflicht im Laufe der Jahre zur Folge hatte, darüber besteht keine Statistik, doch darf ruhig angenommen werden, daß ihrer viele und die meisten davon hartnäckiger Natur waren. Denn nicht jeder verträgt zehn Grad Reaumur im Wasser. Die Loyalität ist willig, aber das Fleisch ist schwach.

Nach einem solchen Bade in der Höhe von 1500 Metern bei entsprechender Wassertemperatur begab es sich nun einmal, daß der König, dem von der genossenen Wasserkühle selber die Finger etwas klamm geworden waren, seine Toilette (mit gebotener Delikatesse zu sprechen) nicht ganz zu Ende führte. Anfangs bemerkte niemand diesen Umstand, da ein jeder nur von dem einen Wunsche beseelt war, die eigene gesunkene Blutwärme durch allseitig luftdichten Verschluß der Kleider wieder in die Höhe zu bringen. Als sich aber später die königliche Jagdgesellschaft auf einem angenehmen Wiesenplane zur Rast niedergelassen hatte, nahm man den kleinen, aber durch seine Örtlichkeit fatal auffälligen Mangel wahr.

Nun ist eine solche Wahrnehmung selbst unter gewöhnlichen Menschen, wenn der eine nicht gerade die Frau des anderen ist, mit einer gewissen Peinlichkeit verbunden. Denn es handelt sich hier, wenn man der Sache auf den Grund geht, um einen Umstand, der geeignet ist, das sittliche Gefühl zu verletzen, um einen dolus eventualis auf dem besonders heiklen Gebiete der Erbsünde sozusagen. Indessen, schließlich gibt sich doch immer einer den gewissen Ruck, nimmt den Betreffenden (in den meisten Fällen ist es ein alter Professor oder Dichter) beiseite und flüstert (wenn man das Wort »geradezu« im Wappen führt): »Sie, Ihr Hosentürl ist offen«, oder (wenn er delikater ist) mit einem schnellen orientierenden Blicke: »Es ist etwas bei Ihnen nicht in Ordnung.« Ja, es gibt sogar Leute, die selbst bei so peinlichen Gelegenheiten zu frivolen Scherzen aufgelegt sind und etwa die Bemerkung machen: »Sie, verlier'n S' fei' nix!«

Kann man aber so etwas einem Fürsten, einem Könige sagen? Nein: Man kann *nicht*! Der höfische Stil versagt hier vollkommen. Es gibt durchaus keine Redewendung in der Phraseologie des Umganges mit Majestäten, die es ermöglichte, derlei vor ein allerhöchstes Ohr zu bringen, als über welchem bei feierlichen Anlässen nur durch ein paar Zentimeter getrennt eine Krone zu sitzen kommt. Nicht einmal der mit allen Essenzen höfischer Eleganz und Wortbiegungskunst gewaschene Zeremonienmeister Baron von Belodeur, der doch eine anerkannte Autorität auf dem Gebiete höfischer Linguistik ist, und von dem man hoffte, er werde die schwierige Mission übernehmen und so seinem dichten Lorbeerkranze als königlicher Hausdiplomat ein neues leuchtendes Blatt einverleiben, erklärte, dies überschreite seine Fähigkeiten, dieser Fall sei von einer Heikligkeit, daß man seine Lösung nicht einer Menschenzunge, sondern der Vorsehung selber überlassen müsse, die übrigens, so fügte er mit anmutiger Zuversicht hinzu, noch immer bewiesen habe, daß sie über das königliche Haus mit besonderer Aufmerksamkeit wache. Sohin (er liebte dieses kuriale Wort) werde ihr auch dieser Umstand nicht entgehen, und sie werde zweifellos Mittel und Wege finden, ihn zu beheben, ohne daß sich ein schwacher Mensch den Mund zu verbrennen brauche.

– »Das ist alles sehr schön und sehr gut, und ich bin schon von Ressorts wegen der letzte, der an der Vorsehung zu zweifeln wagt«, bemerkte der Kultusminister, dem es trotz eines kaum überstandenen Schüttelfrostes jetzt sehr heiß zumute wurde, »aber sie müßte *äußerst* schnell eingreifen. Bedenken Sie, lieber Baron, daß uns am Fuße dieses

Berges eine Deputation der ländlichen Bevölkerung erwartet, darunter vier weißgekleidete Jungfrauen, von denen die jüngste ein Huldigungsgedicht auswendig gelernt hat. Ich wette meinen Kopf, daß die Jungfrau aus dem Konzept kommt, wenn ihr Blick zufällig auf die derangierte Gegend fällt, und diese infamen Bauernlackel werden dem höchsten Herrn sämtlich, ich sagen Ihnen: *sämtlich* nicht ins *Gesicht* sehen, sondern – ebendorthin. Mein Gott, mein Gott: Die Situation ist von einer märchenhaften Scheußlichkeit. Wir können uns, so gern wir sonst dazu bereit sind, hier nicht auf höhere Mächte verlassen; wir müssen *selber* handeln. Wozu sind Sie denn Zeremonienmeister, wenn Sie sofort versagen, wo es einmal gilt, die durch einen tückischen Zufall bedrohte Würde des Königtums zu retten! Hic Rhodus! Hic salta! Walten Sie Ihres Amtes!«

Der Zeremonienmeister, der es bisher immer zu vermeiden gewußt hatte, in Anwesenheit des Königs Schweiß abzusondern, war nicht imstande, die plebejische Feuchtigkeit zurückzudrängen, die ihm angesichts dieser grauenerregenden Perspektive auf die Stirne trat. Er fühlte die ganze furchtbare Verantwortung, die ihm diese entsetzliche Situation aufbürdete. Er sah das Ansehen des Hofes in Gefahr, die Regierung wanken, den Staat konvulsivischen Zuckungen preisgegeben. Vor seinem inneren Auge jagten sich Feuer, Pulverdampf und blutigrote Wogen der Rebellion. Vor allem aber bebte sein ganzes Gemüt und schoß molkig zusammen wie Milch, wenn's wittert, bei dem Gedanken, daß seine Stellung auf dem Spiele stand. Denn in der Tat, dieser Toilettenmangel gehörte in *sein* Ressort, da kein Kammerdiener zugegen war.

Sollte er vielleicht doch? … Sollte er nicht doch vielleicht mit dem Anstand, den er hatte, diskret sich in den Hüften wiegend, an den König heran treten und mit delikatem Augenniederschlag lispeln: »Majestät haben allerhöchst geruht, zu vergessen, sich die …«

Aber bei allen Heiligen und Nothelfern, das *geht* ja doch nicht! Niemals noch, so lange es Zeremonienmeister gibt, haben Zeremonienmeisterlippen derartiges zu einem König zu sagen sich erkühnt.

In seiner fassungslosen Verwirrung überfiel ihn die phantastische Idee, zu den Mitteln der Mimik zu greifen und, sich dicht vor Seine Majestät postierend, an sich selbst, gewissermaßen wie an einem Lehrphantom, *scheinbar* die Handlung vorzunehmen, die der König an seiner Kleidung tatsächlich unterlassen hatte.

Aber das war ja grotesk, skurril, Wahnsinn! Ebenso hätte er direkt hingehn und, an das respektive Kleidungsstück der allerhöchsten Person Hand anlegend, den Mangel brevi manu reparieren können, – eine Vorstellung, bei der er fast in Tränen der Verzweiflung ausgebrochen wäre.

Aber Verzweiflung ist ein zu gelindes Wort, um auszudrücken, in welchem Zustande sich das zeremonienmeisterliche Gemüt befand. Er war der Auflösung nahe. Schon konnte er kaum mehr seine Augen regieren, die immer nur den einen, sich zu einem ungeheuren Schlund und Abgrund klaffend erweiternden Punkt suchten, der die schauderhafte Quelle dieser unsäglich grausamen Prüfung für ihn war. Gewaltsam mußte er seine Blicke von dort wegwenden, um sie ziellos im Kreise herumirren zu lassen. –

Ob denn nicht doch irgendeiner der Anwesenden es wagen würde?

An die Staats- und Hoffunktionäre sich zu wenden, war ganz aussichtslos, das fühlte er mit der Gewißheit des Erfahrenen. Aber vielleicht einer dieser Kunstprofessoren?! Unter ihnen, die ja auch sonst zu seinem Entsetzen oft genug gegen den höfischen Ton verstießen, mußte doch einer zu finden sein, der, wenn man ihm einen Orden oder einen Auftrag oder schließlich den persönlichen Adel versprach, das unerhörte, kaum auszudenkende Wagstück unternahm.

Er zog jeden einzelnen beiseite, bat, flehte, rang die Hände, versprach schließlich den gebührenfreien Freiherrntitel und die Erblichkeit der Professur in der Familie, eingeschlossen die weibliche Nachkommenschaft, – nichts half. Alle erklärten, lieber täglich eine Literflasche Mastixfirnis auf das Wohl des erhabenen Landesherrn leeren zu wollen.

Der Zeremonienmeister hatte das absolut sichere Gefühl, daß der jüngste Tag herangebrochen sei; in seinen Ohren dröhnten deutlich die Posaunen. Da fiel sein Blick auf den Revierförster Meier, der hinter einem Baum saß und mit Mißmut konstatierte, daß sein Enzianschnaps zu Ende war.

Ein letzter Hoffnungsstrahl flackerte, aber nur ganz schwach, im Ingenium des halbtoten Hofmanns auf. Der Meister des höfischen Parketts trat zum Meister des gebirgigen Forstes und entwickelte ihm, indem er sich bemühte, durch leise Dialektfärbung seiner Sprechweise etwas Volkstümliches zu verleihen, den ganzen Komplex der verhängnisvollen Verlegenheit, hinzufügend, daß er, der biedere Mann aus dem Volke, allein befähigt und berufen sei, den Hof, die Regierung, den Staat zu retten, indem er den König auf jenen Punkt aufmerksam machte, auf jenen Punkt ...

»Das Hosentürl? Wenn's weiter nix is?!« meinte Meier.

»Aber Sie dürfen natürlich nicht so geradezu, lieber Meier«, flüsterte der Zeremonienmeister, dem doch etwas bange wurde bei dieser schnellen Entschlossenheit des offenbar ganz ungeleckten Bären ... »Sie müssen durch die Blume gewissermaßen ... von hinten herum sozusagen ... abstrakt ...« Er fand durchaus nicht die populären Akzente. Das lag zu weit weg von seinem Ressort.

»Versteh schon! Natürlich! Ich kenn' mich aus. Von der Schleichseite heranpürschen muß ich mich. Nicht gleich mit dem Hosentürl ins Haus fallen. Beileib! Beileib! Fein andrehn muß man so was. So, in *der* Art, daß der König meinen könnt', es wär' einem andern sein Hosentürl! ... Schwer is schon. Aber ich hab' schon andere Füchse gefangen.«

Nach diesen Worten überzeugte sich der Revierförster nochmals, daß seine Flasche vollkommen leer war, schob sie resigniert in seinen Rucksack und stand mit der Miene eines Mannes auf, der heftig nachdenkt und zu allem entschlossen ist.

Der Zeremonienmeister sah ein, daß dieser Mann, wenn nicht vorher der Himmel einfiel, binnen zwei Minuten das Unglaubliche zum Ereignis machen werde. Ihm ward zumute, als ob plötzlich der feste Boden unter ihm zu wanken begänne; eine grauslich hohe Woge hob ihn, senkte ihn und führte ihn aufs hohe Meer hinaus, einem ungewissen Schicksal entgegen, das irgendwo den Rachen aufsperrte, ihn zu verschlingen. Wie er bemerkte, daß der Revierförster sich in Bewegung setzte, fühlte er alle Schrecken der Seekrankheit in seinen Eingeweiden. Nur wie durch einen Schleier, einen gelbgrauen Nebel sah und hörte er, was sich nun begab.

Der Revierförster Meier ging gerade auf den König zu, sah ihn aus seinen katzengrauen Augen zutraulich von unten an, nahm seinen bis ins Zeiserlfarbene verschossenen, vor sehr langer Zeit einmal dunkelgrün gewesenen Hut ab und – machte eine Verbeugung. Sodann setzte er seinen Hut wieder auf und stand stramm.

Mit dem scharfen Blicke, der ihn stets auszeichnete, bemerkte König Leberecht, daß dieses durchaus reglementswidrige Gebaren seinen Grund in etwas Besonderem haben müsse, und er fragte mit dem huldvollen Tone, der das erste ist, was ein jeder richtige König sich anzueignen keine Mühe und Übung scheut:

»Na, Meier, was gibt's?«

(In diesem Augenblicke gab es dem Zeremonienmeister einen schmerzlichen Ruck, und er sah sich direkt vis-a-vis dem Rachen des Ungeheuers, das ihn verschlingen wollte. Sein Herzschlag setzte aus. Ein überlebensgroßer Knödel kroch in seiner Speiseröhre mit einer unangenehm schlickernden Abart des Rollens empor und versetzte ihm auch den Atem. Sein letzter Gedanke war der Orden vom heiligen Kajetan, von dem er schon lange träumte. Dann: Nacht und Vernichtung.)

Meier aber trat einen Schritt vor und sprach mit der markig festen Stimme des deutschen Mannes, der keine Menschenfurcht kennt: »Ich möchte bloß die hohen Herrschaften was fragen.«

Alles war starr. Keiner begriff. Auch König Leberecht nicht. Aber sein Ton war doch noch immer huldvollst, als er sagte: »Fragen Sie nur zu, Meier.«

Und Meier ließ seine Stimme fröhlich erschallen und sprach: »Wie wär's denn, meine Herrschaften, wenn wir alle miteinander unsere Hosentürln zumachten?«

Eine Reflexbewegung seiner Hände belehrte den König über den Sinn dieser rhetorischen Frage. Er richtete, was zu richten war, und lachte dann so herzlich laut auf, daß seine Umgebung überzeugt sein konnte, es sei durchaus im Sinne der Etikette gehandelt, wenn sie mitlachte. Und da es zugleich ein Lachen der Befreiung war, war es ein brausendes, dröhnendes, herzerfreuendes Lachen.

Selbst die Spechte, die die hohen Stämme der Fichten bepochten, hielten mit Hämmern inne und lachten mit.

Der Zeremonienmeister aber erwachte unter diesem Ensemblesatz des Vergnügens zu neuem Leben und fand sogleich, daß es unschicklich sei, in der allerhöchsten Nähe zu wiehern, wie unerzogene Rösser. Wäre ihm nicht gleichzeitig jener fatale Knödel gottlob zergangen und verschwunden, so daß er wieder frei atmen und sich im Vollbesitze seiner Kontenanz fühlen konnte, hätte er noch einen schlimmeren Vergleich gewählt.

König Leberecht aber sprach, indem er dem Revierförster eine Zigarre anbot (die dieser jetzt noch und mit der ausgesprochenen Absicht, daß sie bis ans Ende der Tage dort bleiben soll, in seinem

Glaskasten aufbewahrt): »Meier, Sie sind ein ganzer Kerl. Schade, daß ich Sie nicht in der Regierung verwenden kann. – Ja, meine Herren«, und damit wandte er sich zu den übrigen: »das Volk, das Volk! ... Es ist eine schöne Sache um das Volk! ...«

Dann stieg er langsamer, als es sonst seine Art war, in tiefes Sinnen versunken, den Berg hinab, an dessen Fuße ihn ein junges Mädchen in weißen, gestärkten Kleidern mit den Worten begrüßte:

Wir jauchzen laut mit Herz und Mund
In dieser gnadenvollen Stund',
Wo uns das Glück geschieht,
Daß seinen König Leberecht
Das biedre Landvolk, treu und echt,
In seiner Nähe sieht.

Es steht sein hochberühmter Thron
Seit mehr als tausend Jahren schon
In unserer Mitte fest.
Drum lieben wir ihn auch so sehr,
Wie wenn er unser Vater wär',
Der keinen je verläßt.

Er weiß, daß in der Landwirtschaft
Beruht des Staates stärkste Kraft,
Drum liebt ihn für und für
Der schwergeprüfte Bauersmann
Und hält als treuer Untertan
Ihm *offen jede Tür.*

Bei diesen Worten stellte sich bei Seiner Majestät eine Ideenassoziation ein, die ein Lächeln des königlichen Mundes zur Folge hatte, woraus alle anwesenden Gemeindevorstände aufs neue die Überzeugung gewannen, daß der hohe Herr nach wie vor den Interessen des Nährstandes seine besondere Huld zuwendete.

Von Fiesole nach Pasing

1908

Fiesole

Fiesole und Pasing haben mancherlei gemeinsam. Z. B. mich, der ich im Winter Fiesolaner, im Sommer Pasinger bin. Aber damit läßt sich kein Staat machen, und, wenn ich nicht so schrecklich eitel wäre, würde ich es garnicht erwähnt haben. Bedeutsamer und interessanter ist, daß beide Städte eine Art Anhängsel zu einer großen Nachbarin sind. Sie verhalten sich je zu Florenz oder München etwa so, wie sich Charlottenburg zu Berlin verhält. Aber, während Charlottenburg jünger als Berlin ist, sind Fiesole und Pasing älter als ihre großen Nachbarinnen.

Fiesole zumal ist ganz schrecklich alt: so alt, daß es sich den Luxus eines mythologischen Gründers leisten kann: jenes etruskischen Königs Atlas, den Giotto in der Spanischen Kapelle zu Santa Maria Novella in Florenz als den Erfinder des Festungsbaus verewigt hat. Als er die riesigen Quadern aufeinander türmen ließ, von denen es einige bis auf den heutigen Tag gebracht haben, war von Fiorenza längst noch nicht die Rede, geschweige denn von Firenze. Die stolzen Florentiner müssen sich die historische Wahrheit gefallen lassen, daß ihre Stadt aus einem Komplex von Magazinen hervorgegangen ist, die die Bürger von Faesulae unten am Arno angelegt haben, wo die Händler von Nord und Süd passierten.

Mit so alten und gewichtigen Historien kann sich Pasing freilich nicht schmücken. Seine Gründer haben keinen Mythologen und keinen Giotto beschäftigt, und München ist aus keinen Pasinger Magazinen hervorgegangen; aber vor Isar-Athen ist es dagewesen, und der bajuwarische Name Pasing ist einmal *römisch* ausgesprochen worden, wenn ich bitten darf. Dort, wo jetzt die Englischen Fräulein junge Mädchen in Gottesfurcht, Weisheit und Klavierspiel unterweisen, steht noch ein altes Gewölbe aus jener vormünchnerschen Vergangenheit, und es gibt in der Bannmeile Pasings eine ganze Masse von Gräbern alter, toter Heiden, während München bloß lebendige Heiden hat, die zu nichts weiter zu gebrauchen sind, als Zeichnungen und Gedichte für unartige Zeitschriften zu machen.

Auch die Pflege der Kunst und des Rebenbaues haben Fiesole und Pasing gemeinsam, doch bleibt Pasing, wenn auch vielleicht nicht in der Kunst (worüber allein die Nachwelt füglich urteilen mag) so doch in der Weinkultur hinter seiner südlichen Parallelerscheinung zurück. Daß niemand auf die frevelhafte Idee kommen kann, Pasinger Wein zu keltern, versteht sich ohne weiteres von selbst, denn Essig läßt sich billiger herstellen, aber auch die Pillen, in denen das Produkt des Pasinger Weinbaues ausschließlich konsumiert werden kann, sind von einer erstaunlichen Winzigkeit und Härte. Sie ähneln mehr Wachholder- als Weinbeeren. Aber Wachholderbeeren schmecken süßer.

Völlig gleich sind sich Fiesole und Pasing dagegen in der Leidenschaft des Parteigeistes, der ihre Bürger erfüllt, und sowohl in der alten Stadt des Nordens wie in der des Südens sind es allen anderen voran die Sozialdemokraten und die Klerikalen, die das Interesse an den politischen Problemen der Gegenwart nicht einschlafen lassen.

Nur ist die Pasinger Leidenschaft mehr innerlicher Natur und äußert sich nicht gleich fäustlings, wie in Fiesole, sondern, wenn ich so sagen darf, mündlings. In Fiesole habe ich es einmal mit angesehen, wie die Teilnehmer an einer Prozession, angegriffen von einer Schar jener wenig angenehmen Straßenpolitiker, die man in Italien teppisti nennt (Gesinnungsstrolche auf deutsch), sich mit ihren großen Kruzifixen zur Wehr setzten. Derlei begibt sich in Pasing nicht. Aber mit Worten drischt man einander windelweich.

Natürlich gibt es auch einige Punkte, in denen die beiden Städte sich unterscheiden. So hat Pasing kein römisches Theater und Fiesole keine Bierbrauerei; in Fiesole wachsen Oliven, Artischocken, Feigen, in Pasing Kartoffeln, Rüben, Rettiche; in Pasing kann man Schlitten fahren, wenn man in Fiesole einen Sonnenschirm braucht; in Fiesole ist man so weit in der Kultur zurück, daß kein Mensch seinen Nachbarn durch Klavierspiel erfreut, während sich in Pasing jede Waschfrau für eine Barbarin halten würde, ließe sie nicht wenigstens ihrer Tochter den Walzer aus der Lustigen Witwe auf dem Fortepiano (aber weniger piano, als forte) beibringen.

Mit alledem glaube ich meine Objektivität genügend erwiesen zu haben, um nun ein kleines Loblied auf den »Übel abwehrenden Felsen von Fiesole« (Ruskin) anstimmen zu dürfen.

Hier ist das edelste Werk getan
Allerlebendigster Kunst: hier ist
Kunst und Natur ganz eins.

Nichts verlor die Natur an die Kunst auf diesen Terrassen,
Die sich ihr fügten, indem sie sie edel
Faßten: Steine aus deinem Kern,
Fels von Fiesole.

Feld und Garten ist eins: es schlingt,
Wachsend aus gleicher Furche mit ihm
Zwischen den üppigsten Halmen des Korns,
Wolluststark sich die Rebe empor,
Keine Räuberin: Geliebte,
Hoch in den Ölbaum.

Alles umarmt sich hier: Rose den Lorbeerbaum,
Efeu die Eiche, die
Nie ihr Blatt verliert.

Engelwurz flicht sich sanft,
Liebevoll, Schmuck, ins Grün
Steiler, schwarzer Zypressen. Es hängt,
Gleich einem riesigen Bacchusgelock,
Blau der Glyzine Blütentraube
Schwer vom Säulengebälk der Villa.

Iris und Tulpen säumen das Garten-Feld;
Überall Sterne und Glocken im Gras,
Seltsame, feurige: namenlos
Nordischer Zunge.

Nichts scheint wild hier; alles ist Zucht;
Aber es ist die edelste Freiheit.
Dienerin wurde Natur dem Geiste,
Der aus ihrem Geist regiert.

Hier erkannt ich die Kraft
Und die herrliche Ewigkeit,
Hellas und Rom, des Sinns
Eurer Zeiten: hier
Lebt noch die *Herrscherin* Kunst, die *alles*
Bindet und hebt und verklärt und den Menschen
Wirklich zum Herren der Erde macht.

Ich bitte, diese Rhythmen nicht mit den Überschwenglichkeiten deutscher Hochzeitsreisepaare in eine Reihe zu stellen, die, aus Italien zurückkehrend, sich wohl ähnlich begeistert äußern. Ich möchte meinen armen Versen (in aller Bescheidenheit) den Vorzug vindizieren, daß sie ihre Entstehung nicht einem vorübergehenden Seelenzustand von mehr oder minder konventioneller Hochspannung verdanken, sondern von einem Menschen herrühren, dem die Voraussetzungen für eine allgemeine Italienschwärmerei leider abhanden gekommen sind. Es fehlt mir vor allem dazu jene Blindheit, die heute noch Italien so »sieht«, wie es früher von Dichtern und Malern gesehen worden ist, deren Suggestionskraft bis auf den heutigen Tag fortwirkt, obwohl in Wahrheit tatsächlich das Italien von heute ganz anders aussieht, als etwa das Land, das Goethe verkündet hat. Es hat noch immer viele Schönheiten, aber die alte Schönheit hat es nicht mehr. Seine Städte (nur wenige, wie Venedig, ausgenommen) sind modern verhunzt. Man muß sich, an allen Ecken und Enden geniert, mit Einzelheiten begnügen, wo früher ein reines Ganze rein erfreute. Es ist ein ästhetisch trauriges Verhängnis, das, als Folge volkswirtschaftlich sehr erfreulicher Umstände, unabwendbar scheint. Das Regno entwickelt sich mit der ganzen Lebhaftigkeit seiner höchst begabten und keineswegs in einem Rückgang seiner Lebenskräfte (ausgenommen die ästhetischen) befindlichen Bevölkerung zu einem Staate, der zu seinem Fortschritte derselben modernen Mittel bedarf, wie alle übrigen. Die Fremdenindustrie allein tut's nicht; er braucht auch andere. Und so braucht er z. B. elektrische Anlagen, braucht Fabrikschlöte. Aber die tausende elektrischer Drähte erdrosseln die Schönheit seiner Architekturen, und der schönste Kampanile büßt an ästhetischer Wirkung ein, wenn ihm ein Fabrikskamin benachbart wird.

Dies sind nur Andeutungen. Es widerstrebt mir, das Thema auszuführen. Denn ich liebe Italien noch immer und möchte niemand die Freude daran vergällen, der es in Ferienbegeisterung mit wohltätiger Blindheit besucht. Es wird ohnehin bald der Tag kommen, wo selbst Flitterwochenreisenden die Augen aufgehen werden. Hoffentlich sehen sie dann nicht *bloß* das, worauf man ästhetisch das Byronwort anwenden muß: »Schlecht und modern«.

Auch wird eins ja wohl immer bleiben: die italiänische Landschaft mit ihrem unendlichen Schönheitsreichtum. Vom Heroischen bis zum Idyllischen ist schlechterdings alles in dieser Landschaft vertreten: sogar der »deutsche« Wald.

Doch ich muß nach Fiesole zurückkehren, um in der Erinnerung noch einmal von ihm Abschied zu nehmen.

Daß ich es verließ, geschah aus force majeure. Hyperboräer meiner

Corpulenz sind nicht dazu geschaffen, der toskanischen Sonne länger als bis zum Mai standzuhalten. Was hilft mir der schönste Garten, wenn ich ihn bei Tage nicht betreten kann? Und das angenehmste Landhaus wird unsympathisch, wenn es, von wegen der Hitze, die es umbrütet, zum Gefängnis wird, das man nur unterm Schutze des kühleren Mondes verlassen darf.

Also nahm ich meine Bilder von den Wänden der Villa Bardi, rollte meine Teppiche zusammen, machte ein Brettergehäuse um meinen hochherrlichen Schreibthron und griff zum Wanderstabe.

»Mit andern Worten: Du nahmst ein Reisebillett?«

Doch nicht. Ich hatte wirklich die romantische Idee, zu Fuße nach Pasing zu pilgern.

Was Seume konnte, Hesse kann,
Das kann ich auch. Es lebe,
Hip, hip, der deutsche Wandersmann.

Aber meine Frau packte schweigend den Wanderstab ins Schirmfutteral und machte jeden Widerspruch zunichte, indem sie mir eine Fahrkarte nach Bologna überreichte. Also sprechend: »Diese Idee ist gut, wie alle deine Ideen. Ja, sie gehört sogar zu jenen besten deiner Ideen, die du nie ausführst. In diesem Falle mit Recht. Denn, gesetzt, du würdest sie wirklich ausführen: was wäre die Folge? Da würdest genau um die Zeit nach Pasing kommen, wo wir wieder von dort nach Fiesole reisen müssen.« Hyperbeln entwaffnen mich immer, denn es sind kondensierte Wahrheiten. Ich machte, das eheherrliche Prestige wenigstens formell zu retten, einige Einwendungen, die mit der Drohung endigten, ich würde also meine Wanderschaft von Bologna aus antreten, ließ mich aber ohne reellen Widerstand vors Tor bringen, wo mich auch schon (denn alles war schnöde Abkartung) Pietro, Fiesoles schönster Vetturino, mit seinem dicken Pferdchen erwartete, das auf den schönen Namen Palle hört, den man deutsch mit »Bällchen« übersetzen könnte.

»O Pietro«, sagte ich zu ihm, »wirst du dich nicht ganz verwaist fühlen, wenn dein treuester Fahrgast nicht mehr zurückkehrt?«

»O Signor Giulio«, antwortete er und sah dabei düster drein, »ich werde Sie nie vergessen, zumal, wenn Sie mir manchmal eine Ansichtspostkarte aus Deutschland schicken. Aber, bitte, immer mit Schnee.«

Pietro glaubt nämlich, daß es in Deutschland immerzu schneit.

»Warum gehen Sie eigentlich in dieses Land zurück?« fragte er dann, als wir, der Steilheit der alten fiesolaner Straße wegen, neben Palle herschritten. »Signor Bockeli« (so pflegte er Boecklin ins Fiesolanische zu übersetzen) »hatte immer den Schnupfen, wenn er aus Deutschland kam. Ich glaube, Deutschland ist das Vaterland des Schnupfens.«

»Aber auch meines, Pietro«, entgegnete ich, »und man muß doch zuweilen in sein Vaterland zurückkehren.«

Doch Pietro schüttelte den Kopf: »Signor Bockeli hat mir gesagt, daß dort ein Wein wächst, der ganz sauer ist. Ich würde so ein Vaterland so schnell als möglich verlassen und immer in Italien bleiben. Es kann unmöglich gesund sein, in einem Lande zu leben, wo es immerzu schneit und kein richtiger Wein wächst.«

»Aber Pietro«, sagte ich, »wer wird denn sowas glauben! Immerzu schneien! Im schlimmsten Falle vom November bis zum April.«

»Dio mio!« rief er aus, »es ist also wirklich wahr?«

»Nein, bloß halb!« rief ich entgegen, ganz verblüfft über diese arithmetikwidrige Folgerung. Aber es ist die Logik des Landes, und Pietros Arithmetik war überhaupt von der Art, daß Verdoppelungen als die Regel anzusehen waren.

So hatte ich (um ein lehrreiches Beispiel anzuführen) mit ihm einen Fahrpreis ausgemacht, der allerdings nur die halbe Höhe dessen hatte, den die »forestieri« zahlen müssen; aber, da ich ihn beinahe täglich zahlte, stand sich der Palle-Zügler doch ganz gut dabei. Indessen wurmte es ihn doch täglich, daß dieser schnöde Akkord unser Verhältnis regierte, und so suchte er mich langsam dahin zu erziehen, daß ich aus Beschämung und von Edelmut übermannt eines Tages freiwillig sagen sollte: Nein, Pietro, ich kann diesen billigen Preis nicht länger ertragen, – von heute ab zahle ich den doppelten. Das machte er so: Wenn wir abends von Florenz herauffuhren und die Zeit vorüber war, da er auf die elektrische Trambahn aufpassen mußte, legte er sich bäuchlings über den Kutscherbock weg, sein rundes Gesicht zu mir, das andre Runde seiner Leiblichkeit aber zu Palle gewendet: eine Pose, die Vertrauen zu seinem Pferdchen und Vertraulichkeit mit dem besten seiner Fahrgäste gleichermaßen ausdrückte. Und er begann zu reden:

»War Signor Bockeli sehr reich?«

–: »So, so.«

»Dann war er von Natur splendid.«

–: »Hm.«

»Wissen Sie, was er mir für eine Fahrt nach Florenz und zurück zahlte?«
–: »Nein, aber ich glaube es auch nicht.«
»Nie unter ...« und er streckte beide Hände einige Male aus.
–: »Ach?«
»Ja! Und wenn er gut und viel getrunken hatte, sogar noch mehr!«
–: »Der Trunk ist ein Laster, Pietro.«
»Alle Deutschen trinken.«
–: »Ich nicht.«
Also: abgeschlagen.
Aber Pietros Phantasie hatte ein großes Repertoire. Einmal fragte ich ihn: »Kennst du die Gräfin Montignoso?«
Antwort: »Ich habe sie mehr als zehnmal zu Signor Toselli gefahren.«
–: »Ist sie hübsch?«
»Hm . . . na . . . nicht mein Geschmack. Aber: splendid ist sie. An ihren Trinkgeldern erkannte man die kaiserliche Hoheit. Nie unter zehn Lire!«
–: »Bloß Trinkgeld?«
»Bloß Trinkgeld!!«
–: »Weißt du was, Pietro?«
Er spitzte, denn er glaubte, daß ich endlich beschämt sei: »Nun?«
–: »Ich würde an deiner Stelle nur verliebte kaiserliche Hoheiten fahren, denn nur kaiserliche Hoheiten in diesem Zustande sind so verrückt.«
Wieder nichts also.
Sein stärkstes Stück war dies. Eines Abends blieb er länger schweigend, als es seine Art war. Er dachte offenbar heftig nach und disponierte den Angriffsplan. Endlich hub er an: »Signor Giulio: Sie sind ein Dichter.«
–: »Nur manchmal.«
»O nein: Sie sind ein studierter Dichter.«
–: »Gott bewahre!«
»Doch! Zwei deutsche Damen haben es mir heute erzählt. Ein Illustrissimo sind Sie.«
–: »Bloß auf den Briefkuverts.«
»Ich bitte um Verzeihung, Signor Giulio. Die Damen haben Bücher von Ihnen gelesen.«
–: »Ich kann es ihnen nicht verbieten.«

»Und sie haben mir gesagt, daß diese Bücher sehr schön zu lesen seien.«

–: »Es waren liebenswürdige Damen.«

»Ungemein liebenswürdige Damen. Sie haben mir zehn Lire Trinkgeld gegeben.«

–: »Wirklich?«

»So wahr ich hier sitze.«

–: »Aber du liegst ja auf dem Bauch.«

Er setzte sich sofort in Kutscherpositur, ließ mir aber auch weiterhin den Anblick seines Antlitzes und fuhr fort: »Als ich mich höflich bedankte, – wissen Sie, was sie da sagten?«

–: »Addio!«

»Nein, Signor Giulio. Sie sagten ...« (und jetzt stockte er doch) »... sie sagten: Sie haben Glück, daß Sie diesen Herrn fahren dürfen. Er ist nicht nur ein berühmter Dichter, sondern auch sehr reich, und er gibt ...«

–: »Pietro, du bist ein Birbante und hältst mich für einen asino illustrissimo. Weißt du nicht, daß Dichter *nie* reich sind? Hast du nicht gelesen, daß euer erhabener Gabriele, der hundertmal berühmter ist, als ich, kürzlich seine Pferde hat versteigern lassen müssen? Und ich habe nicht einmal Pferde! Ich bin so arm, Pietro, daß ich mich sogar für meine Gedichte bezahlen lassen muß, und das ist eigentlich eine Gemeinheit. Gerade so gut könnte man sich für seine Küsse bezahlen lassen.«

»O«, meinte Pietro, »das ist noch lange nicht das schlechteste Geschäft. Ich kenne eine schöne Dame, die brillant davon lebt. Sie gibt mir regelmäßig ...«

»Schweig!« schrie ich. »Soll ich mit Putanen konkurrieren, du Schurke?«

Kurz: Pietro hat es nicht erlebt, daß ich seine imaginären Trinkgelder ins Reich der gemeinen Wirklichkeit übersetzte. Doch kam er trotzdem nicht zu kurz. Ich spendete ihm alte Anzüge, in denen er sich wie ein Gott vorkam, und von denen er, wie ich erfahren habe, zu erzählen pflegte, sie stammten von einem unsinnig reichen Deutschen her, der allein für Bier täglich zwanzig Lire ausgab, jeden Tag *zwei*mal betrunken war und in der Zwischenzeit Verse machte, die man ihm so hoch bezahlte, daß er damit einen derartigen Lebenswandel bestreiten konnte. – Am stolzesten aber erregte meinen phantastischen Freund eine Mütze mit den Farben und Buchstaben der Hamburg-Amerika-Linie. Von dieser hat er ganze Gedichte in Umlauf gesetzt. »Solche Mützen trägt der Kaiser von Deutschland.« »Diese Mütze war schon dreimal in Amerika.« »Nur die höchsten Beamten dürfen in Deutschland solche Mützen tragen, denn es ist das kaiserliche Wappen darauf.«

Sein Traum war, sich in dieser Mütze photographieren zu lassen. Aber ich sollte diesen Traum bezahlen, und dessen weigerte ich mich, da mir an Träumen gerade das sympathisch ist, daß sie nichts kosten.

Ich verabschiedete mich von Pietro, indem ich ihm, da es das letzte Mal war, wirklich 10 Lire Trinkgeld gab. Seine Quittung lautete: Evviva la Germania! – Und so verließ ich Florenz mit dem Hochgefühle, zur Popularität des Dreibundes in Italien Wesentliches beigetragen zu haben.

Ich weiß heute noch nicht, aus welchen eisenbahntaktischen Finessen es geschah, daß *zwei* Schnellzüge beinah gleichzeitig nach Bologna abgingen; bekannt und unvergeßlich ist mir aber die Tatsache, daß ich bei dem, den ich mir zur Fahrt auserkoren hatte, vergeblich auf den Facchino mit meinem Gepäck wartete; daß ich ihn, alle Facchinos von Florenz fürchterlich verfluchend, abfahren ließ; daß ich heiligen Zornes voll, ins Bahnhofsvestibül stürzte, fest entschlossen, den Pflichtvergessenen coram publico eine brutta bestia zu heißen; daß mir der Portier phlegmatisch erklärte, der Mann werde am »anderen« Schnellzug stehen, und daß dieser, als ich meinen Träger erreicht hatte, eben abfuhr.

Ha! Wie prachtvoll habe ich geflucht! Nicht im mindesten habe ich mich daran gekehrt, daß der Erzbischof von Florenz an allen Anschlageplätzen auf riesigen Plakaten männiglich des eindringlichsten ersuchte, das häßliche bestemmiare zu unterlassen. Ich mußte dieses Ventil öffnen. Donnert ja doch auch der liebe Gott, wenn zuviel Elektrizität in der Luft ist. Ein wahres Glück, daß mir das Blitzen versagt war. Jener Facchino wäre sonst heute eine Leiche, und im Fieramosca hätte es eine scheußliche Neuigkeit zu lesen gegeben unter dem Titel: »Brutalität eines deutschen Barbaren«. – Als ich mich ausgedonnert hatte, begab ich mich nach Santa Maria Novella und verrichtete in der Spanischen Kapelle meine Andacht vor dem hochheiligen Giotto, bis der nächste Omnibus nach Bologna ging.

Treno omnibus heißen in Italien die Bummelzüge. Ein ehrlicher und passender Name. Doch würde sich ein Autobus die Anzüglichkeit verbitten. – Bei meiner Vorliebe für langsame Verkehrsmittel befreundete ich mich mit dem Omnibus bald. Ich hatte mich vorsorglich mit einer schweren Last von Strozzibrödchen versehen (von mir so benannt, weil diese köstlichen mit Trüffelpaste bestrichenen Weißbrode gegenüber dem Palazzo Strozzi verkauft werden), führte Viktor Hehns »Italien« bei mir und hatte außerdem einen Bologneser Rechtsanwalt zum Reisebegleiter. Wie hätte ich mich da langweilen können? Nein, das tat ich gar nicht. Am wenigsten dann, als mich der Advokat angesprochen hatte. Er erzählte mir die ganze Geschichte der armen Contessa Murri, und ich fand wieder einmal, daß mein »Prinz Kuckuck« ein erbärmlich harmloser Roman ist. Zur Revanche erzählte ich ihm den Prozeß Eulenburg (den zweiten der unter der Firma Harden-Moltke gehenden). Ich werde mich hüten, wiederzugeben, welche Meinungen der italiänische Jurist über die Prozeßführung äußerte. Nicht verschweigen aber möchte ich, daß auch dieser gebildete Italiäner (wie schon manche vor ihm) mir bekannte, die Päderastie für eine Art weitverbreiteten deutschen Gesellschaftsspiels zu halten.

Ich verteidigte natürlich die Sitten des Vaterlands, fand aber wenig Glauben. Der Advokat meinte sonderbarerweise, die Sache hinge mit dem Militarismus zusammen. »Als ich zum ersten Male preußische Husaren sah«, sagte er, »war ich erstaunt, mit welcher Naivität die Militärverwaltung es zuläßt, daß diese verfänglichen Neigungen gewissermaßen Uniformzuschnitt erhalten.« Ich dachte an das Exterieur des Herrn von Podbielski und lachte lauter, als höflich war. Ein anderes Argument des Bolognesers war ernsthafter. Er behauptete, daß es in Florenz zwei Hotels gäbe, die zu homosexuellen Stelldicheins benutzt würden, und die Kundschaft dieser sonderbaren Vergnügungsetablissements bestehe zu drei Vierteln aus Deutschen, zu einem Viertel aus Engländern. Daß ich davon auch schon in Florenz gehört hatte, verschwieg ich ihm und stellte mich sehr erstaunt. Tat überhaupt, im Vertrauen darauf, daß er den »Prinzen Kuckuck« zuversichtlich nicht kannte, recht naiv und erzählte ihm dann, was ich (aus meinem Roman) von Neapel gehört hätte. »Das ist wahr«, bekannte er, »aber die Hauptstadt der Päderastie ist jetzt nicht mehr Neapel, sondern Leipzig.« – Itzt entgeistert saß ich da. »Lipsia?« flüsterte ich, von Erstaunen übermannt. »Lipsia!« bekräftigte er mit festester Betonung. Da konnte ich nun nichts weiter denken, als: Ei Herrjeeses!

Um ja nicht in ein Spezialitätenhotel zu geraten, stieg ich in Bologna in der alten ehrwürdigen Casa Brun ab, die viel zu schweizerisch-solid ist, als daß sie irgendwelchen unpassenden Rendezvous offen stehen sollte. Meine Moral hat auch nicht im geringsten dort gelitten, aber mein Portemonnaie fand, daß die moralische Sicherheit etwas teuer erkauft sei. Indessen, was tut man nicht der Moral zuliebe? Ich für mein Teil bin zu jedem Opfer bereit, zumal dann, wenn die Küche eines Hotels so gut ist wie seine sittliche Solidität. Und dies darf der Casa Brun noch immer nachgerühmt werden.

Ich hatte eigentlich vor, in der Umgebung Bolognas eine Villa für den nächsten Winter zu suchen, aber ich fand, daß es ein Fiesole dort nicht gibt, und so beschränkte ich mich auf den Besuch des wunderschönen Friedhofs und des Oratoriums Santa Cecilia. Beides kannte ich noch nicht. Nun ich es kenne, erkläre ich: der kennt Bologna nicht, der es unterlassen hat, die heilige Cäcilie und den Friedhof zu besuchen. Der Friedhof von Bologna ist nicht so großartig gelegen und angelegt wie der Genuas, hat auch nicht so viele moderne Kuriositäten wie dieser, aber er besitzt einige entzückende Skulpturen aus der Zeit des Empirestiles, die zu betrachten ein großes Vergnügen ist. Besonders die »verschleierte Dame« ist mir in der Erinnerung geblieben: eine trauernde Grazie, aber nicht aus der Mythologie, sondern aus dem Leben. O anmutvolle Melancholie! Ich möchte einen Abguß davon haben, der in einer beschnittenen Lorbeerlaube stehen sollte, eine Bank darunter mit der Aufschrift:

> Wagt euch nicht her, Lärm und gemeine Lust,
> Geklimper und Geschrei!
> Hier träumt, umschleiert Angesicht und Brust,
> Melancholei.

Sie will das Leben nur durch Schleier sehn
Und weit von ihm entfernt.
Sie kennt die süße Ruh: in sich zu gehn,
Und hat der Wehmut großes Glück gelernt.

Von ähnlicher Art ist der Trost, den die Kunst Lorenzo Costas und Francesco Francias im Cäciliengebethaus spendet. Früher versuchte ich, solche Bilder nachzuerzählen. Heute weiß ich, daß das im besten Falle Dazudichterei ergibt. Jugend mag das immerhin besorgen. Warum soll man sich mit 20, 25, auch 30 Jahren nicht auch mal in eine gemalte Cäcilie verlieben? Treibt man mäßigen Windes den Fünfzigern entgegen, so tut man besser, die Hand von solchen Liebhaberkünsten zu lassen und sich damit zu bescheiden, daß man zu sich sagt: Was in Linien und Farben einmal voll ausgesprochen worden ist, läßt sich in Worten nur übertreiben; nimm, was du siehst, Mann, ganz in dich auf und warte, ob es bei Gelegenheit einmal seine Auferstehung im Verse erlebt, ohne daß du weißt, woher dir dieses Glück geschieht. – Hier aber sage ich nochmals: geht zur heiligen Cäcilie, wenn ihr nach Bologna kommt. Sie wohnt zwar schlecht, in einem etwas verwahrlosten Raume, aber ich hoffe, daß es euch damit geht, wie mir: mich ergreift Schönheit um so mehr, wenn man sie sich selber und dem Reize ihrer alten durch keine Restauration vermodernisierten Umgebung überlassen hat. Noch eine Weile, und die Tüncher kommen oder die Freskenabsäger. Ich für mein Teil werde die holdselige Cäcilie weder besuchen, wenn die Wände ihrer Umgebung in stilgerechter blitzblanker Buntheit prangen, noch wenn sie selber zwischen Plüschsofas in einem königlich italiänischen Museum steht. (Daß man sie selber jetzt schon etwas »ausgebessert« hat, ist schade; man wird in Italien und anderswo so lange an den alten Kunstwerken herumrestaurieren, bis der Zukunft nichts weiter überliefert ist, als jeweilig moderne Nachpfuscherei. Ist es nicht ein Zeichen pöbelhafter Frechheit, seine Hände selbst an Heiligtümer zu legen? Und ein Schwindel ist es obendrein.)

Nachdem ich wiederum die erstaunliche Fertigkeit der bologneser Eßwarenhändler bewundert hatte, die Riesenkugeln der nicht genug zu preisenden Mortadella di Bologna in papierdünne Scheiben zu zerlegen (wodurch der Wohlgeschmack dieser Wurst der Würste erst ganz zur Geltung kommt) machte ich mich, wohl versehen mit Mortadella und, damit die Nase auch was habe, mit Acqua di Felsina, auf und fuhr nach Venedig.

Venedig! Ich wünschte, daß ich einen Ausruf erfinden könnte, der wie ein Schrei der Lust alles das verkündete, was mir diese Stadt ist. Dieser Wunsch kennzeichnet den Zustand von Faulheit und Entzücken, in dem ich mich fast immer befand, wenn ich in Venedig war. – Ja, ich liebe diese Stadt mehr, als irgend eine andre: es ist eigentlich die einzige Stadt, die ich liebe. Vermutlich deshalb, weil es keine Stadt gibt, die so ganz Stadt wäre, wie diese: so ganz Kunst. Denn ich liebe das Entschiedene.

Mag sein, daß auch das Verfallende an Venedig mir so lieb ist, und das völlig Extraordinäre. Nicht zu vergessen seine göttliche Ruhe auf den Kanälen und entlegenen Plätzen, vor allem seine Freiheit vom Gerassel der Wagen: seine Trambahnlosigkeit zumal.

Ihr verdankt es diese wunderbare Stadt auch, daß man sich an ihrer Architektur noch erfreuen kann, ohne durch dicke Drahtlinien geniert zu werden, die nun auch in Italien die architektonischen Bilder zerreißen.

Die Hauptsache aber ist: Venedig ist arm, Venedig hat keine Möglichkeit, Industrie im großen Stile zu beherbergen: reich und häßlich zu werden.

Das ist den Venezianern natürlich sehr unangenehm. Auch sie möchten gerne alte schöne Paläste einreißen und dafür Fabriken bauen. Bei allen Teufeln: ich freue mich innig, daß das nicht geht.

Jetzt sind sie dabei, einen Straßendamm über die Lagunen weg zur terra firma zu errichten. Ist diese Straße mal da, so hoffen sie, daß draußen Fabrikquartiere erstehen werden. Meinetwegen. Wenn nur die alte edle Venezia selber bleibt, was sie ist: die Stadt der verfallenden Paläste, der verschwiegenen Winkel, der graziösen Brücken, der engen Gassen, der lautlosen braunen Kanäle, der schwarzen Umschlagtücher, der schwarzen Gondeln.

In den sechziger Jahren des vorigen Jahrhunderts sollen die Stadtväter Venedigs ernstlich den Plan erwogen haben, den großen Kanal sowohl wie die nächstgelegenen kleinen zuzuschütten, um einen neuen Stadtkern zu bilden. Auch ein paar Dutzend der alten Paläste sollten daran glauben. Die, im Laufe der Jahrhunderte eisenhart gewordenen Pfähle, auf denen diese stehen, sollten, so heißt es, an amerikanische Pianofortefabrikanten verkauft werden, da ihr Holz das beste für den Pianofortebau sei. Diese Legende ist wohl eine Satire. Aber sie ist gut erfunden. Es hat in der Tat eine Zeit gegeben, wo die Venezianer höchst unglücklich darüber waren, keinen Boulevard, sondern den gran canale, keine großen Mietshäuser, sondern Paläste zu haben. Heute wissen sie ihre Spezialität besser zu schätzen. Da sie keine andere Industrie erheblichen Umfangs besitzen, haben sie die Fremdenindustrie im großen Stile ausgebildet. – Wer dürfte es ihnen verdenken? Es geschieht im ganzen auf liebenswürdige Manier, und das Geschmacklose, das damit einhergeht, läßt sich vermeiden, wenn man, zumal des Abends, den großen Kanal vermeidet. Wer aber ganz unbehelligt davon bleiben will, der besuche Venedig im Winter. Um diese Zeit ist die Lagunenstadt nicht bloß miasmen-, sondern auch fremdenrein.

Diesmal begann der Zufluß der Hochzeitsreisepaare eben, als ich dort war. Nun, es ließ sich ertragen. Die eigentliche Heuschreckenplage beginnt erst im Mai, der noch immer der beliebteste Honigmond ist. Auch fehlten die Gesellschaftsreisenden noch gänzlich, als welche gerade in Venedig mit einer Scheußlichkeit auftreten, die man als nationale Gefahr für den Ruf der Deutschen im verbündeten Italien bezeichnen muß. Ihnen verdanken wir es, wenn in italiänischen Blättern selbst intelligenter Herkunft noch von »deutschen Barbaren« geredet wird. Es fällt mir nicht ein, dieses Geschwätz zu verteidigen, so weit es nichts als nationalistische Phrase derer ist, die, mit Gott weiß wie viel germanischem Blute im Leibe, von der Herrlichkeit der »lateinischen Rasse« (einem Unsinn) reden und, mit Wissen äußerst wenig beschwert, das Vaterland Goethes für eine Art europäischen Indianerterritoriums zu halten scheinen, wo man säuft, exerziert und in schwerfällige Banausenschädel mühsam stopft, was von der Herren Latiner Kulturtafel gefallen ist. Dieses dumme Zeug ist nicht der Beachtung wert. Jeder wirklich gebildete Italiäner zuckt die Achseln darüber. Wenn sich aber italiänische Journalisten darüber mokieren, daß deutsche Touristen in Venedig mit der Lodenjoppe erscheinen, eine Adlerfeder auf dem Älplerhute, in der Hand den Bergstock, an den Füßen genagelte Stiefel, so haben sie ganz recht. Schon wird in venezianischen Volksstücken diese Sorte Deutscher lächerlich gemacht; diese und eine andere, noch weniger erfreuliche: die der Vaterlandsprotzen.

Ich sah solcher einmal fünf Gondeln voll den Grankanale entlang fahren, schwarz-weiß-rote Fähnchen schwingend und dazu die Wacht am Rhein gröhlend. Das ist nicht bloß geschmacklos, sondern lümmelhaft und hahnebüchen dumm.

Diesmal genoß ich eines eleganteren Anblicks. »Il gran cancelliere dell' impero germanico« weilte in Venedig und ging fleißig spazieren in den engen Gäßchen hinter seinem Hotel. Da ich in demselben Hause wohnte (das zwar Hotel Britannia heißt, aber ganz deutsch ist), so hatte ich verschiedene Male Gelegenheit, mich davon zu überzeugen, daß Fürst Bülow ein sehr munterer Reichskanzler ist, der witzig zu erzählen und seine Erzählungen dramatisch zu beleben weiß, so zwar, daß er Stimmen und Bewegungen gleichermaßen gut imitiert. Ich denke mir, daß auch diese Begabung ihn bei S. M. beliebt macht. Doch möchte ich diese Bemerkung nicht als abschätzig genommen sehen. Zur Diplomatie gehört auch die Kunst, denen zu gefallen, auf deren Mitwirkung man wesentlich angewiesen ist, und die es in der Hand haben, sich andere Partner auszusuchen. Zu den Gefahren der Monarchie gehört es, daß Genies, denen diese gefällige Kunst nicht eignet, der öffentlichen Wirksamkeit entzogen werden können, weil sie nicht imstande sind, sich nach Bedürfnis einzuspielen. Das staatsmännische Genie ist meist (nicht immer) heroisch beschränkt, es läßt sich zu vielen Rollen nicht gebrauchen; es ist vielmehr geneigt bei aller Loyalität selbst der höchsten Stelle die Rollen zu diktieren. Wenn aber die höchste Stelle selber durchaus nur nach dem Heroenpart verlangt, so muß die Peripetie eintreten und das ungefällige Genie wird ausgeschaltet. Ein Glück, wenn dann wenigstens ein Talent an seine Stelle tritt, das die Gefälligkeit nur so weit treibt, als es ohne Gefährdung der Interessen möglich ist, die noch höher stehen als die höchste Stelle. Es hat unter Umständen die Pflicht, auch contre cœur weiter zu spielen: dann, wenn es weiß, daß nichts Besseres nachkommt. Wenn man den Fürsten Bülow immer wieder daran erinnert, daß er kein Bismarck ist, so sollte man nicht vergessen, daß auch Wilhelm der Zweite nicht Wilhelm der Erste ist, und wenn man sich dies recht deutlich ins Bewußtsein nimmt, so wird man wohl zu dem Schlusse gelangen müssen, daß nicht viel damit gewonnen wäre, wenn sich der Husar kürassiermäßig *gebärdete*. Wir müssen uns daran gewöhnen, daß das Drama geendet und ein Salonstück begonnen hat, in dem für Heroen kein Platz ist. Seien wir froh, wenn in hervorragender Rolle ein Mann von Geist darin beschäftigt ist, der deplacierte

Entgleisungen ins Heroische abwendet und dafür sorgt, daß nicht gar ein Intrigenstück daraus wird. Mehr können wir, wie die Dinge (und Personen) stehen, zurzeit kaum verlangen und erwarten. Doch tun alle die ein gutes Werk, die nicht müde werden, daran zu erinnern, daß in einem großen Volke heroische Gefühle und Bedürfnisse wohl einmal schlummern aber nicht einschlafen dürfen, und daß man auf einen Wechsel des Repertoires vorbereitet sein muß.

»Ein garstig Lied, pfui, ein politisch Lied!« Es ist aber nicht bloß der Kanzler des Deutschen Reiches daran schuld, daß ich mich, von Venedig redend, einer politischen Ruine, dazu verlocken ließ, sondern auch der gran cancelliere della poesia italiana. Doch würde Gabriele d'Annunzio mit diesem Titel keineswegs zufrieden sein. Wenn Nikolaus der Friedliche jetzt Zar aller Reußen ist, so ist Gabriele der Kriegerische heute Cäsar aller Lateiner. Die Höhe seines Ehrgeizes wird nur von der seiner Stehkragen erreicht. Alles an ihm ist glorios. Fällt ein Stück von ihm durch, so erhebt er den Durchfall noch in sublime Regionen, indem er ein Manifest erläßt, worin er seine Kritiker betrunkene Sklaven nennt. Stets ist er aktuell: wenn nicht in der Literatur, so durch Amouren, und wenn er wirklich einmal pausiert, so phantasieren ihm seine lateinischen Untertanen Legenden an, die lorbeerraschelnd durch die Zeitungen laufen. Ha: Gabriele ritt jüngst nackt ins Meer auf einem schwarzen Hengste (Preis 50 000 Lire) und ward, zum Strande kehrend, von seiner Geliebten (Preis 50 000 Lire) mit einem purpurnen Linnen abgetrocknet. Ha: Gabriele besitzt 50 Hunde, 20 Pferde, einen nach Maaß gemachten Marmorsarg und ein Lesezeichen, aus einer japanischen Schiffsfahne gefertigt, die beim Untergang der russischen Flotte mit dabei war. Ha: Gabriele erhielt kürzlich von einem betrogenen Ehemann (herzoglichen Geblütes) drei Ohrfeigen, sechs Nasenstüber, fünf Tritte gegen den Magen (Arztkosten 10 000 Lire). Ha: Gabriele entließ einen Kammerdiener, weil dieser es gewagt hatte, ihm ein Nachthemd zu reichen (Preis 500 Lire), das schon einmal gebraucht war. – Das kann man komisch finden, aber es ist vielleicht nicht komischer, als mancher Hofbericht in Deutschland, der sich manchmal mit weniger interessanten Erlebnissen weniger interessanter Personnagen beschäftigt. Dagegen fand ich sehr schön, daß in Venedig, als »La Nave« aufgeführt worden war, die Verse d'Annunzios das Stadtgespräch bildeten; aber nicht so, wie man wohl auch bei uns von Versen redet: kritisch, abwägend, silbenstochernd, sondern gleichsam in einer Wolke von Enthusiasmus. In jedem Kaffeehaus hörte ich sie; man kostete sie aus, überbot sich darin, sie schön vorzutragen. Und Ruderklubs luden den anwesenden Dichter ein, ihre Ruder poetisch zu segnen.

Dieser Überschwang war indessen doch nicht rein poetischer Natur, sondern politisch tingiert, wie, allem Anscheine nach, (denn ich kenne es nicht) das Drama von der Gründung Venedigs selber. Wenn ich die Zeitungen richtig verstanden habe, so besorgt d'Annunzio mit La Nave unter anderem auch das, was bei uns der Flottenverein tut: »Das Schiff« fordert mehr Schiffe. Daß Gabriele seinen Lateinern nebenbei auch die Weltherrschaft reklamiert, halte ich für sicher. Zu ihm gehört jeglicher Größenwahn. Ohne seine Megalomanie wäre er nichts weiter als ein glänzender Dekorateur. Man kann sagen, daß bei ihm der Größenwahn das Genie ersetzt. Die instinktive Sicherheit des ästhetischen Urteils bei den Italiänern zeigt sich darin, daß sie die große Wortkunst ihres Gabriele zwar nach Verdienst schätzen und mit Kennergefühl preisen, sich aber durch seine blendende Diktion nicht dazu hinreißen lassen, ihn zu ihren großen Poeten zu stellen. Ich habe mich anfangs sehr darüber gewundert, denn ich glaubte, ein Dichter wie d'Annunzio müßte von ihnen geradezu als eine Art Inbegriff des Genies ihrer Rasse vergöttert werden. Weil der Italiäner sich leichter als der Deutsche zur Begeisterung hinreißen läßt, glauben wir, er besitze weniger Urteil als wir, die wir uns für die geborenen Kritiker halten, weil sich bei uns Kunstwerken gegenüber Enthusiasmus schwerer einstellt. Das ist ein Irrtum. Die große Empfänglichkeit der Italiäner für starke Kunstäußerungen beruht keineswegs auf einem Mangel an ästhetischer Kritik. Der Italiäner besitzt nur nicht jenes eigentlich unästhetische kritische Bedürfnis, hinterher die Gründe seines Enthusiasmus zu zergliedern. Wo er einmal ja gesagt hat, bleibt er mit Leidenschaft dabei. Aber er sagt durchaus nicht zu allem ja, – auch dann nicht, wenn er damit in den Ruf eines auserlesen Verständigen kommen könnte, der seiner Zeit voraus ist. Der Snob ist in Italien so gut wie unbekannt, weil es dort eine alte ästhetische Kultur gibt, die dem Typus des Kulturparvenus nicht günstig ist. Nur in der Musik scheint sich eine Art Snobismus herausbilden zu wollen.

Ich hatte Gelegenheit, in einem Tea-room zu Venedig (keine italienische Stadt ohne Tea-rooms) zwei junge venezianische Adelige, deren Namen ich zufällig erfuhr, über die Salome von Strauß reden zu hören, die sie in Mailand genossen hatten. Sie sahen genau wie junge Engländer aus und flochten auffällig viele englische Wendungen in ihre Reden ein.

»Ich habe«, sagte der eine, »die Empfindung gehabt, daß das gar nicht mehr Musik war, sondern verrücktgewordene Natur in Tönen. Eine unglaubliche Sache. Nicht eigentlich angenehm; eher beängstigend, aber höchst eindrucksvoll.«

»Es ist Musik«, sagte der andre, »aber barbarische. Diese Germanen streifen alle Fesseln der edleren Form ab und führen ihre alten Kriegstänze auf.«

»Ganz falsch!« war die Antwort. »Die Deutschen sind dekadent. Ihre Natur ist krank, wahnsinnig, hilflos. Sie haben keine Kraft mehr für die Form. Sie können nur noch heulen, stammeln, wiehern, kreischen. Aber es geschieht, wenn auch krank, so doch mit einer Inbrunst, daß man erschüttert wird und hinterher jede noble Form wie etwas Schwächliches empfindet. Es ist das Ende der Musik.«

Wieder der andre: »Aber jeder Musiker sagt dir, daß es nie eine Musik gegeben hat, die sich mit dieser an Kunst vergleichen läßt, oder besser: an Technik. Aber das ist doch schließlich dasselbe. Gewiß ist, daß Verdi nicht ausdrücken konnte, was Strauß ausdrückt, und daß Strauß ausdrückt, was wir empfinden. Wenn du das dekadent nennst, so sind wir eben auch dekadent, denn sonst könnten wir es nicht verstehen und mit Beifall begrüßen.«

So, präziser gefaßt, als es gesprochen wurde, der Extrakt des Gespräches. – Ich ging dann hinaus, zum Markusplatz, und der Zufall wollte es, daß die Kapelle einmal ausnahmsweise lauter ältere italiänische Musik spielte: Musik, die meist schon zum Gassenhauer geworden ist, oder uns so vorkommt, weil sie uns keine Rätsel mehr aufgibt.

Da ich kein Renommee als Musikkritiker zu verlieren habe, darf ich ruhig bekennen, daß mir diese Musik sehr wohl tat. Sie erheiterte mich, war wie eine Aufforderung zum Tanze mit dem Leben. Ich wurde leichtsinnig und begann ein Gespräch mit einer kleinen Rothaarigen, die wohl nur einen Lord Byron bedurfte, um sich als eine Marianna zu entpuppen und eine guerra di candia aufzuführen, falls ihr eine Margueritta aufoktroyiert worden wäre. Aber ich bin viel zu bescheiden, als daß ich auch nun auf diesem Gebiete mit dem großen Lord wetteifern wollte. Es ging schon deshalb nicht, weil mir der venezianische Dialekt, den er beherrscht hat wie die Grazien, noch immer nicht eingegangen ist. Ich begnügte mich damit, der Kleinen zu eröffnen, daß sie ein hübsches Mädchen sei, wofür sie mich mit der Erwiderung beglückte, ich sei ein liebenswürdiger Fremdling.

»Was machen Sie denn tagsüber?« fragte ich.

»Blumen aus Perlen«, sagte sie.

»Das muß ja sehr reizend sein«, sagte ich.

»Aber es wird schlecht bezahlt«, sagte sie.

»Das ist nun so«, sagte ich, »die hübschesten Sachen werden meist am schlechtesten bezahlt. Mir geht's auch manchmal so.«

»Ach«, meinte sie, »Sie sehen nicht so aus, als ob Sie sich mit Polenta und Käse ernährten.«

Schon wollte ich ihr Bonbons kaufen, da erschien ihr Bräutigam und scheuchte mich mit einem Blick von dannen, der wie ein Dolchblitz funkelte. »Felicissima notte«, sagte ich.

Er empfahl mich der Madonna zu einem Geschäfte, das mich der Hölle überliefern würde, wollte ich es auch nur in Gedanken erwägen.

Darin sind die Popolanen Venedigs nämlich von einer blasphemischen Phantasie, die an Ruchlosigkeit und Schmutz unmöglich überboten werden kann. Ich glaube, die geringe Anzahl von Delikten gegen Leib und Leben, durch die sich Venedig auszeichnet, kommt daher, daß das venezianische Volk so fürchterlich mit dem Maule sündigt. Aber schrecklich ist es doch, derlei anzuhören. Worte können so furchtbar sein wie Taten. »Hüte deine Zunge!« ist eine Mahnung, die von frühauf einem jeden immer vorgehalten werden sollte. Die gute Kinderstube, die das besorgt, macht sich um Seele und Zukunft des Kindes sehr verdient. Wer seine Zunge im Zaume hat, hat meist sich selber in der Kandare. – Wenn nur nicht die Nerven wären, diese zitternden Sehnen, von denen die bösen Worte allzu schnell und allzu scharf fliegen. Ich habe es mir seit einiger Zeit zur Gewohnheit gemacht, in Augenblicken, wo die Nerven vibrieren und ein böses Wort abschnellen wollen, vor mich hin zu sagen: M. h. M! Dieses Geheimsiegel bedeutet: Mensch, halt's Maul! – Hätte ich darnach immer gehandelt, so würde ich mir, und was mehr ist: geliebten Menschen viel Unangenehmes erspart haben.

Ich hielt mich diesmal nicht lange in Venedig auf: die Stadt war nicht komplett. Es fehlte die Familie Naager. Wer meine »Sonderbaren Geschichten« kennt, besitzt ein freundschaftlich verzerrtes Familienporträt von ihr in der phantastischen Satire »Schmulius Cäsar«. Nachdem ich sie dort mit dem Karikaturstifte gezeichnet habe, werde ich nicht umhin können, nächstens eine ernsthafte Chronik der Familie Naager herauszugeben. Das wird in Form einer Monographie über Franz Naager geschehen, das stärkste und reichste dekorative Talent unserer Tage. Es scheint aber, daß unsere Zeit die künstlerisch *reichen* Naturen nicht liebt. Sie zieht die Spezialisten vor, die »Richtung« bedeuten. Franz Naager bedeutet Fülle, Verschwendung, Umfassen. Er ist schwer einzuordnen und auf eine bestimmte Manier festzulegen. Ein Form- und Stilgefühl sondergleichen vereinigt sich in ihm mit einer grundpoetischen Anlage voller Laune und Kühnheit. Aber es fehlt ihm alles Doktrinäre, und so denkt er gar nicht daran, sich an der Züchtung des »modernen Stils« zu beteiligen. Er ist vielmehr dezidiert unmodern: in einem Grade, daß man seine Arbeiten neben den besten Erbstücken alter, echter: gewachsener, nicht gezüchteter Stile sehen kann. Also ein Imitator, Eklektiker? Es tut mir leid, dies bejahen zu müssen. Er ahmt die Alten nach, indem er gleich ihnen so frei ist, auf seine Weise Formen, die schon da sind, zu entwickeln, und er holt sich seine Anregungen aus allem Schönen, das seiner Natur gemäß ist. Das Resultat ist aber immer ein echter Naager: ein Stück, das keinem alten Stile angehört und auch nicht wie ein Stückwerk aus alten Meistern anmutet, sondern frisch und froh eine Meisterpersönlichkeit verrät, die gar nicht anders als originell sein kann, weil sie eine künstlerische Vollnatur ist. Es liegt mir ferne, die dekorativen Talente der Gegenwart mit Abschätzigkeit zu behandeln, obwohl ihre Bemühungen um einen modernen Stil für meinen Geschmack im günstigsten Falle die Erkenntnis geweckt haben, daß die sogenannten Biedermeier Leute von einem Geschmack waren, der sich modern sehr hübsch nüancieren läßt; ich habe auch allen Respekt vor denen, die so naiv sind, zu glauben, es ließe sich eine absolut neue Formsprache aus der Jungfernerde des genialen Gemütes emporkonstruieren, und die dabei, ziemlich logisch, dazu gelangen, sich das Lallen in Linien anzugewöhnen (was aber schließlich, wie alles Eintönige, langweilig wird): nur erscheint es mir als ästhetische Pflicht, auf die Existenz eines dekorativen Genies hinzuweisen, das ohne moderne Stilprätensionen Werke hervorbringt, die den ganzen Reiz von stilvollen Arbeiten der Vergangenheit haben und sich dennoch deutlich als Werke unserer Zeit manifestieren, – wenn auch nicht des Zeitgeistes, der jene Talente beherrscht. Naager hat Phantasie. Damit ist eigentlich alles gesagt. Er hat Einfälle. Er konstruiert nicht: er fabuliert. Aber er ist so sehr Mensch der Form, des Raumblickes, daß seine Linien und Flächen auch als solche *empfunden* und damit konstruktive Werte sind. Es kommt nur eben noch etwas hinzu: er gibt mehr als bloß Gerüst. Wer die Nüchternheit als das kennzeichnende Merkmal unserer Zeit preist und die Phantasie nur insoweit gelten lassen will, als sie sich bei technischen Erfindungen betätigt; wer dem Dogma der »Zweckkunst« anhängt und also an eine »Kunst« glaubt, die in einem äußeren Zwecke aufgehen kann (z. B. in dem, einen bequemen Stuhl zu bauen, was aber doch wohl nur insofern eine Kunst ist, als es nicht jeder kann); wer wirklich sein volles ästhetisches Genüge daran hat, an einem Gegenstande seine konstruktive Richtigkeit zu empfinden, und es gnädig nur zulassen will, daß diese »dekorativ« betont werde; wer so bescheiden und (pardon) so gefühlskahl ist, daß er in der Kunst nicht mag, was in der Natur herrscht: den Überfluß, Überschwang, die Verschwendung: der wird an Naagerschen Arbeiten keine Freude haben. Es wird ihm gehen, wie dem Dresdener Bürgersmann, den ich vor einem Pariser Hutmodell in die Worte ausbrechen hörte: »So ä Unfug! Das is ja gee Hut mehr! Das is ä Blumentopp.« So kann bei Naager ein Kamin ein Wintermärchen sein; eine Tapete eine Idylle; eine Wandbekleidung in Marmor ein byzantinischer Hymnus; ein Figurenfries eine holländische Humoreske; eine Vase ein Liebesgedicht; ein Vorsatzpapier eine Zärtlichkeit; ein Kachelfußboden kann vom Sommer, ein Wandbespannstoff von romantischen Abenteuern erzählen. Alles, was aus seinen Händen hervorgeht, spricht, singt, musiziert. Aber es ist immer die stille Musik echt dekorativer Kunst.

Hoffentlich führt er bald einmal wirklich aus, was ich ihm seit Jahren predige: daß er in Venedig eine Ausstellung seines künstlerischen Reichtums: eine Palastausstellung macht.

Schade, daß er diesmal, in Berlin für einen Auftrag des Kaisers beschäftigt, nicht in Venedig war, wohin er einzig gehört. Ich hatte mich so sehr darauf gefreut, mich über ihn zu ärgern. Andre Souveräne wechseln, wenn sie sich besuchen, Höflichkeiten miteinander; wir wechseln Grobheiten. Sein Lieblingswort ist Kretin. Ich ziehe Idiot vor. Man kann sich auch auf diese Manier sehr gern haben. Für solche Fälle gilt das M. h. M. durchaus nicht.

Statt seiner besuchte ich einen anderen Freund und Künstler: Wladimir Schereschewsky. Er gehörte einmal zu den großen Hoffnungen des malerischen Naturalismus in München. Uhde schätzte ihn sehr hoch, aber auch Menzel. Zwei seiner großen Elends-Malereien gingen in öffentliche Galerien über. Er aber verschwand aus München, sah in Venedig die alten Italiäner und erklärte, künftighin nicht mehr Dreck mit Dreck malen zu wollen. In der Öffentlichkeit hörte man erst dann wieder von ihm, als in venediger Zeitungen große Artikel erzählten, Signor Wladimiro sei verrückt geworden und weile im Irrenhause. Das war wirklich wahr. Schereschewsky, von jeher ein Schwärmer und Grübler, war aus der geistigen Balance geraten. Den Anstoß dazu hatte ein Erlebnis mit der politischen Polizei Österreichs gegeben, deren Brutalität wohl auch ein weniger irritables Nervensystem hätte zum Rasen bringen können. Man hatte ihn nahe der dalmatinischen Küste in einem Segelboote arretiert, weil man ihn, der ein paar photographische Aufnahmen machte, für einen italiänischen Spion hielt. Obwohl man bald merken mußte, daß er das nicht war, ließ man ihn zehn Tage lang mitten im Sommer in einem glutheißen Arrestlokale, weil er sich nicht ausweisen konnte, wohl aber zugab, vor Jahren aus Rußland politischer Meinungen halber ausgewandert zu sein. Ha: ein Nihilist! Ha: ein Mensch, um den sich sicher kein Konsul bemühte! Ha: eine entzückende Gelegenheit, Macht fühlen zu lassen, ohne einen Rüffel befürchten zu müssen! Kurz: ein bißchen Tortur und dann Abschub nach Italien. Er kehrte unter Wahnvorstellungen zurück, und es kam zu einem Anfall, der die venezianischen Behörden zwang, den in der Lagunenstadt sehr beliebten, ja populären Maler zu bitten, er möge sich ins Irrenhaus begeben. Das tat er ganz gerne, denn er suchte Ruhe vor gewissen Stimmen, die ihn verfolgten. Wie er sich beruhigt hatte, ließ ihn der Direktor der Anstalt, der ihn schätzte, wieder gehen. Ich fand ihn beim Schachspiel im Café Orientale. Wenn das verrückt war, was er sprach, so ist Verrücktheit eine sehr geistreiche Sache, und ich wünschte, oft so verrückt zu sein, wie Wladimir Schereschewsky. Aber eines war wirklich verrückt an ihm, und ich habe ihm gesagt, daß er dafür verdiente, wieder auf die »Insel der Narren« gebracht zu werden. Nämlich: er zerstörte jedes seiner Bilder immer in dem Momente, wo es vor der Vollendung stand. So vor allem sein großes Abendmahl, von dem alle Künstler, die es in irgend einem Zustande gesehen hatten, erklärten, es sei zu einem Meisterwerke angelegt und voller Schönheit,

Kraft, Eigenart. Als ich ihn traf, ließ er es aber überhaupt niemand mehr sehen, und ich durfte erst dann ins Atelier, nachdem er es in seiner ganzen Riesenlänge mit Tüchern verhangen hatte. Dafür zeigte er mir ein andres, gleichfalls sehr großes Bild in der schon sehr weit gediehenen Skizze, das er »verso la luce«: »Dem Lichte entgegen« nannte. Es stellt eine Schar Arbeiter vor, die, »das Helle vor sich, Finsternis im Rücken«, einem nackten Knaben folgen, der singend vor ihnen herschreitet. Dort, wo sie herkommen, liegt Ruß und dunkle Röte in der Luft; dort, wo sie hingehen, ist silberiges Licht und blauer Himmel. Nun: ein nicht weiter originelles Symbol. Über die Idee des Bildes kann man so und so denken. Ich lasse mich darauf nicht ein, weil die Bewertung dieses Kunstwerkes nicht davon abhängt, wie man sich zu seinem Gegenstande verhält. Ich hatte, als ich es sah, die Empfindung, vor den Anfängen einer großen Sache zu stehen, vor dem Meisterwurfe eines Inspirierten. Welch ein Ausdruck in den Köpfen! Welche Wucht in der schwerfälligen und doch inbrunstvollen Bewegung der Menge! Welcher Adel in dem singenden nackten Knaben! Wie meisterhaft zur Monumentalität vereinfacht alles Äußere: Gewand, Landschaft, Lichtkontrast! Welch großer Zug in der gewaltigen Komposition!

Ich war erschüttert, und ich sagte zu meinem Freunde: »Wenn du zu so was die Kraft hast, magst du meinetwegen im übrigen so viel Stimmen hören und Einbildungen hegen, wie du willst. Die Psychiater halten diese Stimmen und Einbildungen für Symptome einer Krankheit mit einem sehr gelehrten Namen; du selber hältst sie für etwas Reelles; ich bin so frei, dir zu erklären, daß diese Dinge mir sehr nebensächlich erscheinen, solange sie dich nicht hindern, ein derartiges Werk zu konzipieren und mit dieser Herrschaft über alle Mittel der Kunst anzulegen. Sie irritierten mich vis-à-vis diesem Bilde ebensowenig, wie etwa Zahnschmerzen, von denen du geplagt worden wärest.«

Aber Wladimir machte ein düsteres Gesicht und sagte: »Gewiß; ob ich verrückt bin oder nicht, ist nebensächlich, solange ich arbeiten kann. Das Scheußliche ist nur, daß ich weiß: ich werde auch das da nicht fertig bringen.«

»Warum?« fragte ich: »wegen der Stimmen?«

»Ich pfeife auf die Stimmen!« schrie der Maler. »Diese Stimmen genieren mich gar nicht beim Malen; im Gegenteil: sie regen mich an. Was mich aber wirklich verrückt macht, das ist: daß ich kein Geld habe, mir Modelle zu nehmen. Siehst du: anlegen kann ich ein Bild ohne

Modelle; wenn ich aber so weit bin, daß ich es fertig machen möchte, dann seh ich: das und das und das ist falsch, hat keine Anatomie, ist nicht gesehen, ist bloß gedacht; und da muß ich mir was Lebendiges danebenstellen können, zu vergleichen und zu korrigieren. Aber alles Lebendige will bezahlt sein, und ich habe kein Geld. Ich kann mir ja nicht einmal einen Raum mit Nordlicht mieten. Auf dieser Leinwand hier tanzen, während ich male, die Reflexe vom Kanal unten. Da wäre auch Raffael verrückt geworden! Ich male, male, male, aber ich weiß: es kommt ein Tag, wo mich die Wut packt, daß ich das ganze Zeug wieder zusammenschmeiße, weil ich's nicht fertig machen *kann*. Denn ich höre zwar, daß die Glocken von San Marco russisch reden, und die Wellen draußen am Lido italiänisch, und die Kanonenschüsse mittags vom Arsenal her oberbayrisch: aber die Stimme des Geldes vernehme ich nicht. Ich habe einen Heiligenschein aus Gold, va bene: aber den kann ich nicht versetzen. Ich muß ihn vielmehr verbergen, weil heutzutage ein Mensch ausgelacht werden würde, an dem man einen Heiligenschein bemerkt. Deshalb setze ich meinen Hut nur abends ab, wenn ich ins Bett gehe.«

Und er fing an, wunderlich zu reden. Ich aber sagte mir: Nicht bloß die Brutalität der österreichischen Polizei hat diesen Menschen von Genie um sein seelisches Gleichgewicht gebracht, sondern die Not des Lebens. Man muß ihm Geld verschaffen, und die Medizin ist da, die es verhindert, daß er vernichtet, was wert ist, der Nachwelt aufbewahrt zu werden. Mag er dann immerhin weiter Stimmen hören und eine Gloriole unter seinem alten Filz fühlen: wenn er nur fertig machen kann, was er mit so sicherer, schöner Kraft begonnen hat.

Und ich ließ mir das letzte seiner vor zwanzig Jahren entstandenen und damals so lebhaft gepriesenen sibirischen Gemälde nach München schicken, es dort auszustellen und zu verkaufen. Er lebte in der Hoffnung auf, daß es mir gelingen werde, und begann sogleich, ein richtiges Atelier zu suchen.

Es wäre besser gewesen, ihm diese Hoffnung nicht zu machen. Das Bild kam nach München, aber kein Kunsthändler wollte es auch nur sehen. Sie kannten es alle und priesen es sehr, ermahnten mich aber, es nicht erst auspacken zu lassen. »Das ›Heimatlied‹ von Schereschewsky. O ja: eine starke Leistung. Politische Verbannte in einem sibirischen Bergwerk. Einer spielt auf der Balalaika. Die andern, an ihre Karren geschmiedet, hören zu. Prachtvolle Typen. Viel Ausdruck in den Köpfen. Dabei sehr fein in der Beleuchtung des unterirdischen Milieus, durch gelbes Öllampenlicht. Aber, erstens: es war vor zwanzig Jahren schon in der Sezession zu sehen, ist also keine Novität, und Schereschewsky ist mittlerweile vergessen worden; ferner: der Geschmack hat sich verändert; Bilder, die etwas erzählen, gelten als unkünstlerisch; die Kundschaft will heute Impressionismus oder Stilsachen. Und schließlich: so riesige Bilder kann ja kein Mensch hängen.« Einer wies überdies darauf hin, daß er russische Großfürsten zu Kunden habe, und denen könne er doch nicht zumuten, in seinen Räumen russischen Verbannten zu begegnen.

Wladimir Schereschewsky
Heimatlied sibirischer Verbannter

Ich sah ein, daß nichts zu machen war, und schickte das Bild zurück. Vielleicht wird es in Venedig für die Moderne Galerie angekauft, obwohl da schon ein großes Bild Schereschewskys hängt. Man liebt ihn dort persönlich und möchte ihm helfen. Auch ist man in dieser Stadt, wo man gewöhnt ist, Jahrhunderte alte Bilder noch schön zu finden, nicht so fürchterlich modern, um zu glauben, daß ein Bild, dem vor zwanzig Jahren ein Uhde und ein Menzel Worte der Bewunderung zollten, heute als altes Eisen zu bewerten sei, weil sich mittlerweile einige Dutzend von Umschwüngen in der Kunstanschauung vollzogen haben. (»Alles veloziferisch«, wie Goethe sagte.) Ich glaube, die Venezianer werden es nicht zu bereuen haben, wenn sie dieses Werk erwerben. Der Naturalismus ist gewiß überwunden, aber die starken Arbeiten aus seinem Geiste, zu denen das »Heimatlied« gehört, werden länger vom Respekte echter Kunstfreunde gehegt und geschätzt werden, als die vielzuvielen Dokumente einer geschmackvolleren Generation, denen die ehrliche, leidenschaftliche Hingabe sowohl an malerische wie innerliche Probleme abgeht, durch die sich diese Arbeit auszeichnet.

Als ich von Venedig abreiste, verschaffte ich mir, ohne es zu wollen, eine recht sonderbare Sensation: ich vergiftete mich ein bißchen. Das tu ich ja nun, wie die meisten meiner verehrten Zeitgenossen, täglich, und ich betreibe diesen Sport sogar recht heftig, indem ich stärksten Tee literweise trinke und dem Kraute Nicotiana mit mehr Leidenschaft als Vernunft huldige. (Wie sollte ich auch nicht, da ich in puncto Alkohol so unmäßig tugendhaft bin. Auch die Gifte sind dazu da, genossen zu werden, insoweit sie bei entsprechender Dosierung die freundliche Eigenschaft haben, das Lebensgefühl anzuregen. Nur ist leider die Dosierung ein schwieriges Problem.) Aber diesmal handelte es sich um kein Gewohnheitsgift: Ich gedachte, einen guten Schluck tinctura amara zu nehmen, die auf meinen Magen wirkt, wie Schumanns »Aufschwung« auf die Seele, vergriff mich aber in der Flasche und nahm einen herzhaften Schluck Opiumtinktur.

Ich erschrak nicht wenig und suggerierte mir zu den positiven Folgen noch einen ganzen Schwanz eingebildeter. Obwohl ich es mir längst vorgenommen habe, einmal in Venedig zu sterben, setzte ich der Aussicht, das jetzt schon abzumachen, lebhaften Widerwillen entgegen. Ich rannte in die deutsche Apotheke und verlangte ein Gegengift. Man riet mir, Kolapastillen zu essen und schwarzen Kaffee zu trinken. Folgsam, wie ich bin, tat ich das sogleich. Ich nehme sogar an, daß ich es viel zu folgsam tat, denn es ist wohl möglich, daß die Zustände, die mich darauf beglückten, ebensosehr die Folgen von Kola und Kaffee wie von Opium waren. Es war reizend. Ein wundersames Gefühl von blödsinniger Gemütlichkeit erfüllte mich ganz und gar. Ich wurde stupide lustig und hatte die Empfindung, daß wohlwollende Dummheit der angenehmste Zustand ist, in dem sich ein Mensch befinden kann. Es gab nichts mehr, worüber ich mich geärgert hätte. Ich fand alles liebenswürdig, sogar mich selber. Da ich nicht denken konnte und gewissermaßen schlief, so träumte ich. Doch war es mehr ein Träumeln. Meine Beine schienen unter mir zu baumeln. Ich fühlte den Erdboden kaum, auf den ich trat. Wenn ich irgendwo angekommen war, so schien es mir, als sei ich angekommen worden. Ich sprach wenig; was ich aber sagte, sagte ich dreimal. Und immer lächelte ich dazu. Sehr angenehm war es, daß ich gar keine Wünsche hatte und nie ein Ziel. Meine Beine baumelten mich irgendwohin, und überall war mir's recht. Dabei führte ich aber doch Absichten aus, die ich früher gefaßt hatte. So kaufte ich mir schönes graues Büttenpapier in einem Laden, wo im übrigen Töpfe verkauft werden, was mir in diesem Zustande doppelt lustig vorkam. Aber ich kaufte statt fünf Kilo dreißig. (Als ich am nächsten Tag das Riesenpaket im Hotel vorfand, erschrak ich nicht wenig bei dem Gedanken, diesen Popokatepetl einmal betinten zu sollen.) In einer Gondel, in die ich gestiegen war, bloß weil es der Gondoliere gewünscht hatte, schlief ich ein. Als ich erwachte, befand ich mich genau an dem Orte, wo ich eingestiegen war. Sehr möglich, daß der Gondoliere so schlau gewesen ist, sich wegen des Schlafgastes, den er für betrunken halten mußte, nicht anzustrengen, und daß ich einfach in der stehend gewiegten Gondel geschlafen habe. Jedenfalls glaubte ich seinen Beteuerungen, er habe mich drei Stunden lang durch sämtliche Kanäle gerudert, und zahlte ihm widerspruchslos die verlangte dreifache Taxe. Und lächelte dazu. So freundlich bin ich sonst nicht, wenn mich jemand begaunern will. Ich könnte mir diese Art Menschenfreundlichkeit als deutscher Dichter ohne Zuschuß aus irgend einer fürstlichen Privatschatulle auch nicht leisten. Denn siehe da: ich fand am nächsten Tage, daß mich der Schluck Opium 60 Lire über mein Tagesbudget gekostet hatte (die Schwelgerei in Büttenpapier nicht mitgerechnet). Nur dem Allwissenden mag es bekannt sein, welchen Unfug ich mit diesem Kapitale angestellt habe.

Aus alledem geht hervor, daß der Zustand träumerisch vergnügten Blödsinns zwar angenehm, aber kostspielig ist. Nur sehr reiche Leute können ihn sich auf die Dauer leisten. – Merkwürdig war mir, daß ihm nur ein ganz gelinder Katzenjammer folgte. Wer weiß: Vielleicht ist es ganz gesund, ab und zu einen Opiumtag der großen Göttin Stupidität zu weihen. Das Gehirn ruht aus, die immanente Menschenfreundlichkeit, sonst durch Kritik gemäßigt, wacht auf, der Wille schläft ein, und man lächelt insipide einen Tag in animalischer Glückseligkeit dahin, ein Stückchen Nirwana genießend: alles in allem ein Tag ohne Strapazen, ein Gehirnferientag, ein blauer Mohntag des Lebens.

Ich fuhr nach Verona, nahm dort bei porta vecchia eine Droschke und besuchte den heiligen Zeno, doch war es diesmal eine kurze Visite, denn ich mußte zum nächsten Zuge nach Bozen wieder am Bahnhofe sein. Es gelang. Aber es war ein schändlicher Zug: so voll von Menschen, daß es nur im Zustande der Bemohnung ein Vergnügen gewesen wäre, in einem seiner Käfige sich transportieren zu lassen. Ich ließ mein Gepäck in ein Coupé stopfen, bestach einen Schaffner und setzte mich in eines der Bremshäuschen, die eigentlich nur von Schaffnern benutzt werden dürfen. Diese erhabenen Sitze, die oberhalb des Waggondaches angebracht, aber verglast sind, gibt es, glaub ich, nur auf den Wagen der k. k. privilegierten Südbahn. Sehr komfortabel sind sie nicht; dafür haben sie den Vorzug einer unvergleichlichen unbehinderten Aussicht nach allen Seiten, auch nach vorn. Auch dichtet es sich dort vorzüglich. Ich schrieb in mein Notizbuch:

Venedig.

Das sind die Gassen der Vergessenheit.
Wohl: so vergiß! Dein Schatten an der Wand
Hat mehr Bedeutung, als dies »Meer von Leid«,
In dem dein Glück, ein Veilchenstrauß, verschwand.

Wer warf ihn weg? Du! Deine eigne Hand
Verwarf ihn. Stille! Jetzt ist er so weit
In Tiefen schon, daß ihn kein Lied erschreit:
Der dunkle Veilchenstrauß aus hellem Land.

Wohl möglich, daß daraus ein Sonnett geworden wäre, denn es kommt mir ganz so vor, als fehlte diesem Bukett das zusammenhaltende Band (ich kenne es – leider!). Aber plötzlich kam ein Gewitter hinter dem

Zuge her. Es war wirklich, als ob es den k. k. privilegierten Südbahnzug persönlich verfolgte. Da Schnelligkeit die Sache dieser Eisenbahngesellschaft nicht ist, holte es ihn natürlich ein, und nun war es prachtvoll anzusehen, wie die schwarzen Wolkendärme über uns nach der dahin schießenden eisernen Schlange (Klapperschlange, versteht sich, denn auf keiner Bahn klappert's so, wie auf der k. k. privilegierten Südbahn) mit Blitzen zielten. War ich tapfer oder dumm, daß ich auch während dieses Donnerwetters in meinem exponierten Bremshäuschen sitzen blieb? Ich lasse die Frage offen. Da sie sich damals, als sie aktuell war, nicht bei mir eingestellt hat, verdient sie jetzt keine Antwort. Ich konnte aus dem einfachen Grunde nicht auf sie kommen, weil das Schauspiel, das ich genoß, zu schön war, als daß mich persönliche Fragen und Gefühle hätten beschäftigen können. Und so glaube ich denn, daß ich Gefahren immer sehr heldenmütig ins Auge schauen werde, wenn sie schön sind. (Kunststück! sagt Piefke.)

Als das Wetter merkte, daß es unsrer Klapperschlange nichts anhaben konnte, blieb es verdrossen in der »Berner Klause« stehen, während die k. k. privilegierte Lokomotive mit einem langen Triumphpfiffe in das breite Etschtal einfuhr, auf dem auch nicht der kleinste Wolkenschatten lag.

Soll ich das Etschtal beschreiben? Es fällt mir nicht ein. Ich bin nicht mehr so unerfahren zu glauben, daß sich Landschaften beschreiben ließen. Man kann im besten Falle Eindrücke eindrucksvoll wiedergeben. Diese aber richten sich nach allem möglichen, das mit der Landschaft gar nichts zu tun hat. Z. B. nach der Verdauung des Betrachters, oder nach seiner Nachbarschaft, oder nach seinen jeweiligen Seelenzuständen: ob er gerade verliebt ist, oder just einen Zahlungsbefehl erhalten hat, oder ob er vielleicht einen Reim auf Mensch braucht und des Peregrinus Syntax Reimlexikon nicht bei sich hat. Dieser Fall traf bei mir zu. Ich schäme mich, es zu gestehn, denn ich könnte es nun nachgerade wissen, daß ein Dichter von einiger Überlegung es vermeidet, das Wort Mensch reimherausfordernd an das Ende einer Zeile zu setzen. Vermutlich war es der erhabene Sitz im Bremshäuschen, der mich so übermütig gemacht hatte, zu glauben, der von 30 000 deutschen Dichtern seit Jahrhunderten gesuchte Reim werde mir zwischen Trient und Bozen in den Schoß fallen. Aber wie verzweifelt ich auch suchte, er stellte sich nur in greulichen Mißformen ein, und ich gab das Rennen kurz vor Salurn auf. Da dort eine Ballade von mir spielt, hege ich eine gewisse Zärtlichkeit für diesen Ort, besonders aber für seine alte Burg, in der Dietrich von Bern seine Hochzeit mit der schönen Kurtatscherin gefeiert haben soll. Wenn ich Geld hätte, würde ich sie mir ausbauen. Doch nein: sie liegt zu nahe an der Bahn. Eine richtige Burg: die Burg, die ich bewohnen möchte: *meine* Burg, muß so gut wie unerreichbar sein. Was beschwere ich mich denn? Sie ist es ja; denn sie liegt auf dem Monde. (Bei dieser Gelegenheit eine Anmerkung: Die Zeiten, wo man in Tirol ein altes Ritterschloß für 98 Gulden 25 Kreuzer kaufen konnte, sind vorüber. Richtige, alte, rechtschaffen verwahrloste Nester gibt es überhaupt kaum mehr. Die Romantik hat dem Komfort Platz gemacht. Allerdings gebärdet sich dieser meist stilvoll. So brennt das elektrische Licht gerne in tückisch imitierten gothischen Laternen; aber der Teufel hole diesen Schwindel; er paßt nach Sachsen, aber nicht nach Tirol.)

In Bozen hatte ich eine originelle Anwandlung: ich wollte einmal *nicht* im »Greifen« absteigen. Das ist so, wie wenn einer nach Rom führe und wollte nicht dem Papst, sondern dem Oberrabbiner oder dem pastor primarius der evangelischen Gemeinde den Pantoffel küssen. Derlei kann man sich wohl vornehmen, aber man tut es nicht. Eine halbe Stunde nach meiner Ankunft saß ich in dem länglichen Speisesaal des »Greifen«, lautlos umhuscht von den traditionell weißgekleideten Servierladies dieses nun schon seit etwa 20 Jahren immer gleich gut funktionierenden Verpflegungsmechanismusses, dessen Seele die gleichfalls traditionell weißgekleidete Frau Staffler ist, mit der ich seit 15 Jahren immer wieder von Zeit zu Zeit folgendes Gespräch habe: *Sie:* Ah! guten Tag, Herr Professor! Sind Sie auch wieder zurückgekehrt? *Ich:* Ei ja wohl, Frau Staffler! Wie sollte ich auch nicht? *Sie:* Das freut mich sehr, Herr Professor! *Ich:* Und mich desgleichen, Frau Staffler! –

Dieses Gespräch, wie inhaltslos es auch erscheinen möge, lehrt zweierlei: 1. daß Frau Staffler an immer wiederkehrende Gäste gewöhnt ist (s. o.!) und 2. daß ich das Ansehen eines ungemein gelehrten Mannes habe. »Doktor« wird in deutschen Landen am Ende ein jeder Mann genannt, der nicht geradezu wie ein Kutscher aussieht oder durch eminent vornehme Allüren den Titel Baron herausfordert; aber der Professor wird doch wohl nur Leuten verliehen, denen profundes Wissen von der Stirne leuchtet. Ich begreife eigentlich nicht, warum man es sich in Deutschland noch immer so viel saure Mühe kosten läßt, akademische Grade zu erreichen, da man ihren Titeln ohnehin nicht entgeht. Vom 20.–30. Jahre bin ich consensu omnium Doktor gewesen (die wenigen Menschen ausgenommen, die meine wissenschaftlichen Defekte aus Erfahrung kannten); vom 30. Jahre an haben sich die Stimmen derer bedenklich vermehrt, die mich als eine noch intensivere Leuchte der Gelehrsamkeit ansprechen. Über ein kleines, und ich werde Geheimrat sein. Da mir die Haare auszugehen beginnen, wird dieser Zeitpunkt, falls Capillomirakuloidol (Name geschützt!) nicht Wunder tut, bälder herangekommen sein, als mir lieb ist.

Daß mein würdevolles und weises Aussehen auch noch zu andern Trugschlüssen verleiten kann, mußte ich am nächsten Tage erfahren. Ich betrat ein Geschäft, dessen Besitzerin schon zur Zeit meines Südtiroler Aufenthalts fleißig dafür sorgte, daß Wiege und Kinderwagen nicht leer wurden. Auch diesmal hatte ich das Vergnügen, ihr zu einem Jungtiroler gratulieren zu können. Da sprach die Fruchtbare also: »Haben der Herr Professor auch Kinder?« Ich mußte gestehen: nein. »Aber natürlich!« erwiderte sie: »Der Herr Professor haben keine Zeit dazu.« Ich sah sie dümmer an, als es für einen Professor schicklich ist, und entfernte mich mit dem bedrückten Gefühle, daß ich nachgerade doch wohl etwas *zu* würdevoll und weise aussehe.

Die alte Erfahrung bestätigend, daß Verbrecher immer wieder an den Schauplatz ihrer Untaten zurückkehren, pflege ich fast stets, wenn ich in Bozen bin, einen Abstecher nach dem Eppan zu machen, wo das alte brave »Gschloß im Gschleich« liegt: Englar, die Hochburg meiner poetischen Sünden. Ich habe dort nicht weniger als zwei Romane, drei Bände Novellen, eine große Künstlermonographie und zwei dicke Kalenderbücher voller Gedichte und Prosa geschrieben, – einen Haufen Aufsätze garnicht gerechnet. Es ist nicht klug von mir, daß ich daran erinnere, denn eine derartige Fruchtbarkeit trägt nicht etwa eine gute Fleißnote, sondern das Verdikt ein: Vielschreiber! Aber was hülfe es mir, wenn ich es verbergen wollte? Die Schande ist offenbar, und einige meiner Englarer Produkte schämen sich nicht, von Zeit zu Zeit neue Auflagen zu erheischen. Ich weiß: auch das sollte ein kluger Autor verschweigen, denn, einmal, es macht mancherorts unbeliebt, und dann, es sieht wie Reklame und

Renommisterei aus. Aber ich bin nun einmal so: ein bißchen Unbeliebtheit macht mir Spaß, und da das Renommieren auch dazu verhilft, so geht's mit hin. Deutlicher gesprochen: ich ärgere die Leute gerne, die mich ärgern. Und, ich muß es gestehen: dummer Neid ist mir immer ärgerlich gewesen. Er dient zu gar nichts, ist sich selber und der ganzen Welt nur zum Mißvergnügen da.

Ich werde immer auf dieses Thema gebracht, wenn ich Schloß Englar besuche. »Schloß Englar!« Kein Zweifel: das klingt feudal. Es war herausfordernd, die Widmungen der dort entstandenen Bücher sub »Schloß Englar« zu datieren. Aber es hat zu meiner Menschenkenntnis beigetragen. »Der Schloßherr von Englar« ist ein Bündel Drucksachen überschrieben, aus denen ich gelernt habe, wie gefährlich es für einen Dichter ist, in den Geruch eines »Schloßherrn« zu kommen. (Ein anderes Bündel trägt die Aufschrift: »Der Automobilbesitzer«.)

Schloss Englar

Übrigens ist Englar, wie ich mich jetzt wieder überzeugt habe, gar kein richtiges Schloß. »In Berlin würde der olle Kasten uff Abbruch verkooft wer'n« sagte mir einmal ein Berliner Tourist, dem es gelungen war, bei Abwesenheit meines braven Wolfshundes Muschka in den Hof einzudringen. So unerbeten diese Kritik auch war, sie traf den Nagel auf den Kopf. Aber das Schöne an Englar ist gerade, daß es ein alter Kasten und kein ordentliches Schloß ist (wie das benachbarte Gandegg etwa oder Freudenstein). Auf den ersten Anblick wirkt es wie ein größenwahnsinnig gewordenes Bauernhaus. Diesem Ansehen entspricht die Umgebung: verfallende Mauern um einen unebenen winkligen Hof mit ein paar Scheunen. Trotzdem ist mir außer jenem Berliner Eindringling niemand (auch kein anderer Berliner) begegnet, zu dem nicht sofort das gesprochen hätte, was Englar mehr hat, als irgend einer der mir bekannten alten Tiroler Herrensitze: echt romantische Stimmung verbunden mit Behaglichkeit. Die Erklärung dafür mag paradox klingen: der romantische Reiz Englars beruht in dem Fehlen jeder romantischen Äußerlichkeit. Diese pflegt sich meist durch Absichtlichkeit um die volle Wirkung zu bringen. Auch ist sie fast immer das Werk mehr oder minder moderner Restauration. Fast alle diese Schlösser sind eine Weile etwas ruinös gewesen. So auch Englar. Aber während die meisten übrigen, wenn ihre alten Besitzer zu Gelde oder sie selber in fremde Hände kamen, »stilgemäß« hergerichtet wurden, so begnügte man sich, das gütige Schicksal sei gepriesen, bei Englar damit, dem alten Kasten ein neues Dach zu spenden und dieses immer mal von Zeit zu Zeit auszubessern. Dieses Dach entspricht dem Stile dieses sehr alten Gebäudes (von dem schon Urkunden aus dem 11. Jahrhundert berichten) zweifellos gar nicht. Auch Englar ist einmal »Burg« gewesen: mit Turm und Zinnen. Die ritterlichen Architekturbestandteile sind, wer weiß wann, kaputt gegangen, ohne daß die Grafen Khuen das Bedürfnis gehabt hätten, sie an einem Hause zu erneuern, das nun ja in der Tat keine Wehrburg mehr war, sondern ein Landsitz, dem nur aus alter Zeit der Name Schloß anhaftete. Wäre es, gleich den übrigen Schlössern, jüngerer Herkunft gewesen, so hätte man vielleicht doch auf mehr stilgemäße Ausbesserung Bedacht genommen. Aber Englar war schon vor Jahrhunderten so alt, daß man sich auf seinen Urstil nicht mehr besinnen konnte. Man baute dort etwas an, da etwas an, besserte hier aus, dort aus: immer nur wie es das Bedürfnis gebot und der jeweilige Geschmack der Zeit wollte. Dann verfielen die älteren Teile, und das Haus begann schließlich (wie es nicht nur bei Genies, sondern auch bei alten Schlössern zu gehen pflegt) »von oben herab zu sterben«. Die oberen Stockwerke des noch immer turmartig hohen Hauses verrümpelten eines nach dem andern, bis es den Besitzern, die im zweiten Stocke wohnten, in die Suppe zu regnen begann. Das billigste Hilfsmittel, das sich bot, wurde ergriffen. Statt die ruinös gewordenen Mauern bis zur ursprünglichen Höhe hinauf auszubessern, legte man ein sehr hohes, sehr steiles Dach an, das nun freilich ebenso viele Dachboden- wie Wohnstöcke zu schützen hatte. Aber gerade dieses Dach ist für das heutige Englar charakteristisch und trägt viel zu dem gemütlich romantischen Reize des Ganzen bei. Obwohl es in der Anlage gewiß noch keine hundert Jahre alt ist, hält es jeder beim ersten Anblicke für gotisch. Ich bin nie so roh gewesen, meinen Besuchern die Illusion zu rauben, daß sie unter einem gotischen Dache schliefen. Warum auch? Ein ehrwürdiges Dach war es auf alle Fälle, und sein märchenhafter Eindruck verdiente es wohl, in der Phantasie gotische Verbrämung zu erhalten.

Nun stieg ich also wieder da oben herum und kam mir vor wie ein Mann, der in seiner eigenen Vergangenheit herumgespenstert. Ich bin ja gar nicht mehr Der von dazumal. Der »Schloßherr von Englar« war ein beträchtlich leitsameres Wesen, als ich es bin, und da er sich fremder Angelegenheiten mit rührender Beflissenheit annahm, war er wohl auch »liebenswürdiger« als ich. Sicher ist, daß er beliebter war. Ich kann es gar nicht sagen, wie angenehm es mir ist, dieser Beliebtheit über den Kopf gewachsen zu sein. Erst seitdem mir das gelungen ist, besitze ich ein Stückchen Weltüberblick und einiges Selbstbewußtsein. Wie danke ich allen denen, die mir dazu verholfen haben! Hier in Englar wurde ich, etwas spät, Mann. Es war ein sehr kritischer Moment, als mir das Glück geschah. Hätte es mich nicht mit Gewitterkeulen aus einer stark tranigen Idylle geweckt, ich wäre einem erbärmlichen Behagen verfallen und direkt aus dem lyrischen Knaben ein idyllischer Frühgreis geworden. Seitdem habe ich mir den Ausruf angewöhnt: »*Heiliges* Donnerwetter!«

Trotzdem schien es mir anfangs wie eine Vertreibung aus dem Paradiese, als ich Englar mit dem Gefühle heilsamsten Ekels verließ. So töricht ist der Mensch, wenn er die Quellen seiner Kraft behaglich hat verschlammen lassen. Man stelle sich einmal vor, was für ein fettherziges Gesindel aus der Adamsnachkommenschaft geworden wäre, wenn die nicht genug zu preisende Schlange dem ersten Paare nicht zu jener Exmittierung verholfen hätte, mit der die Geschichte der Menschen aus einer Idylle ein Drama zu werden begann. Die Not, die herrliche, zeugende Not trat ins Leben. Das war Jehovas bester Streich. Die Menschheit hat sich dafür durch Darbietung einiger gewaltiger Gesellen revanchiert; ihre schönste, übersichtlichste Opfergabe sind die shakespearischen Dramen.

Die wunderschöne Strecke zwischen Bozen und Brixen (von der weltlichen zur geistlichen Handelsstadt Tirols: beide nicht mehr recht in Blüte) pflege ich, wenn sich's irgend machen läßt, nicht im Dampfwagen, sondern in der Kutsche zurückzulegen. So auch diesmal. Es gibt kein schöneres Stück Land deutscher Zunge. Brixen fängt leider an, sich zu modernisieren. Auch der altehrwürdige »Elefant« ist neu aufgezäumt und hat dadurch viel von seinem Reize verloren. Es ist nicht mehr der, von dem ich in der Empfindsamen Reise im Automobil geschwärmt habe. Der Fortschritt ins Ungemütliche, Gewöhnliche vollzieht sich rapid, und kein Wasserkloset, kein Knipslicht vermag dafür zu entschädigen. Auch das brave Weiße Lamm »des Kantioler« in Klausen ist nicht mehr das alte, denn »der Kantioler« ist nicht mehr. Schlecht vernewert ist es nicht, aber es hat die Seele verloren. Dagegen ist das hohe Säben noch immer wunderbar wie je. Ich hatte, als ich es nun besuchte, Ägypten, Syrien, Palästina, Griechenland gesehen und mußte mir doch sagen: Eigentlich braucht man nicht so weit zu reisen, um große Eindrücke aus der Natur und Menschheitsgeschichte zu erhalten. Von der rhätischen, römischen Zeit bis zu Napoleon fühlte dieser Fels die Stöße der Weltgeschichte, und immer wurde hier oben Göttern geopfert. Das letzte große: ihr Leben, brachte jene Nonne dar, die 1809 als Braut Christi keinem französischen Soldaten gehören wollte und sich in den Abgrund stürzte. Nun breitet ein ungeheurer Christus die Bräutigamsarme an dieser Stelle aus: so riesig, daß er selbst in der Tiefe überlebensgroß wirkt, oben aber als ein Gigant der heiligen Liebe. Daß auch die heutigen Nonnen ihren Christus mit fraulich schmückender Liebe lieben, zeigte mir eine mitten in der unteren Kapelle stehen gebliebene Christusfigur, der die Klosterfrauen einen purpurnen goldbordierten Mantel umgehängt hatten. In die Dornenkrone schlang sich ein Kranz seidener Blumen, eine silberne Kette mit einem vergoldeten Medaillon schmückte den Hals. Ich hätte mich nicht gewundert, Ringe an seinen Fingern zu sehen. Es war eine sehr alte Figur, und der schönen Arbeit des gotischen Schnitzmessers war kein Gefallen damit erwiesen, daß sie, wer weiß zum wievielten Male, mit glänzender Ölfarbe überstrichen worden war, aber es läßt sich durchaus begreifen, daß die Nonnen keinen holzfarbenen, wurmstichigen, hartlinigen Christus haben wollten, sondern einen glatten, glänzenden, weiß und roten. Und es ist keine lästerliche Verirrung, daß sie den Schmerzensmann schmücken und putzen wie einen Bräutigam: es ist reine und echte Liebe der Gottesbraut. Als sie noch Dichterinnen waren, wie die Mechthild von Magdeburg, haben sie ihn mit küssenden Reimen geherzt, und »es ging die Allerliebste« (die Nonne) »zu dem Allerschönsten« (Christus) in die geheime Kammer der unschuldigen Gottheit; da findet sie »der Minne Bette und Minne Gelaß«.

Der »Kantioler« in Klausen

Dieses Nonnenkloster Säben bei Klausen gehört sicherlich zu den gewaltigsten und schönsten Gebetsburgen der Christenheit. Seine Lage und sein Bau lassen keinen Vergleich mit Monte Cassino zu, denn alles ist hier anders, aber es darf neben der Gründung des heiligen Benedikt genannt werden als ein Ort von ebenso mächtiger Ehrwürdigkeit und ebenso großer Schönheit.

Es wird eine Zeit kommen, wo man es nicht begreift, daß gescheite

Leute sich in Käfigen auf Schienen an dieser Herrlichkeit vorbeischleppen ließen und ihr Genüge daran fanden, aus einem roten Buche schnell aufblickend zu konstatieren: Säben, Nonnenkloster, rhätisch, römisch ... usw.

»Über Reisen kein Vergnügen« sang man in der Biedermeierzeit, ehe das begann, was Goethe »veloziferisch« nannte, er, der auch hinter der Erfindung des Dampfwagens den Unsinn ahnte, der aus seinem Sinn werden sollte. Was ist das aber für ein trauriges Vergnügen, das man von den Gesichtern heutiger Vergnügungsreisender (Kinder ausgenommen) abliest. Jeder Handwerksbursche hat mehr von der Welt gesehen als sie, die, wo immer sie auch gewesen sein mögen, eigentlich nie gereist, immer nur transportiert worden sind. Dieser Unsinn ist so erstaunlich, daß er sich bloß pathologisch erklären läßt. Ein Mensch reist von Berlin nach Rom; in *einem* Rutsch; obwohl er Zeit dazu hätte und Geld, an den schönsten Orten Station zu machen, fährt er, aufs widerwärtigste eingesperrt, Tag und Nacht, immerzu rattatta, rattatta weiter; Tirol, Oberitalien, Florenz: da schläft er vorüber, dort skatet er vorbei, hier liest er deutsche, dort italiänische Zeitungen; nur weiter, nur weiter sein Billett geht ja bis Rom. Welch ein Wahnsinn! (Ich rede natürlich von Leuten, die zum Vergnügen reisen, und nicht von solchen, die notgedrungen zu einem bestimmten Termine in Rom sein müssen.) Er läßt sich durch nichts als sinnvolle Handlung beschönigen. Es kommt mir vor, wie wenn ein Mensch an einer Table d'hôte teilnähme und würde von der Suppe bis zum Gefrornen schlafen oder lesen oder sonstwas tun, und erst beim Käse zulangen. Es ist eine Epidemie, wie der Veitstanz im Mittelalter. Aber ich glaube, daß diese Massendrehkrankheit mit stärkeren Sensationen verbunden war.

In Brixen stieg ich aber doch in den Zug. Ich mußte nach Hause und nun war meine Vergnügungsreise zu Ende. Grimmig schrieb ich angesichts des Siegmundskirchleins am Brenner in mein Notizbuch:

Hier entsäckelte einst der mutige Ritter den Kaufmann;
Siegmund dem Heiligen schuf dicht er ein Kirchlein dabei.
Nun am gleichen Altar entsühnte den Schnapphahn der Burgpfaff,
Und der Kaufmann hob dankend die Hände zu Gott:

»Herr, ich preise Dich! Herr, Du hast den Esel verblendet;
Siehe er ging auf den Leim: nahm nur den glitzernden Schund.«
Groß ist Gott. Er genießt die Menschheit, die er gebacken,
Wie er sie buk und verdirbt nicht mal den Magen sich dran.

Und bei St. Jodok, wo ein ehemaliger Kamerad die Sommerfrische zu genießen pflegt, der es nicht verwinden konnte, daß ich es ein wenig weiter gebracht habe, als er, gedachte mein Bleistift seiner und kritzelte:

Du willst mir in die Suppe spucken?
Welch Größenwahn und Unverstand!
Du kannst ja nicht mal bis zum Rand
Von meinem Suppenteller gucken.

Das kommt von der Eisenbahn: man denkt an Unerquickliches, das einem sonst nie einfällt; es fliegt einem mit dem Ruße an.

In Wörggl mußten zwei Mann einen schweren Wagen auf ein andres Gleis schieben. Der eine war ein Ironiker und sagte: »Arbeit macht das Leben süß!« Ich rief ihm entgegen: »Sauer ist mir lieber« und wurde für die Schändlichkeit durch lebhaften Beifall beider belohnt. Da ich sie darauf durch zwei Viertele Roten gut machte, hatte ich mich einer sehr aufrichtigen Ovation zu erfreuen, die in Gesang überging, als ich abfuhr:

Arbeit macht das Leben süß,
Sauer ist mir lieber.
Juhuhu! Juhuhu!

In Innsbruck stieg ein Mensch zu mir ins Coupé, der mich immerfort anstarrte und dazu den Lustigen Ehemann pfiff. Ich wollte eben die Notleine ziehen, da wurde er direkt und fragte mich: »Sind Sie nicht der Dichter des Lustigen Ehemanns?« »Nein«, antwortete ich, »der war ich einmal; aber ich ziehe den kleinen Kohn vor, und noch entzückender finde ich das Volkslied: Auf dem Baume sitzt 'ne Pflaume. Wenn Sie zur Abwechslung eines *dieser* Lieder pfeifen wollten, so würde ich Ihnen unaussprechlich verbunden sein.« »Hahaha!« lachte der Mann mir die Düfte seines Magens ins Angesicht, »hahaha, Sie sind ein Humorist!« Und er tat mir die höchste Ehre an, die ein literarisch gebildeter Deutscher zu vergeben hat: er verglich mich mit Otto Reutter. Das stimmte mich milde, und ich lehnte bescheiden ab. Aber er blieb dabei und meinte nur, daß Herr Reutter noch komischer aussähe, als ich. »Noch komischer?« rief ich, »das möchte ich denn doch bezweifeln. Sie sollten mich nur mal sehen, wenn ich mir Mühe gebe. Aber das geschieht natürlich nur im Engagement.« »Natürlich«, erwiderte er; »zu schade, daß ich nicht in Berlin war, wie Sie im Überbrettl sangen. Liliencron habe ich mal auftreten sehen, ich glaube in Köln, aber er sang leider nicht, las bloß vor. Wahrscheinlich war er nicht bei Stimme.« »Wahrscheinlich. Sonst hätte er gewiß ›Die Musik kommt‹ gesungen.« »Deshalb war ich auch in die Vorstellung gegangen«, erklärte er, »und ich fand es eigentlich stark, daß der Herr bloß vorlas.« – »Sie haben offenbar viel Interesse für Literatur«, sagte ich. »Na«, sagte er, »nicht für alles: bloß für das Moderne. Aber auch bloß, wenn's vorgetragen wird. Lesen ist meine Sache nicht. Da fehlt ja auch die Musik bei.« »Freilich«, gab ich ihm zu, »und dann die Bewegungen! Die Mimik!« »Ja«, rief er aus, und seine Augen leuchteten: »Die Kunst! Und, sehen Sie, die hat Ihr Kollege Reutter doch riesig weg! Wenn er so mit den Armen schlenkert, oder er hat sich einen Rettich ins Knopfloch gesteckt und denkt, es ist ne Rose, und wie er daran riecht, merkt er's, und dann frißt er den Rettich auf! Göttlich! Gött – lich!« Und er besäuerte mich neuerdings mit einem Gelächter, das keinen Zweifel daran ließ, wie empfänglich er für Humor war. Ich unterhielt mich noch lange mit ihm über Literatur und Kunst und lernte dabei den Erfolg des Überbrettls begreifen, das seinen Platz in der deutschen Kulturgeschichte gewiß behalten wird. »Wir werden den Übermenschen auf dem Brettl gebären«, rief mein Stilpe an der Stelle seines Romanes aus, der Wolzogen zu dem Titel seiner bunten Bühne inspirierte. Da saß er neben mir, der Übermensch. Ich war aufs tiefste gerührt, schützte in Kufstein aber doch Geschäfte vor und setzte mich in ein anderes Coupé.

Dort saß (es war ein Coupé dritter Klasse) ein junges Mädchen und betete zu Goethe. Es las im Faust (Reklamheft). Ich bat der deutschen Kultur meine Lästerungen ab und erfreute mich des Anblicks. Da das junge Mädchen außerdem noch hübsch war, begann ich, als es das Buch zugeschlagen hatte, ein Gespräch. Ganz direkt: »Wundervoll, der ›Faust‹, nicht wahr?« – »Ja, herrlich!« – »Haben Sie ihn schon oft gelesen?« – »Oft? Nein. Jetzt das dritte Mal. Ich habe wenig Zeit zum

Lesen.« – »Was lesen Sie denn sonst noch?« – »Ach wenig. Am liebsten Gedichte.« – »Wer ist denn Ihr Lieblingsdichter?« – »Wie meinen Sie das?« – »Von wem Sie am liebsten Gedichte lesen?« – »Von wem sie sind, ist mir einerlei. Ich schreibe den Namen nicht drunter.« – »Das verstehe ich nicht.« – »Nun ja, wenn ich ein hübsches Gedicht finde, schreib' ich mir's ab.« – »Ach so.« – »Ich habe schon ein ganz dickes Buch.« Sie zog es aus ihrer Plaidrolle und zeigte es mir.

Ich muß gestehen, daß ich selten in meinem Leben vor Stolz errötet bin; hier wurde ich rot: denn ich fand in dieser Anthologie ein ganzes Dutzend Gedichte von mir.

»Wo haben Sie denn die gefunden?« fragte ich. – »Ach, die standen in einem dicken Buche. Aber die andern waren nicht so schön. Unser junger Herr hat mir das Buch mal geborgt.« – »Sie sind in Stellung?« – »Ja, ich bin Kindermädchen.«

Nun, dachte ich mir (denn Dichter sind eitel), ein ganzes Dutzend: das ist schon was, und hahaha (denn Dichter sind boshaft), von X und Y und Z war gar keins drunter.

Schade, daß wir so bald in München waren. Ich hätte mich mit dem Kindermädchen gerne noch lange über Gedichte unterhalten. Die Kleine hat mir auf eine sehr artige Manier auseinandergesetzt, wie ein Gedicht sein muß, wenn es ihr gefallen soll. Es lief darauf hinaus: Es muß so sein, als ob man es selber auch so hätte sagen können, aber doch wieder viel schöner; und es muß sein, als gehörte eine Melodie dazu; und es muß natürlich etwas fürs Herz sein: entweder »schrecklich« lustig oder »furchtbar« traurig.

Der Pasinger Bahnhof

Ich half der Kleinen, als sie ausstieg, mit vielem Respekt zu ihren Sachen und lachte dem humorbegeisterten Dyspeptiker, als er mich anschrie: »Nanu? Ich denke, Sie sind in Kufstein« mit so unzweideutigem Ausdruck ins Gesicht, daß er mich fürder nicht für einen Humoristen, sondern für ein Monstrum von Undankbarkeit halten wird.

In Pasing begrüßte mich meine alte Freundin Wiwwi mit all dem Ausdruck, den eine gute Hundeseele in die Bewegung eines Schwanzstummels zu legen vermag, und sie war nicht eher ruhig, als bis ich ihr versicherte, daß das Frauchen auch bald nachkommen werde.

Und von Pasing nach Fiesole schlug sich der mystische Bogen der Sehnsucht, der von Herz zu Herzen geht.

Etwas vom Erbfeinde

Ein Kanadier, der Europens übertünchte Höflichkeit nicht kannte, berichtete, nachdem er dem Volke der Dichter und Denker einen Besuch gemacht hatte, seinen Landsleuten neben manch anderem, das ihnen kurios erschien, dies:

»Es rühmen sich nun die Männer mit den Bärten aus gelber Wolle und den Nasenfenstern, daß sie und ihre Skwaws eine große Liebe zu den Tieren hätten und keiner Kreatur mit Fleiß und zwecklos wehe täten. Dies aber, meine Brüder, ist eine von den vielen Lügen dieser Wollbärte. Denn seht, in so vielen Wigwams von ihnen ich auch war: in jedem sah ich ein seltsames und bedauernswertes Tier, das sie zu nichts anderem in der Gefangenschaft hielten, als daß sie sich an seinen Schmerzenslauten ergötzten. Es ist ganz harmlos, tut niemand was zuleide und steht bescheiden ruhig da. Aber kaum erblickt es der scheußliche Mann durch sein Nasenfenster oder des scheußlichen Mannes gleich scheußliche Frau durch ihre abscheulichen blauen Augen, vor deren kaltem Lächeln ich mich mehr gefürchtet habe, als vor den 100 000 Kanonen des Kaisers mit dem zweizinkigen Barte, der gen Himmel wächst: so stürzt er oder sie mit häßlicher Gier darauf los, reißt ihm das Maul auf und drischt mit beiden Fäusten auf den stumpfen Nagetierzähnen des wehrlosen und entsetzlich aufbrüllenden Geschöpfes herum. Und gerade das ist es, was diesen entmenschten Barbaren Freude bereitet. Damit das unglückselige Wesen noch lauter schreie, heule, wimmere, stöhne, winsele, kreische, quieke, knurre, geben sie ihm auch noch Fußtritte; und unterdessen, wenn es der Mann ist, der diese Tierquälerei verübt, stellt sich die Frau neben ihn und verhöhnt den Schmerz der gepeinigten Kreatur, indem sie widerliche Schmerzenslaute ausstößt. Ringsherum aber sitzen andere Scheusale der gleichen Art und geben grunzende Töne des Entzückens von sich, wie

Schweine, die ihren Rücken an einer Mauer schaben, oder sie drehen ihre gräßlichen blauen Augenkugeln so heftig im Kreise, daß man meint, es müßten Funken von ihnen stieben wie von geriebenen Feuersteinen. Zumal die Weiber gebärden sich über alle Maßen greuelhaft, und ich habe dabei erkannt, warum sie ihre Brüste mit Reifen umschnüren wie Fässer. Es geschieht dies nämlich eben wegen dieser Entzückensanfälle beim Quälen jenes armen Tieres. Denn dabei wippen sie ihre Brüste so heftig, daß sie davon fliegen würden, wären sie nicht durch metallene Reifen gehalten. – Und: wo ihr im Lande dieser entarteten Menschen auch wandern möget, meine Brüder: in den riesigen steinernen Städten, wo sie, Käfig an Käfig eng beieinander und übereinander, wohnen, oder auf dem Lande, wo die Häuser weiter auseinander stehen: auf hohen Bergen neben Gletschern und Schneefeldern; in den Tälern an den Ufern der Flüsse; auf der Ebene, die sich zum Meere streckt: überall hört ihr aus den Häusern heraus dieses ungeheure, gräßliche Klagen der Qual. Denn sie machen nicht einmal die Fenster zu, wenn sie ihrer scheußlichen Leidenschaft frönen; nein: Alle sollen, Alle müssen es mitanhören, was ihre schändliche Grausamkeit verübt. Es ist, als ob sie auf ihre Niederträchtigkeit stolz wären. Und es ist das auch wirklich so. Wer am schnellsten und ausdauerndsten auf die Zähne jenes bejammernswürdigen Tieres losschlagen kann, wird unter ihnen berühmt, wie bei uns ein großer Jäger und mutiger Krieger. Es gibt Schulen, wo diese Tierquälerei gelehrt wird, und ich habe mir sagen lassen, daß im Lande der Deutschen das schönste Mädchen keinen Mann bekommt, wenn es nicht eine jahrelange Übung in dieser infamen Kunst aufweisen kann. Denn sie nennen es, und das ist wohl das Greulichste daran, eine Kunst. Eine Kunst – – –!«

Darin, find ich, hat der Kanadier recht: Eine Kunst ist die Klavierpaukerei nicht, mit der der Nachkomme des büffelhorntutenden Herman und die Nachfahrin der hackebrettschlagenden Thusnelda ihre überschüssige Kraft in Schallwellen umsetzen. Die Tierquälerei beruht auf einem (übrigens sehr begreiflichen) Irrtum der Rothaut. Um so fürchterlicher ist die Menschenquälerei, die in diesem akustischen groben Unfug liegt, der ganz Deutschland mit tobsüchtigem Lärm erfüllt.

O deutsche Eltern, jammert euch denn gar nicht der armen, unschuldigen Kindlein, daß ihr es übers Herz bringt, sie vor das tastenfletschende Klavier zu zwingen, und wenn sie gleich nicht mehr Musik im Leibe haben als ein mit sauren Gurken gefülltes Faß, und nicht mehr Talent zum kunstreichen Tastenschlagen als ein Walfisch? Und, o deutsche Mitbürger und Mitbürgerinnen, fürchtet ihr euch nicht Sünden, daß ihr die Hörorgane von Zeitgenossen, die nicht zur Strafe für irgendwelche Verbrechen, sondern nur durch die Ungunst des blinden Zufalls eure Nachbarn geworden sind, so schauderhaft und unverschämt malträtiert, indem ihr (es gibt keine frechere Schamlosigkeit) von früh bis nachts in sie hineintrommelt (ich ahme nur höchst mühsam euren Rhythmus nach):

Zum Klavier
Brauchen wir,
Hörst du, du,
Kein Talent,
Sondern bloß
Möglichst groß
Ein Instrument.
Und dazu,
Hörst du, du,
Ein Pedal,
Und zumal
Rücksichtslose Pfoten.
So spielen wir
Auf dem Klavier
Das hohe Lied der Knoten.

Und wenn ihr schon kein Gefühl der Rücksicht auf die andern habt: möchtet ihr nicht endlich einmal der Empfindung zugänglich werden, daß ihr aus Rücksicht auf euch selber eigentlich gezwungen wäret, dieser schamlosen Enthüllung eurer seelischen Blößen Einhalt zu tun? Ihr laßt doch nicht alles öffentlich *sehen*, was an euch kümmerlich, häßlich, gebresthaft, unappetitlich ist; – wie könnt ihr es nur immerzu *hören* lassen?

Es gibt deutsche »Hausfrauen« (ach, daß man gerade dieses Wort in – Gänsefüßchen zu setzen jetzt so oft nötig hat), die zwar keine Zeit finden, Schlafrock und Nachtfrisur in den ersten Stunden des Tages abzutun, wohl aber leider mehr als ein Viertelstündchen dazu übrig haben, sich mit strähnig herumzottelndem Haar und jener beleidigend formlosen Flanellhülle ans Klavier zu quetschen, dem nun die noch schläfrigen Finger ein unsauberes Gewimmer entklopfen. – Opfert man so seinen Göttern, Madame? Ach, was red ich: Götter! Das ist nicht Andacht, sondern Frühstücksverdauung. Mozart oder Lehar, Beethoven oder Ludolf Waldmann – alles egal auf diesem Nudelbrett der Gedankenlosigkeit und des Gefühlsschwundes. O, daß die Schlafrockhuldinnen doch lieber Beefsteak klopften! Es würde nicht nur nützlicher sein, sondern auch besser klingen. – – Das Schrecklichste am Klavier ist, daß es in der Regel den Respekt vor der Musik ertötet, und das ist der Respekt vor etwas Heiligem. Das Klavier ist ein irreligiöses Instrument, das Instrument der Blasphemie. Die Musikdudelei auf dem Klimperkasten sollte sich wenigstens auf schlechte Musik beschränken. Es wäre doch ehrliche Gemeinheit. Aber diese Gotteslästerer heucheln ja gerade Verehrung des höchsten Wesens. Es ist unsäglich schauderhaft und der fürchterlichste Beweis dafür, daß in den weitesten Kreisen bei uns keine Spur von Kulturgewissen existiert. Ich vergleiche den Menschen, der die edelsten Offenbarungen des musikalischen Genies auf dem Klavier zu einem breiigen Haché verhackt und sich einbildet, damit Kunst zu treiben, dem Wilden, der sich mit den zerrissenen Fetzen der Kleidung eines von ihm totgeschlagenen Europäers behängt und nun glaubt, als Kulturmensch dazustehen. – Daß uns aber diese musikalischen Kannibalen auch noch tyrannisieren dürfen, indem sie uns auf Schritt und Tritt mit ihren scheußlichen Geräuschen verfolgen, ist ein schlechthin schmachvoller Zustand, der selbst einen Anarchisten dazu bewegen könnte, nach einer ästhetischen Polizei zu rufen.

Was würde man dazu sagen, wenn es sich jemand unterstünde, den nackten Hintern zum Parterrefenster herauszustecken? Ich gehe wohl nicht fehl, wenn ich annehme, daß man das ziemlich allgemein als moralisch unzulässig empfinden würde, weil es ein beleidigendes Ärgernis für das sittliche Auge ist. Das sittliche Ohr scheint aber seltener zu sein. Wer es besitzt, ist ohne die mindeste Möglichkeit zur Abhilfe unausgesetzt der Beleidigung durch akustischen Exhibitionismus der greulichsten Art ausgesetzt.

Man hat die Klavierwut der Deutschen einmal eine Seuche genannt. Sie ist mehr – sie ist ein Laster! Und sie ist als solches kaum weniger gefährlich als die deutsche Saufwut. Wenigstens verdummt sie gleich ihr und schwächt die Empfänglichkeit für feinere ästhetische Genüsse. – Vom Klavierspiel als Kunst und vom anständigen Dilettantismus im Sinne guter Hausmusik ist hier nicht die Rede. Das Klavier hat, seit es in dieser fürchterlichen Massenhaftigkeit aufgetreten und zu einer Plage geworden ist, die deutsche Hausmusik nicht gefördert, sondern gefährdet. Die echte deutsche Hausmusik war ehrliches, liebevolles, andächtiges Bemühen um die Kunst; der heutige pseudomusikalische Hausspektakel auf dem Klavier entspringt einem erbärmlichen Behagen an gedankenloser Dahinduselei, verbunden mit roher Lärmsucht, und ist eine Art Lösegeld, mit dem sich grundbarbarische Menschen von der kulturellen Pflicht, der Kunst zu dienen, loskaufen. Sie »spielen Klavier« und finden, daß sie nun genug Mühe, Zeit und Geld für die Kunst aufgewandt haben. Wer auf so billige Manier den Anschein von künstlerischen Interessen hervorzurufen vermag und gleichzeitig eine Art Genugtuung darin findet, denkt nicht daran, sich geistig intensiver zu beschäftigen und seelisch zu vertiefen. Was ist das aber für ein Volk von »Dichtern und Denkern«, das so niederträchtig mit dem – Klavier dichtet und denkt?

Was ist eigentlich schuld an dem Unfug? Der zunehmende Nationalwohlstand, mit dem die innere Kultur nicht im gleichen Maße zugenommen hat. Hoffen wir, daß es ein Übergangsstadium ist. Manche Zeichen sprechen dafür. Einige Ablenkung haben die in Schwang gekommenen Leibesübungen geschaffen. Der Sport erfordert eine gewisse Anspannung im Spiel, die den Willen kräftigt und vielleicht schließlich Widerwillen gegen alles Faule, Halbe, ohne Anspannung des ganzen Willens

Ausgeübte erzeugen wird. Wer ordentlich Tennis spielt, wird es am Ende (hoffen wir) verächtlich finden, salopp Klavier zu klimpern. Das Vornehme am Sport ist, daß er das Streben nach möglichster Vervollkommnung zum selbstverständlichen Ziele hat. So wird er wohl auch lehren, wie absurd es ist, im Rahmen einer hohen Kunst sich mit Leistungen zufrieden zu geben, die tief unter der Mittelmäßigkeit liegen. Wer Talent und Willen und Fleiß genug besitzt, wirklich gute Klaviermusik zu treiben, der wird sich davon nicht abbringen lassen; die anderen werden aber hoffentlich zur Einsicht kommen, daß es anständiger und vernünftiger ist, Musik *hören* zu lernen, statt miserabel in ihr zu dilettieren.

Aber ist es nicht im Grunde doch ein schöner Trieb: wenn auch mit schwachen Kräften, so doch mit gutem Willen tätig einer Kunst zu dienen? Seine Seele ausströmen zu lassen in den Weisen der großen Begnadeten? Ausdruck zu verleihen seinen Empfindungen in Tönen der empfindungsreichsten Menschen? Nachzutasten ihren schönheitbeflügelten Gefühlen? – Ich könnte noch eine Seite voll schreiben mit lauter ebenso wohllautenden Phrasen, aber sie würden auch durch Dutzende von Variationen nicht gehaltvoller. Dies alles ist hinfällig vor der einen Wahrheit, daß der Sinn einer jeden Kunst ihre Schönheit ist. Wer diesen Sinn talentlos verzerrt, frevelt an der Kunst, und wenn sich seine ganze keuchende Seele dabei opferte. – Malträtiert er dabei aber auch noch die Ohren seiner Mitmenschen, so kann der beste Wille ihn nicht vor den berechtigten Flüchen derer bewahren, die er mit seiner schönen Seele so rücksichtslos mißhandelt.

Wirklich: Der Mensch muß nicht von allem haben. Wer kein Talent zu einer Kunst hat, soll die Finger davon lassen und sich begnügen, sein Empfänglichkeitsvermögen auszubilden.

Lerne, o Lehmann, zu lesen, und hüte dich, selber zu dichten;
Lächerlich macht dich der Vers, den du mit Keuchen gebarst.
Sie aber, Fräulein Marie, verschließen Sie schleunigst den Deckel
Ihres Klaviers und tun lieber Ihr Ohr Sie mal auf.
Lieblicher steht zu Gesicht einem Mädchen verständiges Lauschen,
Als der schmerzliche Blick, der die Noten zerspießt.

Und dann, hurra, wir sind ja, ohne alles Verdienst und Würdigkeit, auch bei absolutem Talentmangel jetzt in den Vorhof des Tempels ausübender Kunst zugelassen. Dort stehen Flügel und Pianos zu unserer Verfügung, – doch eine Barriere schützt sie vor unseren Fingern. Eine Barriere, die aber gleichzeitig eine Art Vermittelung zwischen uns und dem Instrument ist. Sie erlaubt uns, dem Klavier ein Musikstück so mitzuteilen, wie wir es empfinden, ohne daß es uns gestattet ist, ihm gleichzeitig unsere Talentlosigkeit mitzuteilen. Ohne unsere Finger zu rühren (der Himmel segne die Barriere), entlocken wir den von meisterhaft angeschlagenen Tasten berührten Saiten alles, was die Technik eines Meisters ihm zu entlocken vermag, und dürfen es doch nach unserer Lust nuancieren, Takt für Takt Herr über das Instrument.

Ein Wunder also. Und es nennt sich wunderlich geheimnisvoll *Phonola*.

Dürfen wir daran glauben? Dürfen wir hoffen, daß ein sinnreicher Mechanismus uns von dem schlecht Mechanischen dilettantischen Klaviermißbrauchs einst befreien wird?

Es klingt so verlockend. – Aber klingt die Kunde nicht zu schön, als daß sie wahr sein könnte?

VITA AUTORIS

Otto Julius Bierbaum erblickte das Licht dieser Welt am 28. Juni 1865 zu Grüneberg in Niederschlesien als der Sohn eines eingebornen Konditors und einer sächsischen Bergmannstochter. In der väterlichen Familie waren zwei Berufszweige erblich: Ein süßer: die Zuckerbäckerei, und ein saurer: die protestantische Theologie. Otto Julius hatte aber wohl einen besonders starken Gemütseinschlag von der mütterlichen Familie her (in der einmal, zur Zeit Napoleons, ein französischer Tambour eine Gastrolle gegeben haben soll) und so fand in ihm weder die süße noch die saure Familientradition ihre Fortsetzung. Doch blieb ihm Zeit seines Lebens von Abstammung wegen ein ausgesprochener Sinn für bessere Kuchen und Edelmetalle im Blute, ohne daß er ihn indessen immer befriedigen könnte. Dieses Unvermögen kommt aber eben daher, weil er, statt das Süße oder das Saure oder sonst was Ordentliches zu lernen, sich von Jugend auf dem Laster des Versemachens und Fabulierens hingegeben hat. Was hat er davon? –: Ein immer zweifelhaftes Budget und die Ungnade des Literaturaufsehers Bartels in Sulza bei Weimar – O, daß doch dieses gewiß gräßliche, aber leider nicht unverdiente Schicksal abschreckend auf alle unerfahrenen Jünglinge und Jungfrauen wirken möchte, die in dem Wahne leben, das Dichten sei eine einträgliche Beschäftigung und mache wohlgelitten bei ernsten Kunstwärtern und gelehrten Literaturbeaufsichtigern! In Wahrheit führt es, wenn man sich ihm nicht auf der Basis einer *sehr* anständigen Rente hingibt, direkt ins Versatzamt und erregt, wenn es nicht so vorsichtig ausgeübt wird, daß alles Vergnügen daran zum Teufel geht, nur Unwillen.

Dieser Unwillen steigert sich zur Empörung, wenn der Unbesonnene, der ihn hervorgerufen hat, statt sich durch weise Beschränkung auf ein bestimmtes Fach der Dichtkunst wenigstens zum Spezialisten auszubilden, auch noch einen Mangel an *Charakter* offenbart, indem er halt- und ziellos in allen Fächern der Poeterei herumfährt und, wie iste

O. J. B., außer Gedichten jeder Art und Unart auch noch Novellen, Romane, Operntexte, Dramen, Balletts, Reisebeschreibungen, Märchen und allerhand Aufsätze über allerhand Menschen, Dinge und Ideen von sich gibt. Dies ist ein so grober Verstoß gegen das moderne Gesetz von der Teilung der Arbeit, daß man nicht energisch genug dagegen Front machen kann. Warum, so fragen wir mit Nachdruck, hat sich O. J. B. nicht damit begnügt, den »Lustigen Ehemann« zu verfassen? Wie klar umrissen stünde dann sein Bild im Herzen der dankbaren Mitwelt, während es jetzt unruhig und fatal hin- und herzittert in den verschiedensten Kapiteln der Literaturkunde, vergleichbar den lebenden Photographien der American-Biograph-Gesellschaft, G. m. b. H., Berlin.

Daß er auch noch Zeitschriften gründete, mag ihm verziehen werden, weil sie (Pan und Insel) eingegangen sind, und weil es sich schließlich, Gott sei Lob und Dank, doch herausgestellt hat, daß die aufregenden Nachrichten über seine schmachvoll hohen Redaktionsgehälter nur die Phantasiegebilde einiger erfindungsreichen Köpfe waren. Auch seine längere Reise im Automobil hat ihren Stachel verloren, seitdem man weiß, daß sie nicht auf eigene Kosten unternommen worden ist.

Über seine Mitschuld am Überbrettl gehen die Meinungen auseinander. Einige Passagen im »Stilpe« belasten ihn zwar schwer, aber das Programm seines Trianon-Theaters (einmal und nicht wieder!) wird immer als besinnungslos rein lyrisches Entlastungsdokument angeführt werden können.

Sonst ist O.J.B. harmlos. Sein Körpergewicht (81,5 Kilo, die Kleider nicht mitgewogen), sowie seine untersetzte, deutlichen Fettansatzes nicht ermangelnde Statur, reihen ihn unter die Korpulenzen ein, die eher zum Phlegma, als zu kriegerischem Angriffe neigen. Doch scheint er es sich nicht abgewöhnen zu können, über gewisse Charaktereigentümlichkeiten erbost zu werden, als da sind: Neid, Lügenhaftigkeit, Tratsch- und Verleumdungssucht und aufgeblasener Dummstolz. (Woraus deutlich hervorgeht, daß man ihn mit Unrecht unter die Humoristen rechnet.) Durch Radfahren und elektrische Massage versucht er es übrigens, seine Taillenweite dem erwünschten Normalmaße anzunähern, wie er denn auch den Fettbildner Alkohol mit einer Konsequenz meidet, die ihm sonst nicht eigen ist. Lawn Tennis mußte er leider wegen Mangels an englischen Sprachkenntnissen aufgeben. Die Pflege des nationalen Skat hinwiederum ist ihm wegen eines mathematischen Defekts versagt.

Bierbaum als Direktor des Trianon-Theaters

Hunde, Katzen, Blumen; Horaz, Shakespeare, Goethe; Gluck, das »wohltemperierte Klavier«, Mozart; Dürer, Ludwig Richter, Chodowiecki; Büttenpapier, Seide und Ceylontee liebt er sehr. Schiller genießt er einstweilen lieber in der Form Dehmel. – Für die größten unter den modernen Dichtern gelten ihm Dostojewski, Nietzsche und Gottfried Keller. – Th. Th. Heine ist ihm lieber, als Max Klinger. – Ein rechtschaffenes Biedermeier-Kanapee zieht er ebensowohl einer sella curulis wie jeder streng modern konstruktiven Lösung des Sitzproblems vor. Van de Velde verehrt er aus scheuer Entfernung und mit aller gebotenen Vorsicht. Der wahrhaft aus modernem Bedürfnis und aus der klaren Tiefe der Zeitseele geborene Nachttopf scheint ihm einstweilen nur in ornamentalen Ansätzen von verdienstlichem Zielbewußtsein vorhanden zu sein. An »Buchschmuck« hat er sich für eine Weile sattgesehn, sowohl an dem botanischer, zoologischer und mineralogischer, wie an dem rein geometrischer Herkunft. Seine Sünden auf diesem Gebiete bereut er herzlich und hat sich dafür als freiwillige Buße die vollkommenste Enthaltsamkeit von allen Kopf-, Rand-, Zwischenleisten, Frontispicen, culs-de-lampe etc. etc. auferlegt. Doch zweifelt er keineswegs daran, daß die Blütezeit des Jugendstiles noch eine hübsche Zeit andauern wird. – Was die moderne Musik angeht, so fühlt er keinen Beruf, sich an dem Gesellschaftsspiele der Auslosung des neuen Messias zu beteiligen. Er ist dazu musikwissenschaftlich nicht gebildet genug und muß zufrieden sein, daß es ihm beschieden ist, zuweilen moderne Musik zu hören, die ihm angenehm eingeht, ohne daß er zu sagen weiß warum. Im Grunde ist er wohl auch zu frivol dazu, was schon daraus hervorgeht, daß er nicht gerne eine Offenbachsche Operette versäumt.

Moderner Bücher liest er nicht gar viele, doch läßt er sich von Liliencron, Dehmel, Wedekind und Gerhard Ouckama Knoop keines entgehen. In alten Briefwechseln, Tagebüchern und Memoiren zu lesen ist ihm ein großes Vergnügen. Den größten Genuß auf diesem Gebiete bereiten ihm die Briefe und Tagebücher Friedrichs v. Gentz, den er überdies für einen der besten Prosaisten in deutscher Sprache hält.

Seine Kenntnis der Weltvorgänge bezieht er aus den »Münchner Neuesten Nachrichten« und dem »Simplizissimus«. Zu einem Abonnement auf die »Woche« hat er sich noch nicht entschließen können, doch läßt er sich eigens zu dem Zwecke allwöchentlich einmal die Haare kräuseln, um bei seinem Friseur den Anschauungsunterricht zu genießen, den dieses vorzügliche Organ der Volksaufklärung gewährt. Übrigens photographiert er, wie jeder Kunst- und Naturfreund, selbst und hat es darin zu einer Vollkommenheit gebracht, die ihm außer seiner Frau niemand bestreitet.

Religiös ist er Eklektiker. Vom Judentum hat er die Psalmen, vom Protestantismus eine ziemliche Anzahl Gesangbuchslieder, vom Katholizismus die Instrumentalmusik und verschiedene Bestandteile der sakralen Garderobe, vom Buddhismus die schöne Pose des Sitzens auf einer Lotosblüte, vom Konfuzianismus das Prinzip der großen Wurstigkeit, vom Taoismus die höchst angenehme Mystik ahnungsvoller Wortverknüpfungen in seine Privatkirche übernommen, deren Hauptlehre übrigens lautet: »Halte dir alles Gesindel vom Leibe, denn es hindert dich, in deinen Himmel zu kommen!«

Wollte man ihn nach seiner politischen Meinung fragen, so würde man ihn in Verlegenheit setzen. Es kommt das vielleicht daher, weil er keine Leitartikel liest und Bismarck tot ist.

Exlibris und Ansichtspostkarten sammelt er nicht; dafür alte Vorsatzpapiere, Gläser und Fayencen; Autogramme gibt er nur in schwachen Momenten ab; jungen Damen und Herren zu sagen, ob sie Talent zur lyrischen Poesie haben, erklärt er sich für inkompetent.

Vorbestraft wegen Körperverletzung in idealer Konkurrenz mit einer Übertretung ortspolizeilicher Vorschriften über das Halten von großen Hunden.

Anhang

Zu dieser Ausgabe

Die Texte sind zeichengetreu wiedergegeben, auch verschiedene Schreibungen desselben Worts werden nicht normalisiert (»Directrice« / »Direktrice«, »bischen« / »bißchen«, »blos« / »bloß«). Offensichtliche Druckfehler (z. B. »nnd« statt »und«) wurden stillschweigend korrigiert. Die in manchen Drucken als Ae, Oe und Ue gesetzten Umlaute werden zu Ä, Ö und Ü vereinheitlicht. Fremdsprachige Wörter, die im Original in Antiqua-Schrift stehen, erscheinen hier in Helvetica.

An folgenden Stellen wurde in den Text eingegriffen (edierter Text] Textgrundlage):

S. 12 Emil blickte erstaunt auf.] Emil blickt erstaunt auf.
S. 42 Liebenswürdigkeit] Lebenswürdigkeit
S. 55 richtige,] wichtige,
S. 56 schönen Hans.] schönen Haus.
S. 58 Triumphatorenmiene] Triumphatorenmine
S. 58 ungeratenen] unberatenen
S. 123 guerra di candia] guerra di landia
S. 149 euch nicht Sünden,] auch nicht Sünden,

Abbildungsverzeichnis

Erläuterungen

Abgekürzt zitierte Literatur

MGK Meyers Großes Konversationslexikon. 6. Auflage. Leipzig 1905–1909

NDB Neue Deutsche Biographie. Herausgegeben von der Historischen Kommission bei der Bayerischen Akademie der Wissenschaften. Berlin 1953ff.

To-lu-to-lo oder Wie Emil Türke wurde

Textgrundlage: *Studenten-Beichten. Zweite Reihe.* Berlin 1897

7 *Stangen'schen Weltreise:* Die Brüder Carl und Louis Stangen hatten 1863 in Berlin das erste deutsche Reisebüro gegründet (Karin Hlavin-Schulze: *»Man reist ja nicht, um anzukommen«: Reisen als kulturelle Praxis.* Frankfurt/New York 1998, S. 142).

Korps: Burschenschaft.

Avancements: Beförderungen.

Seminar für orientalische Sprachen: 1887 an der Berliner Friedrich-Wilhelms-Universität gegründet (Eduard Sachau: *Denkschrift über das Seminar für Orientalische Sprachen an der Königlichen Friedrich-Wilhelms-Universität zu Berlin 1887 bis 1912.* Berlin 1912). Bierbaum selbst hat im Jahr 1888 für kurze Zeit dort Persisch, dann Chinesisch studiert, um sich auf den diplomatischen Dienst vorzubereiten; vgl. seine autobiografische Skizze »Im Spiegel«. In: *Das literarische Echo* 9 (1907), Nr. 14, Sp. 1082–1087, hier Sp. 1084.

8 *Dragomanatseleve:* Dragoman: Dolmetscher an orientalischen Höfen (MGK Bd. 5, S. 159).

Hansöhne: Chinesische Staatsbürger.

Mandschumann: Chinese aus der Mandschurei.

violetten Kappenknopfes: Die Farbe violett war in der Ming- und der Qing-Dynastie das Kennzeichen hoher Beamter (Mandarine).

9 *Kung-fu-tße:* Konfuzius (ca. 551 v. Chr. bis 479 v. Chr.), chinesischer Philosoph.

11 *Vestalin:* Zur Keuschheit verpflichtete Priesterin der römischen Göttin Vesta.

12 *heliotropfarbenen:* Nach dem blauviolett blühenden Heliotrop (Vanilleblume).

13 *Gerson:* Seit Mitte des 19. Jahrhunderts bestehendes Berliner Warenhaus, im Zweiten Weltkrieg zerstört.

17 *Zelten:* Vergnügungsviertel in Berlin-Mitte an der Zeltenstraße (heute John-Foster-Dulles-Allee), benannt nach den seit dem 18. Jahrhundert dort befindlichen Ausflugslokalen, die zunächst in Zelten untergebracht waren.

Flora zu Charlottenburg: Beliebte Vergnügungsstätte am Luisenplatz, 1874 eröffnet, 1904 abgerissen (vgl. www.luise-berlin.de/lexikon/chawi/v/vergnuegungsgaststaette_flora.htm [3.11.2014]).

20 *Kempinsky:* Der Gastronom Berthold Kempinski (1843–1910) hatte 1872 in der Berliner Kronenstraße eine Weinhandlung mit angeschlossenem Lokal eröffnet, 1889 folgte ein großes Restaurant in der Leipziger Straße. »Um die Jahrhundertwende war Kempinskis Restaurant mit seiner umfangreichen Speise- und Weinkarte und seinen [...] preisgünstigen Angeboten eine Berliner ›Einrichtung‹ und ein beliebter Treffpunkt für weite Kreise der Bevölkerung geworden« (NDB Bd. 11, S. 487f.).

23 *Chenille:* »schnurförmiges, behaarten Raupen ähnliches seidenes Fabrikat [...] Man benutzt C. zu Zierbesatz, Stickereien, künstlichen Blumen, Quasten etc.« (MGK Bd. 4, S. 3).

27 *Wie anders ...:* Goethe: *Faust. Der Tragödie erster Teil*, V. 460.

Leberecht der Gestrenge

Textgrundlage: *Studenten-Beichten. Zweite Reihe.* Berlin 1897

29 *Grüneberg:* Grünberg in Niederschlesien (heute Zielona Góra, Polen), Bierbaums Geburtsort. Bierbaum schreibt öfters »Grüneberg«, so auch in der autobiografischen Skizze *Vita autoris.*

Stöcker: Adolf Stoecker (1835–1909), Theologe, 1878 Gründer der reaktionären und antisemitischen »Christlichsozialen Arbeiterpartei«.

31 *Diatriben:* Diatribe: »gelehrte oder schulmäßige Abhandlung« (MGK Bd. 4, S. 874).

35 *Mulus:* Lat. »Maulesel«, »burschikose Bezeichnung für einen Jüngling, der das Gymnasium und die Reifeprüfung hinter sich hat, aber noch nicht Student ist« (MGK Bd. 6, S. 242).

36 *Scherrsche Universalgeschichte:* Johannes Scherr (1817–1886), seit 1860 Professor für Geschichte und Literatur am Polytechnikum Zürich (NDB Bd. 22, S. 703).

Oberstraß: Stadtteil von Zürich, in dem sich auch das Polytechnikum befand. Dort gab es eine große Kolonie russischer Studenten; vgl. Kropotkins *Memoiren eines Revolutionärs*: »Damals war Zürich voll von russischen Studenten und Studentinnen. Die bekannte Vorstadt Oberstraß unweit des Polytechnikums war ein Stückchen Rußland, wo die russische Sprache alle andern überwog« (Fürst Peter Krapotkin: *Memoiren eines Revolutionärs.* Autorisierte Übersetzung von Max Pannwitz. In zwei Bänden. Stuttgart 1900, Bd. 2, S. 66). In seiner autobiografischen Skizze *Mittwegs* aus dem Jahr 1903 erzählt Bierbaum, gleich nach dem Abitur (am Gymnasium im sächsischen Wurzen) habe es ihn »in die Freiheit des Studentenlebens« gezogen, und zwar nach Zürich, »möglichst weit fort von Sachsen [...] so weit als möglich nach Süden, daher wählte ich die südlichste Universität mit deutscher Lehrsprache. Aber auch der demokratische Staat lockte, denn ich war natürlich Republikaner. Man war das damals aetatis suae XX. mit der gleichen Selbstverständlichkeit, mit der die heutigen Zwanzigjährigen Nietzscheaner sind [...]. Ferner riefen mich die Alpen und die russischen Studenten und Studentinnen in Zürich. Ich war fest entschlossen, russisch zu lernen, denn ich hatte Dostojewskis Raskolnikow gelesen« (*1903–1908. Georg Müller Verlag München. Katalog der in den ersten fünf Jahren des Bestehens erschienenen Bücher.* München / Leipzig 1908, S. 16).

37 *Brevi manu:* Lat. »kurzerhand«.

38 *Mensurcrux:* Mensur: »Distanz zwischen den Fechtenden« (Friedrich Kluge: *Deutsche Studentensprache.* Straßburg [1895], S. 107), im übertragenen Sinn auch der Fechtkampf selbst. Das Wort »Mensurcrux« ist offenbar ein Bierbaum'scher Neologismus, in den einschlägigen Wörterbüchern jedenfalls nicht belegt.

39 *Fuchsentone:* Ein »Fuchs« ist ein Student im ersten oder zweiten Semester.

41 *ohn den nichts ist:* Nach der ersten Strophe des Kirchenliedes »O Gott, du frommer Gott« (EG 495), Text von Johann Heermann (1585–1647):

> O Gott, du frommer Gott,
> Du Brunnquell guter Gaben,
> Ohn' den nichts ist, was ist,
> Von dem wir alles haben:
> Gesunden Leib gib mir,
> Und daß in solchem Leib
> Ein' unverletzte Seel'
> Und rein Gewissen bleib'.

43 *Zeus von Offenbach:* Anspielung auf die Operette *Orpheus in der Unterwelt* (1858) von Jacques Offenbach.

C. B.: Corpsbursche, Mitglied einer Burschenschaft.

45 *Laß fahren dahin:* Zitat aus Martin Luthers »Ein feste Burg ist unser Gott«:

> Nehmen sie den Leib,
> Gut, Ehr, Kind und Weib:
> Laß fahren dahin,
> Sie haben's kein' Gewinn,
> Das Reich muß uns doch bleiben.

47 *Bank der Spötter:* Nach Psalm 1,1: »Wohl dem Manne, der nicht nach der Gesinnung der Gottlosen wandelt, noch auf den Weg der Sünder tritt, noch auf dem Sitze der Spötter sitzt.«

Die falsche Kindbetterin

Textgrundlage: *Studenten-Beichten. Zweite Reihe.* Berlin 1897

49 *Paul Heyse:* 1830–1914, Novellist, Romancier, Lyriker und Dramatiker; in der zweiten Hälfte des 19. Jahrhunderts Lieblingsautor des bürgerlichen Publikums und als solcher eine Hassfigur der Münchner und Berliner Naturalisten.

50 *alten Hofbräuhaus:* 1897 wurde das neue Hofbräuhaus am Platzl eröffnet, das alte war 1896 abgebrochen worden, nachdem die Brauerei in die Innere Wiener Straße im Stadtteil Haidhausen verlegt worden war.

51 *Proveniebant oratores:* »Es kamen neue Redner, dumme kleine Heranwachsende« (Cicero, *Cato maior De Senectute* 20; nach einem Schauspiel des Naevius).

Das Weib ist bitter: Nach Heinrich Heine: »Neue Melodieen spiel' ich / Auf der neugestimmten Zitter. / Alt ist der Text! Es sind die Worte / Salomos: Das Weib ist bitter« (*Neue Gedichte*, 1844). Vgl. Sprüche Salomonis 5,3f.: »Denn die Lippen der Hure sind süße wie Honigseim, und ihre Kehle ist glätter denn Öl; aber hernach bitter wie Wermut und scharf wie ein zweischneidig Schwert.«

52 *Mähne à la Chamisso:* Adelbert von Chamisso (1781–1831), aus Frankreich stammender Naturwissenschaftler und Dichter.

Was kann man denn dawider: Schlussverse des Gedichts »Romanze« von Christoph August Tiedge (1752–1741).

55 *Ludovico-Maximiliana:* Die Ludwig-Maximilians-Universität München.

59 *Sarah:* Abrahams Frau Sarah gebar erst mit über 90 Jahren ihren Sohn Isaak.

Boccaz: Giovanni Boccaccio (1313–1375), italienischer Dichter (*Decamerone*).

Don Juan Tenorio

Textgrundlage: *Kaktus und andere Künstlergeschichten.* Berlin / Leipzig 1898

62 *Don Juan Tenorio:* Nach dem 1844 uraufgeführten Drama von José Zorrilla y Moral (1817–1893). Die erste deutsche Übersetzung war 1850 erschienen (*Don Juan Tenorio. Religiös-phantastisches Drama in zwei Abtheilungen.* Aus dem Spanischen übertragen durch G. H. de Wilde. Leipzig 1850); die Ausgabe von Johannes Fastenrath hat Bierbaum bei der Arbeit an seiner Erzählung wahrscheinlich noch nicht gekannt (*Don*

Juan Tenorio. Religiös-phantastisches Drama in zwei Abtheilungen. Verdeutscht und mit einem Vorwort über die Don Juan-Sage versehen von Johannes Fastenrath. Dresden / Leipzig 1898).

Potiphar … Mantel: Nach 1 Mose 39, 12–18.

Irrgarten der Liebe: Nach Johann Gottfried Schnabels Roman *Der im Irrgarten der Liebe herum taumelnde Cavalier* (1738). Bierbaums Gedichtsammlungen *Irrgarten der Liebe* und *Der neubestellte Irrgarten der Liebe* erschienen erst 1901 und 1906.

Hidalgogeschlechte: Hidalgo: in Spanien »Titel der Adligen niederer Klasse, die aus alten christlichen Familien stammen, die sich rein von Mauren- oder Judenblut erhalten haben« (MGK Bd. 6, S. 310).

64 *pp.:* Abkürzung für lat. »praemissis praemittendis«, »mit Vorausschickung des Vorauszuschickenden (Titel etc.), in Zirkularen u. dgl. statt der Anrede« (MGK Bd. 16, S. 261).

65 *Debaucheurs:* Nach franz. »débauché«, Prasser, Wüstling.

Krafft-Ebing: Richard von Krafft-Ebing (1840–1902), Psychiater und Rechtsmediziner; seine *Psychopathia Sexualis. Eine klinisch-forensische Studie* (Stuttgart 1886) ist eines der frühesten und einflussreichsten Werke zur Sexualpathologie.

67 *Assa foetida:* Asa foetida, Stinkender Asant, eine Heil- und Würzpflanze aus der Familie der Doldenblütler.

Anilintinte: Lösung »von Teerfarbstoffen mit wenig Oxalsäure, Gummi oder Zucker« (MGK Bd. 6, S. 561).

68 *Trifolium:* Kleeblatt.

69 *Keiner ging:* »Keiner ging, doch einer kam: siehe, der Lenz lacht in den Saal! Winterstürme wichen dem Wonnemond«; Siegmund in Wagners *Die Walküre*, I,3.

der Meister: Richard Wagner.

70 *Wagelaweia:* Richtig: »Wagalaweia«, aus dem Gesang der Rheintöchter in Wagners *Das Rheingold*, II,1.

Ein Wälsung wächst mir im Schoß: Richtig: »*dir* im Schoß«; Brünnhilde in Wagners *Die Walküre*, III,1.

Wohl zu ruhen wünsch ich Ihnen: Aus Gioacchino Rossinis Oper *Der Barbier von Sevilla* (1816 / 1819, Libretto von Cesare Sterbini, deutsch von Ignaz Kollmann), II,4.

lachender Held: Nach Wagners *Siegfried*:

O Siegfried, Herrlicher!
Hort der Welt!
Leben der Erde,
lachender Held!
(III,3)

73 *Fliegenden Blätter:* Humoristische Wochenschrift aus dem Münchner Verlag Braun & Schneider, erschienen von 1845 bis 1928.

78 *Die Schmach des Jahrhunderts:* Untertitel »Halbmonatsschrift zur Bekämpfung des Antisemitismus«, 1892/1893 von Karl Schneidt im Modernen Verlag Berlin herausgegeben. Die übrigen Titel sind bibliografisch nicht nachweisbar und wahrscheinlich fingiert.

80 *Blut ... Sieg:* Nach 1 Korinther 15,55: »Tod, wo ist dein Stachel? Hölle, wo ist dein Sieg?«

81 *Amor vincit omnia:* Richtig »Omnia vincit amor« (»Liebe besiegt alles«), nach Vergils 10. Ekloge.

82 *Florenzer Primitiven:* Als »primitiv« bezeichnete man um die Jahrhundertwende die Malerei des 14. und 15. Jahrhunderts. Hier wäre an die Madonnenbilder von Fra Angelico, Lippo d'Andrea und Giotto di Bondone zu denken.

85 *Sekondeleutenant:* Niedrigster Offiziersdienstgrad (entspricht dem heutigen Leutnant).

Nun ... Wimmern: Arie des Figaro im 1. Akt von Mozarts Oper *Figaros Hochzeit* (dort: »süßes Kosen«).

86 *hoiotohoh:* Ruf der Walküren in Wagners Oper:

> GERHILDE *zu höchst gelagert, dem Hintergrunde zurufend, von wo ein starkes Gewölk herzieht.*
>
> Hojotoho! Hojotoho!
> Heiaha! Heiaha!
> Helmwige! Hier!
> Hierher mit dem Roß!
> HELMWIGES STIMME *im Hintergrunde.*
> Hojotoho! Hojotoho!
> Heiaha!
> (*Die Walküre*, III,1)

Die Haare der heiligen Fringilla

Textgrundlage: *Die Haare der heiligen Fringilla und andere Geschichten.* München 1904

89 *Fringilla:* Eine Heilige Fringilla gibt es nicht. Der Name bedeutet »Fink«; Fringillidae gehören zur »Gattung der Sperlingsvögel« (MGK Bd. 6, S. 578). – Der Titel der Erzählung geht zurück auf Richard Doddridge Blackmores Buch *Fringilla. Some Tales in Verse* (London 1895), von dem Bierbaum die amerikanische Ausgabe (Cleveland 1895) besaß. Das Vorwort lautet: Quorsum haec? Non potui qualem Philomela querelam; sed fringilla velut pipitabunda vagor.

»What means your finch?« »Being well aware that he cannot sing like a Nightingale, / He flits about from tree to tree, and twitters a little tale.« Albeit he is an ancient bird, who tried his pipe in better days, and then was scared by random shots, he is fain to lift the migrant wing once more towards the humble perch, among the trees he loves. All gardeners own that he does no harm, unless he flits into a thicket of young buds, or a very choice ladies' seed-bed. And he hopes that he is now too wise to commit such indiscretions. Perhaps it would have been wiser still to have shut up his little mandible, or employed it only upon grub. But the long gnaw of last winter's frost, which set mankind a-shivering, even in their most downy nest, has made them kindly to the race that has no roof for shelter and no hearth for warmth. Anyhow, this little finch can do no harm, if he does no good; and if he pleases nobody, he will not be surprised, because he has never satisfied himself.

Eulalia: Der Name bedeutet »die gut Sprechende«.

91 *Judasbaumes:* Cercis siliquastrum, Gewöhnlicher Judasbaum (Familie der Hülsenfrüchtler); sein Holz ist sehr hart. »An diesem Baum soll sich Judas Ischariot erhängt haben« (MGK Bd. 3, S. 842).

natürlich hellblau geäderten Händen: Besonders in der Literatur der Décadence, des Jugendstils und des Impressionismus ein typisches Kennzeichen der überfeinerten Frauen; vgl. zum Beispiel Thomas Manns Prosaskizze *Vision* (1893): »Träumerisch und regungslos ruht die Mädchenhand. Nur da, wo sich über ihr mattes Weiß weich eine hellblaue Ader schlängelt, pulsiert Leben, pocht Leidenschaft langsam und heftig« (*Frühe Erzählungen 1893–1912*. Hg. und textkritisch durchgesehen von Terence J. Reed unter Mitarbeit von Malte Herwig [Große kommentierte Frankfurter Ausgabe] Bd. 2.1, S. 12), Heinrich Manns *Die Göttinnen oder Die drei Romane der Herzogin von Assy* (1903): »Die Frauen [...] mischten wie in Kelchen, die sie mit blau geäderter Hand lässig dargeboten hätten, die Düfte aus Haaren, Miedern, Fleisch, Blumen« (Berlin / DDR 1957, S. 572), Max Dauthendeys *Sommerelegie* (»Gib mir Deine Hand, dran die Adern blauen«. In: *Weltspuk. Lieder der Vergänglichkeit.* München 1910, S. 5) und »die bleiche, blaugeäderte Hand« des Fräulein von Lespinasse in Lily Brauns *Die Liebesbriefe der Marquise* (München 1912, S. 175).

92 *Piesse:* Nach franz. »pièce«, Stück.

94 *Habent sua fata capilli:* »Haare haben ihre Schicksale«; nach dem lateinischen Sprichwort »Habent sua fata libelli [Bücher]«.

Der mutige Revierförster

Textgrundlage: *Das höllische Automobil. Novellen.* Wien / Leipzig [1905]

97 *nicht gut … allein zu sein:* Nach 1 Mose 2,18: »Es ist nicht gut, daß der Mensch allein sei«.

durch die Felder und die Auen: Nach der Arie des Max in Carl Maria von Webers Oper *Der Freischütz* (1821, Libretto von Friedrich Kind): »Durch die Wälder, durch die Auen / Zog ich leichten Sinns dahin« (I,4). Vgl. auch das Gedicht »Der Spaziergang« von Adolf Kußmaul: »Durch die Felder, durch die Auen / Schweiften sie zum grünen Wald« (Adolf Kußmaul: *Jugenderinnerungen eines alten Arztes.* Stuttgart 1899, S. 382).

98 *in gleichem Schritt und Tritt:* Aus Ludwig Uhlands Gedicht »Der gute Kamerad« (1809).

zehn Grad Reaumur: Etwa 12° Celsius.

willig … schwach: Nach Matthäus 26,41: »Der Geist ist willig; aber das Fleisch ist schwach.«

99 *dolus eventualis:* Eventualvorsatz, bedingter Vorsatz.

Belodeur: »Wohlduft«. Im Wiederabdruck der Erzählung in Bierbaums *Sonderbaren Geschichten* (1908) trägt der Zeremonienmeister den ganz und gar unparfümierten Namen »von Bemsl«.

100 *mit dem Anstand, den er hatte:* Zitat aus der ersten Strophe von Schillers Gedicht »Nadowessiers Totenlied«: »Seht! da sitzt er auf der Matte, / Aufrecht sitzt er da, / Mit dem Anstand, den er hatte, / Als er's Licht noch sah.«

101 *brevi manu:* Lat. »kurzerhand«.

Mastixfirnis: Firnis aus dem Harz des Mastixstrauchs.

102 *Unglaubliche zum Ereignis:* Nach dem »Chorus mysticus« im 5. Akt von Goethes *Faust. Der Tragödie zweiter Teil*: »Das Unzulängliche, / Hier wird's Ereignis« (V. 12106f.).

Zeiserlfarbene: Gelb wie ein Zeisig.

103 *heiligen Kajetan:* Kajetan von Thiene (1480–1547), Mitbegründer des Ordens der Theatiner, seit 1672 Patron von Altbayern.

Von Fiesole nach Pasing

Textgrundlage: *Die Yankeedoodle-Fahrt und andere Reisegeschichten. Neue Beiträge zur Kunst des Reisens.* München 1910

105 *Pasinger:* Bierbaum lebte von 1906 bis 1908 in Pasing, Hermannstraße 13 (heute Wehnerstraße; vgl. Dirk Heißerer: *Wo die Geister wandern. Eine Topographie der Schwabinger Boheme um 1900.* München 1993, S. 140).

Pasing war erst 1905 zur Stadt erhoben worden; 1938 wurde es von den Nationalsozialisten nach München eingemeindet. Zu Bierbaums Pasinger Zeit vgl. Franz Adam: »In schweigender Nacht draußen vor München«. Otto Julius Bierbaums Pasinger Jahre und sein »Zeitroman« *Prinz Kuckuck* (1906/07). In: *helle döne schöne*. Versammelte Arbeiten zur älteren und neueren deutschen Literatur. Festschrift für Wolfgang Walliczek. Hg. von Horst Brunner u.a. Göppingen 1999, S. 361–387.

älter: Pasing wurde 763 erstmals urkundlich erwähnt, München im Jahr 1158.

106 *Atlas … Giotto:* Den »Ursprung der Etrusker« führte man früher »auf einen alten Atlas, Atlanten, Atlante, König von Italien und Toscana zurück«; vgl. Georg Karl Wilhelm Philipp Freiherr von Donop: *Das Magusanische Europa. 3. Abtheilung. Oder: Portugal und Spaniens Westküsten, die europäische Heymath der Iren und Belgen*. Hildburghausen 1830, S. 82. Donop beruft sich auf Untersuchungen des italienischen Archäologen Filippo Venuti (1709–1769). Der britische Maler, Schriftsteller und Kunsthistoriker John Ruskin (1819–1900) hat im Haupttext seiner *Sechs Morgen in Florenz* (1875–1877) eine der Figuren in den Fresken der Spanischen Kapelle als Zoroaster identifiziert und sich gegen die von Giorgio Vasari vertretene Auffassung gewandt, es handle sich um diesen Atlas; in einer auf Oktober 1882 datierten Fußnote schreibt er aber, er habe inzwischen herausgefunden, dass Vasari recht hat, »denn der Atlas, um den es sich hier handelt, ist der Erbauer und erste König von Faesulae […]; auf dem Fresko ist er, glaube ich, dargestellt, wie er die Sterne beobachtet, um in guter Stunde den ersten Stein zu seiner Stadt zu legen« (John Ruskin: *Sechs Morgen in Florenz. Einfache Studien christlicher Kunst für Reisende*. Aus dem Englischen übersetzt von A. Wilmersdoerffer. Straßburg [1901], S. 158f.). Es handelt sich allerdings nicht um ein Werk von Giotto.

Fiorenza: Anspielung auf Thomas Manns gleichnamiges Theaterstück (Erstdruck 1905, Uraufführung 11. Mai 1907).

107 *Walzer aus der Lustigen Witwe:* »Lippen schweigen, ’s flüstern Geigen«, aus dem 3. Akt der Operette *Die lustige Witwe* von Franz Lehár (1905).

Übel abwehrenden Felsen: »In der Mitte stand die etruskische Stadt Florenz – ihre Wurzel in der Erde, von Eisen umwunden – vom Thau des Himmels befeuchtet. Landwirtschaftlich in der Beschäftigung, religiös im Denken, nahm sie, wie guter Boden, das Gute auf; wies, gleich dem Felsen von Fiesole, das Üble zurück« (John Ruskin: *Sechs Morgen in Florenz. Einfache Studien christlicher Kunst für Reisende*. Aus dem Englischen übersetzt von A. Wilmersdoerffer. Straßburg [1901], S. 51).

109 *Regno:* Reich, Königreich.

Schlecht und modern: Kein »Byronwort«, sondern ein Zitat aus Goethes *Faust. Der Tragödie zweiter Teil*: »Schlecht und modern! Sardanapal!« (V. 10176), das man auf Lord Byrons Tragödie *Sardanapalus* (1821) bezogen hat.

110 *Seume:* Anspielung auf den *Spaziergang nach Syrakus im Jahre 1802* von Johann Gottfried Seume.

Hesse: Hermann Hesse hatte 1901 und 1903 längere Italienreisen unternommen und darüber auch publiziert (»Stimmungsbilder aus Oberitalien«. In: *Schweizer Hausfreund*, Beilage des *Basler Anzeigers* 16 [1901]; »Aus Venedig. Lyrisches Tagebuch«. In: *Neue Rundschau* 15 [Mai 1904]; »Von meiner ersten Italienreise. Stimmungsbilder«. In: *Neues Tagblatt* [Stuttgart], 14., 16. und 22. September 1904); vgl. Joseph Mileck: *Hermann Hesse. Biography and Bibliography*. Vol. I. Berkeley [u.a.] 1977.

111 *Boecklin:* Arnold Böcklin (1827–1901), Schweizer Maler des Symbolismus. Er verbrachte seine letzten Lebensjahre in Fiesole, wo er auch gestorben ist.

forestieri: Ausländer, Fremde.

112 *Montignoso ... Toselli:* Luise von Österreich-Toskana (1870–1947), seit 1891 Ehefrau des Prinzen Friedrich August von Sachsen (1865–1932, von 1903 bis zur Abdankung 1918 König Friedrich August III.). Die Ehe wurde 1903 wegen Untreue der Prinzessin aufgehoben; König Georg von Sachsen, ihr Schwiegervater, verlieh ihr den Titel einer Gräfin Montignoso. 1907 heiratete sie den Florentiner Komponisten Enrico Toselli (1883–1926; »Toselli-Serenade«).

113 *Birbante:* Schurke.

asino illustrissimo: hochberühmten Esel.

erhabener Gabriele: Gabriele D'Annunzio (1863–1938), Dichter des Fin de Siècle und des Symbolismus.

Putanen: Ital. »puttane«, Huren.

114 *Dreibundes:* Bündnis zwischen Deutschland, Österreich-Ungarn und Italien.

Facchino: Dienstmann.

brutta bestia: Hässliche Bestie.

bestemmiare: Fluchen.

Fieramosca: Florentiner Zeitung, Untertitel: *Il Giornale del Popolo* (»Zeitung des Volkes«).

115 *Spanischen Kapelle ... Giotto:* In der Spanischen Kapelle befindet sich ein Kruzifix von Giotto di Bondone (ca. 1280).

Viktor Hehns »Italien«: Viktor Hehn: *Italien. Ansichten und Streiflichter*, zuerst 1867 erschienen und mehrfach wiederaufgelegt.

Contessa Murri: Graf Francesco Bonmartini war am 2. September 1902 in Bologna erstochen aufgefunden worden. Bonmartinis Schwiegervater, der angesehene Mediziner Augusto Murri, beschuldigte seinen eigenen Sohn Tullio des Mordes. Am 12. August 1905 wurde Tullio Murri zu 30

Jahren Zuchthaus verurteilt, seine Schwester Linda Murri wegen Anstiftung zum Mord an ihrem Ehemann zu zehn Jahren »soggiorno obbligato«, einer milden Form der Verbannung. 1906 wurde sie von König Vittorio Emmanuele III. begnadigt. Vgl. Karl Federn: *Die Wahrheit über den Prozeß gegen die Gräfin Linda Bonmartini-Murri.* München / Leipzig 1907, sowie http://it.wikipedia.org/wiki/Augusto_Murri [31.10.2014].

»Prinz Kuckuck«: Bierbaums dreibändiger Roman *Prinz Kuckuck. Leben, Taten, Meinungen und Höllenfahrt eines Wollüstlings* war 1907/1908 bei Georg Müller erschienen, also zur selben Zeit und im selben Verlag wie Karl Federns Buch über den Prozess Bonmartini-Murri.

Prozeß Eulenburg: Der Publizist Maximilian Harden (1861–1827) hatte in seiner Zeitschrift *Die Zukunft* die homosexuelle Beziehung des preußischen Diplomaten Philipp zu Eulenburg und Hertefeld (1847–1921), eines Vertrauten Kaiser Wilhelms II., zu dem Generalleutnant Kuno Graf von Moltke (1847–1923) öffentlich gemacht und damit einen der größten Skandale im Deutschen Kaiserreich ausgelöst. Vgl. Norman Domeier: *Der Eulenburg-Skandal. Eine politische Kulturgeschichte des Kaiserreichs.* Frankfurt / M. 2010, sowie Peter Winzen: *Das Ende der Kaiserherrlichkeit. Die Skandalprozesse um die homosexuellen Berater Wilhelms II. 1907–1909.* Köln 2010. – Während seines Aufenthalts in Fiesole stand Bierbaum in brieflicher Verbindung mit Harden; im einzigen erhaltenen Brief vom 18. Januar 1908 ist von den Eulenburg-Prozessen allerdings nicht die Rede (Monacensia. Literaturarchiv und Bibliothek München; Nachl. Otto Julius Bierbaum / Briefe, Zugangsnummer 8 / 2013). In der Zeitschrift *Morgen. Wochenschrift für deutsche Kultur* hat Bierbaum einen Artikel über Harden veröffentlicht (Jg. 1, Nr. 27, 13. Dezember 1907, S. 851f.).

Podbielski: Victor von Podbielski (1844–1916), preußischer Offizier, seit 1901 Landwirtschaftsminister, 1906 wegen einer Bestechungsaffäre zurückgetreten. »Wegen seines manchmal scharfen Vorgehens setzte sich P. zahlreichen Angriffen aus, was ihn, gefördert durch seine auffallende Erscheinung, zu einem oft karikierten Politiker machte« (NDB Bd. 20, S. 556).

»Prinzen Kuckuck« … Neapel: Vgl. den Beginn des Kapitels »Der Schuß«: Neapel wirkte auf Karl wie ein Stimulans von unerhörter, tiefer, brausender Kraft. Das Museo nazionale machte seine Einbildungskraft von gewaltigen Vorstellungen strotzen. Die antike Welt lebte in ihm auf, mehr, vielmehr noch, als in Rom. Dort war seine Stimmung die eines Archäologen gewesen, der mit Geschmack betrachtet hatte, aber das moderne Leben der Hauptstadt der Unita Italia hatte ihn immer wieder aus seinen Träumen gerissen, und alles Vatikanische hatte sein norddeutsches Empfinden geärgert. Der Protestant war in ihm wach geworden. In Neapel richtete sich der Heide auf. Denn hier genoß er nicht bloß ästhetisch und mit dem Gehirn. […] Hier

tastete er nicht mehr *bloß* antike Broncen mit den Augen ab, hier ließ er seine Glieder lebendiges Fleisch fühlen. Er frequentierte die antik hergerichteten Bäder, wo junge Badediener nackt hantierten und zu Szenen à la Petronius gerne und mit angeborener Begabung bereit waren. Er lebte auf und kam auch körperlich zu Kräften. Sein Kinn wurde wuchtiger, sein Auge blickte heller. Was er tags im Museum gesehen hatte, ließ er nachts lebendig werden. Alles das war hier viel echter, als in dem londoner Lordsklub mit den maskierten Zirkusjungen und Hôtelpagen. Diese neapolitanischen Lustknaben bewegten sich nackt so natürlich, als hätten sie Zeit ihres Lebens keine Hose auf dem Leibe gehabt, und auch die Signori, die hier das antike Vestibulo belebten, hatten einen ganz anderen, hatten echt antiken Stil am Leibe, obwohl sie keine griechischen Gewänder trugen, sondern ganz einfach Bademäntel. (Otto Julius Bierbaum: *Prinz Kuckuck. Leben, Taten, Meinungen und Höllenfahrt eines Wollüstlings. In einem Zeitroman.* Zweiter Band. München 1908, S. 388f.).

116 *Itzt entgeistert:* Nach Schillers Gedicht »Laura am Klavier« (1781): »Wenn dein Finger durch die Saiten meistert – / Laura, itzt zur Statue entgeistert, / Itzt entkörpert steh ich da.«

Casa Brun: Grand Hotel Brun, 1825 eröffnet.

Santa Cecilia: Das Oratorium ist Teil der Kirche Santa Maria Maggiore.

117 *Costas … Francias:* Lorenzo Costa der Ältere (1460–1535), aus Ferrara stammender Maler, war ein Schüler des Bologneser Malers Francesco Francia (1447–1517).

118 *Acqua di Felsina:* Ein Parfum; »Felsina« ist der etruskische Name des späteren Bologna.

120 *die Wacht am Rhein:* »Es braust ein Ruf wie Donnerhall«, Gedicht von Max Schneckenburger (1819–1849) aus dem Jahr 1840, in der Vertonung von Carl Wilhelm (1854) seit der Reichsgründung als patriotisch-nationalistisches Lied populär.

Bülow: Bernhard von Bülow (1849–1929), von 1900 bis 1909 deutscher Reichskanzler.

121 *garstig Lied:* Goethe: *Faust. Der Tragödie erster Teil*, V. 2092.

Nikolaus der Friedliche: Nikolaus II. (1868–1918), der letzte russische Zar.

Untergang der russischen Flotte: In der Seeschlacht von Tsushima (14. / 15. Mai 1905) im japanisch-russischen Krieg.

La Nave: »Das Schiff«, Tragödie von D'Annunzio.

122 *Flottenverein:* Der »Deutsche Flottenverein« war 1898 mit dem Ziel gegründet worden, zur Vergrößerung der deutschen Flotte beizutragen.

Salome von Strauß: Die Oper *Salome* von Richard Strauss (nach einem

Drama von Oscar Wilde) war am 9. Dezember 1905 in Dresden uraufgeführt worden.

123 *Marianna:* In Venedig verliebte sich Lord Byron in Marianna Segati, die Ehefrau eines Tuchhändlers.

guerra di candia: Der Candianische Krieg, venezianisch-türkischer Krieg von 1645 bis 1669.

Margueritta: Margherita Cogni, nach Marianna Segati die nächste italienische Geliebte Lord Byrons.

124 *Naager:* Franz Naager (1870–1942), aus München stammender Maler, Bildhauer und Dekorateur, der seit 1896 überwiegend in Venedig lebte, wo er in den von ihm gegründeten Kunstwerkstätten rund 200 Menschen beschäftigte. Der Umschlag für den Sammelband *Deutsche Chansons* (1900), an dem Bierbaum mit eigenen Liedern und einer Einleitung beteiligt war, »wurde von einem alten venezianischen Druckstock auf den Stein übertragen, hergestellt durch die Münchner Ornamentenpapierfabrik Franz und Josef Naager« (Alfred von Klement: *Otto Julius Bierbaum. Bibliographie.* Wien u.a. 1957, S. 10, Nr. 39). – Am 22. März 1909 schreibt Bierbaum in einem Brief an seine Frau Gemma: »Ich bin einfach vernarrt in alles, was dieser fabelhafte Mensch macht und ich ruhe nicht eher, bis ich ihn zur allgemeinen Anerkennung gebracht habe. Hoffentlich folgt er meinem Rate und gibt mir endlich mal Gelegenheit, über ihn zu schreiben. Er ist ein Phänomen von Geschmack und Kunst. Ich würde ihn bewundern, auch wenn ich ihn persönlich nicht so gern hätte. [...] Ich rechne es zu den Glücksfällen meines Lebens, daß ich ihn kennen gelernt habe.«

»Sonderbaren Geschichten«: In drei Bänden 1908 bei Georg Müller erschienen.

125 *Monographie:* Das geplante Buch über Franz Naager hat Bierbaum wegen seines frühen Todes nicht schreiben können.

127 *Wladimir Schereschewsky:* 1863–1943, aus Russland stammender polnischer Maler. In dem Erinnerungsbuch *Otto Julius Bierbaum zum Gedächtnis* (München 1912) schreibt Schereschewsky: »Ein wahrer Freund in Not und Freude seit zwanzig Jahren! [...] Durch seine Frau ein Italienfreund, besuchte er mich öfters in Venedig, immer ein Stück Sonne und ein großes, unparteiisches, philosophisches, optimistisches Menschen- und Kunstverständnis von seinen weiten Orient- und Okzidentreisen mitbringend, ein Verständnis, welches sich übrigens in allem seinem Tun und Schaffen spiegelt« (S. 38).

Uhde: Fritz von Uhde (1848–1911), Offizier und Maler, seit 1877 in München.

Menzel: Der Maler Adolph von Menzel (1815–1905).

»Helle ... Finsternis im Rücken«: Goethe: *Faust. Der Tragödie zweiter*

Teil, V. 6806.

131 *Alles veloziferisch:* Aus *Wilhelm Meisters Wanderjahre oder Die Entsagenden*, »Betrachtungen im Sinne der Wanderer«.

Alkohol … tugendhaft: Bierbaum war jahrelang Alkoholiker; erst eine Entziehungskur in der Heilanstalt Schloss Marbach am Bodensee im Jahr 1899 kurierte ihn von seiner Abhängigkeit. Seitdem ist er abstinent geblieben (vgl. Arno Krüche: »Otto Julius Bierbaum als Patient«. In: *Otto Julius Bierbaum zum Gedächtnis*. München 1912, S. 141–154).

tinctura amara: Eine Magentinktur aus Bitterkleeblättern, Tausendgüldenkraut, Enzianwurzel und Orangenschalen.

»Aufschwung«: Aus dem Klavierzyklus *Fantasiestücke* op. 12 von Robert Schumann.

133 *Zeno:* Die Kirche San Zeno Maggiore (12./13. Jahrhundert).

134 *»Berner Klause«:* Die Veroneser Klause, nordwestlich von Verona.

Peregrinus Syntax: Unter diesem Pseudonym veröffentlichte der Schriftsteller Friedrich Ferdinand Hempel (1778–1836) sein *Allgemeines deutsches Reimlexikon* (Leipzig 1826).

Ballade: »Die Legende vom Hadernburger Wein«; die neunte von 23 Strophen lautet: »Denn in der Hadernburg geschah / Die seltsame Historia. Ist bei Salurn gelegen; / Dietrich von Bern hielt Hochzeit drin / Mit einer schönen Kurtaatscherin, / Der alte Niblungdegen« (Otto Julius Bierbaum: *Irrgarten der Liebe. Verliebte, launenhafte und moralische Lieder, Gedichte und Sprüche aus den Jahren 1885 bis 1900*. Leipzig 1901, S. 422). Zuerst veröffentlicht wurde die Ballade im 3. Aufzug von Bierbaums Singspiel *Lobetanz* (1895), dort ohne Titel und ohne die Strophe über Salurn.

135 *im »Greifen«:* Das »Hotel Greif« am Waltherplatz in Bozen besteht seit dem 16. Jahrhundert bis heute.

Staffler: Der »Greif« ist seit 1816 im Besitz der Familie Staffler; vgl. http://www.greif.it/de/hotel/geschichte/ [2.11.2014].

136 *Doktor gewesen:* Bierbaum musste sein Studium im Jahr 1889 wegen des Bankrotts seines Vaters ohne Abschluss beenden (vgl. Otto Julius Bierbaum: »Im Spiegel. Autobiographische Skizzen«. In: *Das literarische Echo* 9 [1907], Nr. 14, Sp. 1082–1087, hier Sp. 1084f.).

Südtiroler Aufenthalts: 1895–1899; s. unten zu *Englar*.

Englar: Oberhalb von Sankt Michael bei Bozen gelegenes Schlösschen, in dem Bierbaum von 1895 bis 1899 lebte. Auch später ist er gelegentlich dorthin zurückgekehrt; vgl. z. B. die Briefe an seine Frau Gemma vom Herbst 1902 (Otto Julius Bierbaum: *Briefe an Gemma*. München 1921, S. 48–55).

zwei Romane: Die Freiersfahrten und Freiersmeinungen des weiberfeindlichen Herrn Pankrazius Graunzer[,] der Schönen Wissenschaf-

ten Doktor[,] nebst einem Anhange[,] wie schließlich alles ausgelaufen (Berlin 1896) und *Stilpe. Ein Roman aus der Froschperspektive* (Berlin 1897). Auch *Das schöne Mädchen von Pao. Ein chinesischer Roman* (Berlin / Leipzig 1899) ist auf Schloss Englar entstanden.

drei Bände Novellen: Die Schlangendame (Berlin 1896), die zweite Reihe der *Studenten-Beichten* (Berlin 1897) und *Kaktus und andere Künstlergeschichten* (Leipzig 1898).

Künstlermonographie: Über Franz von Stuck (Bielefeld / Leipzig 1899).

Kalenderbücher: Der bunte Vogel (Berlin 1897 und 1899).

138 *Grafen Khuen:* Englar ist seit 1621 im Besitz der Familie Khuen-Belasi.

139 *sehr kritischer Moment:* Während Bierbaum 1899 auf Entziehungskur am Bodensee weilte (vgl. oben zu S. 131 *Alkohol … tugendhaft)*, ging seine erste Ehefrau Auguste (»Gusti«, geb. Rathgeber) mit dem Komponisten Oskar Fried (1871–1941) durch, den Bierbaum auf Schloss Englar eingeladen hatte. Noch im selben Jahr ließ sich das Ehepaar Bierbaum scheiden und Auguste heiratete Oskar Fried.

140 *»Elefant«:* Das Hotel besteht heute noch.

Empfindsamen Reise im Automobil: Eine empfindsame Reise im Automobil. Von Berlin nach Sorrent und zurück an den Rhein, in Briefen an Freunde geschildert (Berlin 1903), das erste deutsche Buch über eine Reise im »Laufwagen«, wie Bierbaum das Automobil nannte. Der Titel des Buches ist eine Anspielung auf Laurence Sternes *A Sentimental Journey Through France and Italy* (1768, erste deutsche Übersetzung von Johann Joachim Bode 1769 unter dem Titel *Yoricks empfindsame Reise durch Frankreich und Italien).*

Kantioler: Ein in Südtirol häufiger Familienname.

Säben … Nonne: Kloster Säben oberhalb von Klausen, seit 1687 eine Benediktinerinnen-Abtei. Die erwähnte Nonne hieß Benedikta Senoner; vgl. http://www.burgen-adi.at/kloster_saeben/saeben_geschichte.htm [3.11.2014].

141 *Mechthild von Magdeburg:* Um 1207–1282, Mystikerin. Die folgenden Zitate stammen aus ihrem Werk *Das fließende Licht der Gottheit.*

142 *roten Buche:* Anspielung auf die in rotes Leinen gebundenen Reiseführer von Baedeker.

»Über Reisen kein Vergnügen«: Eingangsvers eines Liedes im 3. Kapitel von Ludwig Tiecks Roman *Franz Sternbalds Wanderungen* (Berlin 1798, Bd. 1, S. 269).

Goethe … Dampfwagens … Unsinn: Vgl. oben zu S. 131 *Alles veloziferisch* sowie Goethes Brief an Karl Friedrich Zelter vom 6. Juni 1825: »*Reichthum* und *Schnelligkeit* ist was die Welt bewundert und wornach jeder strebt. Eisenbahnen, Schnellposten, Dampfschiffe und alle möglichen Facilitäten der Communication sind es worauf die gebildete Welt ausgeht, sich zu überbilden und dadurch in der Mittelmäßigkeit auszuharren.«

143 *St. Jodok ... ehemaliger Kamerad:* Ohne einen Namen zu nennen gibt Bierbaum mit der Erwähnung des Ortes St. Jodok einen nur leicht verschlüsselten Hinweis auf die Identität des »ehemaligen Kameraden«: Es ist der Lyriker, Theaterautor, Journalist und Parodist Hanns von Gumppenberg (1866–1928), der unter dem Namen »Jodok« Mitarbeiter des Kabaretts »Elf Scharfrichter« war. In seiner postum erschienenen Autobiografie schildert Gumppenberg, warum er Bierbaum die Freundschaft kündigte: »Zwar hatte diese seinerseits [...] nie auf festem Grund gestanden; trotz der materiellen Aushilfe, die er mir in Berlin vermittelt hatte, und manchen anderen Kameradschaftlichkeiten, war ich bei ihm das Gefühl einer gewissen Rückhaltigkeit, wie auch der unverhältnismässig geringen Einschätzung meiner ›künstlerischen Fähigkeiten‹ nicht los geworden, und dieses dunkle Gefühl hatte mich auch nicht getäuscht. Als sich nach seinem frühen Tod manche Zunge löste, erfuhr ich durch einen Ohrenzeugen, dass er zu einer Zeit, als ihn scheinbar noch herzlichste Bruderschaft mit mir verband, meine von anderer Seite vorgeschlagene Beziehung zu einem repräsentativen, in jedem Betracht sehr vorteilhaften literarischen Unternehmen durch seinen Protest verhindert hatte.« Den letzten Anstoß zum Bruch mit Bierbaum gab Gumppenbergs scharfe Kritik einer Aufführung von Bierbaums Drama *Stella und Antonie* (1902): »Dass mein Urteil nicht irrtümlich war, bewies dann das schnelle Wiederverschwinden des Stückes von den Bühnen, trotz der praktischen Geschicklichkeit Bierbaums und der zahlreichen Verbindungen, deren er sich überall erfreute; man kann sich aber vorstellen, wie meine strengsachliche Unentwegtheit auf einen impulsiven Stimmungsmenschen von seiner Art wirkte, der kein Verständnis für die ernsteren Seiten meines Wesens und Charakters hatte, meine Zwangslage nicht würdigte und mit aller Bestimmtheit von mir nur einen kameradschaftlichen Lobeshymnus erwartet hatte. Zwar unternahm Bierbaum zunächst in der Öffentlichkeit noch nichts gegen mich; nach der Aufführung seines Stückes traf ich auch persönlich nicht mehr mit ihm zusammen [...]; noch im selben Jahre und namentlich zwei Jahre später, sollte ich aber erfahren, wie extrem feindselig der alte ›Julkusch‹, wie er sich mir gegenüber zu nennen gepflegt, nun gegen seinen ›Hanusch‹ gesinnt war« (Hanns von Gumppenberg: *Lebenserinnerungen. Aus dem Nachlass des Dichters.* Berlin/Zürich 1929, S. 322f.). Endgültig zerrüttet war das Verhältnis zwischen den beiden ehemaligen Freunden, nachdem Gumppenberg in den *Münchner Neuesten Nachrichten* eine Aufführung von Bierbaums Stilpe-Komödien *Das Cenacle der Maulesel* und *Die Schlangendame* scharf kritisiert hatte. Bierbaum reagierte darauf am 19. Oktober 1905 mit dem Feuilleton »Hanns der Unbefugte. Eine Kompetenzverweisung«, in dem »der fruchtbare Dramenerzeuger

und furchtbare Rezensent Hanns Freiherr von Gumppenberg« verspottet wird, »der ach so gerne selbst einmal rezensiert würde« (*Münchener Schauspiel-Premieren*. München 1905, 1. Heft, S. 43–45).

»Arbeit macht das Leben süß«: Nach einem volkstümlich gewordenen Lied von Gottlob Wilhelm Burmann (1737–1805), zuerst in dessen Sammlung *Kleine Lieder für kleine Jünglinge* (Berlin 1773) erschienen.

Lustigen Ehemann: Vor allem wegen der Vertonung von Oscar Straus eines der populärsten Gedichte aus Bierbaums *Irrgarten der Liebe* (1901):

Ringelringelrosenkranz,
Ich tanz mit meiner Frau,
Wir tanzen um den Rosenbusch,
Klingklanggloribusch,
Ich dreh mich wie ein Pfau.

Zwar hab ich kein so schönes Rad,
Doch bin ich sehr verliebt
Und springe wie ein Firlefink,
Dieweil es gar kein lieber Ding
Als wie die Meine giebt.

Die Welt, die ist da draußen wo,
Mag auf dem Kopf sie stehn!
Sie intressiert uns gar nicht sehr,
Und wenn sie nicht vorhanden wär
Würd's auch noch weiter gehn:

Ringelringelrosenkranz,
Ich tanz mit meiner Frau,
Wir tanzen um den Rosenbusch,
Klingklanggloribusch,
Ich dreh mich wie ein Pfau.

den kleinen Kohn: Ein Couplet aus dem Jahr 1902, Text von Alfred Schmasow. Auch darin geht es um einen Ehemann: Herr Cohn ist auf verbotenen Wegen mit einem jungen Mädchen in der Stadt unterwegs, als ihm plötzlich seine Ehefrau über den Weg läuft, woraufhin er die Flucht ergreift. Der Gassenhauer selbst hat im Grunde keinerlei antisemitische Tendenz, aber der sehr häufig vorkommende jüdische Familienname Cohn bot Anlass zu entsprechender Vereinnahmung (vgl. Fritz Backhaus: »Hab'n Sie nicht den kleinen Cohn geseh'n?« Ein Schlager der Jahrhundertwende. In: *Abgestempelt. Judenfeindliche Postkarten*. Auf der Grundlage der Sammlung Wolfgang Haney hg. von Helmut Gold und Georg Heuberger. Heidelberg 1999, S. 235–240).

Auf dem Baume sitzt 'ne Pflaume: Richtig: »An dem Baume, da hängt 'ne

Pflaume«; nach dem »Pflaumenwalzer« von Adolf Behling. »Für Gassenhauer ist das Jahr 1901 ein unrühmliches gewesen. Ihm verdanken wir den scheußlichen ›Pflaumenwalzer‹. […] Die armselige Musik und der witzlose, das Gebiet der Gemeinheit berührende Text verdienten den Erfolg nicht, der dem elenden Machwerk geworden ist« (Wilhelm Tappert: »Gassenhauer«. In: *Bühne und Welt* 6 [1903 / 04] II, S. 803–812, hier S. 811f.).

144 *Otto Reutter:* Eigentlich Otto Pfützenreuter (1870–1931), Autor von Couplets und ein populärer Varietésänger; vgl. NDB Bd. 21, S. 473.

Überbrettl: Von Ernst von Wolzogen 1901 gegründetes literarisches Kabarett in Berlin.

Liliencron: Detlev von Liliencron (1844–1909) war einer der ersten deutschen Dichter, die auf Vortragsreisen gingen. 1901 übernahm er die Leitung des Berliner Kabaretts »Buntes Brettl«, das schon ein Jahr später bankrott ging.

›Die Musik kommt‹: Die bekannteste Vertonung dieses Gedichts stammt von Oscar Straus (1870–1954), op. 54, 1901.

Übermenschen … Stilpe: Stilpe. Ein Roman aus der Froschperspektive. Berlin 1897, S. 359.

146 *Dyspeptiker:* Jemand, der an Verdauungsstörungen leidet.

Etwas vom Erbfeinde

Textgrundlage: *Morgen. Wochenschrift für deutsche Kultur.* Nr. 7, 14. Februar 1908, S. 195–199.

147 *Europens übertünchte Höflichkeit:* Nach den Anfangsversen des Gedichts »Der Wilde« von Johann Gottfried Seume (1763–1810): »Ein Kanadier, der noch Europens / Übertünchte Höflichkeit nicht kannte«.

Ludolf Waldmann: 1840–1919, populärer Komponist und Sänger »im Bereich der Unterhaltungsmusik«; http://de.wikipedia.org/wiki/Ludolf_Waldmann [21.11.2014].

153 *Phonola:* Markenname eines um die Jahrhundertwende beliebten selbstspielenden mechanischen Klaviers.

Vita autoris

Textgrundlage: *Das höllische Automobil. Novellen.* Wien / Leipzig [1905]

154 *Konditors:* Otto Bierbaum (Lebensdaten nicht ermittelt). Er verfasste das umfangreiche *Conditorei-Lexikon. Alphabetisches Hand- und Nachschlagebuch über alle Erzeugnisse der Conditorei und verwandter Branchen für Conditoren, Fein- und Pastetenbäcker, Lebküchler und*

Hausfrauen (Straßburg 1898).

Bergmannstochter: Henriette Bierbaum (Lebensdaten nicht ermittelt), geb. Siegert.

Bartels: Adolf Bartels (1862–1945), deutschnationaler antisemitischer Schriftsteller und Literaturhistoriker. Über Bierbaum schreibt er: »Seine Lyrik ist ziemlich äußerlich, gemacht-naiv und wird nach und nach reiner Klingklang, was ihn dann zum Überbrettl-Poeten qualifizierte. Wo er, in der Hauptsache Nachempfinder, mehr von seinem Wesen gibt, wie in den Romanen ›Pancrazius Graunzer‹, ›Die Schlangendame‹, ›Stilpe‹, da tritt seine übrigens ziemlich gewöhnliche Decadence unverhüllt hervor, die dadurch nicht sympathischer wird, daß sie sich burschikos gebärdet und nach grotesken Wirkungen strebt. [...] Man hat ihn mit Recht auch neben Hartleben gestellt, doch ist er nicht so gefährlich, weil man ihn leichter durchschaut und kaum ernst nimmt« (Adolf Bartels: *Geschichte der Deutschen Literatur.* 2. Band: *Die neuere Literatur.* 3. und 4. Auflage. Leipzig 1905, S. 323f.).

iste: Lat. »dieser«.

155 *American-Biograph-Gesellschaft:* 1895 in den USA gegründete Filmproduktions-Gesellschaft; vgl. http://web.archive.org/web/20111222105826/www.biographcompany.com/history_home.html [3.11.2014].

Pan und Insel: Die von Bierbaum und Julius Meier-Graefe begründete, aufwendig ausgestattete Kulturzeitschrift *Pan* erschien von 1895 bis 1900, *Die Insel* (herausgegeben von Bierbaum, Alfred Walter Heymel und Rudolf Alexander Schröder) von 1899 bis 1901.

nicht auf eigene Kosten: Bierbaums Automobil-Reise nach Italien wurde vom Verlag August Scherl und den Adler-Werken finanziert.

Passagen im »Stilpe«: Im 3. Kapitel des 4. Buches, wo Stilpe unter anderem ausruft: »Wir werden den Übermenschen auf dem Brettl gebären! Wir werden diese alberne Welt umschmeißen!« (*Stilpe. Ein Roman aus der Froschperspektive.* Berlin 1897, S. 359).

Trianon-Theaters: Am 28. Dezember 1901 hatte Bierbaum die Leitung des Berliner Trianon-Theaters übernommen, das in der Georgenstraße 9 unter den Stadtbahnbögen untergebracht war. Im 5. Heft des 3. Jahrgangs der *Insel* (Februar 1902) erzählt er: »Das ›Trianon-Theater / Künstlerische Leitung Otto Julius Bierbaum‹ wird, um eine beliebte Redewendung zu benutzen, ›in der Theatergeschichte Berlins keinen breiten Raum einnehmen‹. Das steht fest. Denn es hat vor der Öffentlichkeit nur genau drei Stunden bestanden, und auch diese drei Stunden wurden fast mehr durch die Scenen vor der Bühne als auf der Bühne ausgefüllt. Ich habe dieses Schauspiel leider nicht mitgenossen, da ich genötigt war, mich hinter den Kulissen aufzuhalten; ich weiss es nur aus den Berichten von Freunden, dass das Publikum mit äusserster Hingabe mitgespielt hat, und dass es sich dabei der überaus wirkungsvollen Hilfe eines Apparates zu erfreuen hatte, der bisher für Theaterzwecke noch nicht ausgenutzt worden ist: der Berliner Stadtbahn, die, dank der ausgezeichneten Regieführung Seiner Majestät des Zufalles, mit Vorliebe in Augenblicken vorüber polterte, wo auf der Bühne Worte fielen wie: ›Still! Hörst du was?‹ oder ›Stille, stille, lass uns lauschen!‹ Es ist begreiflich, dass das Publikum ganz ausser sich geriet vor Vergnügen über diese ungewohnen Effekte, die sich vielleicht nur ein bisschen zu oft wiederholt haben« (S. 125f.). Der eigentliche Grund für das Scheitern des Theaterleiters Bierbaum waren finanzielle Probleme: »Die ganze Sache, der ganze Fall lässt sich mit den zwei Worten umschreiben: die Kunst und das Portemonnaie« (ebd., S. 126).

157 *Dehmel:* Richard Dehmel (1863–1920) war um die Jahrhundertwende einer der berühmtesten deutschen Dichter. Bierbaum hatte ihn durch die Tätigkeit als Herausgeber des *Modernen Musen-Almanachs* (1893/94) kennengelernt.

Th. Th. Heine: Thomas Theodor Heine (1867–1948), Maler und Zeichner, berühmt durch seine Illustrationen für den *Simplicissimus.* Von ihm stammt auch die Umschlagillustration zu Bierbaums Singspiel *Lobetanz* (1895).

Max Klinger: 1857–1920, Maler und Bildhauer des Symbolismus.

Van de Velde: Henry van de Velde (1863–1957), belgischer Architekt.

culs-de-lampe: Cul de lampe, in der Typografie ein schmückendes Schlusszeichen für Absätze oder Kapitel.

»Buchschmuck« … Enthaltsamkeit: Selbstironie Bierbaums, auch seine nach der Jahrhundertwende erschienenen Werke sind noch vielfach mit den genannten Verzierungen ausgestattet.

Gerhard Ouckama Knoop: 1861–1913, ursprünglich Chemiker, seit 1893 Schriftsteller.

Gentz: Friedrich von Gentz (1764–1832), Politiker und Schriftsteller, Berater des Fürsten Metternich. Seit der Mitte des 19. Jahrhunderts waren zahlreiche Ausgaben seiner Briefe und Tagebücher erschienen, z. B. im 4. und 5. Band der von Gustav Schlesier herausgegebenen *Schriften* (Mannheim 1840), der *Briefwechsel zwischen Friedrich Gentz und Adam Heinrich Müller 1800–1829* (Stuttgart 1857) und die *Tagebücher*, in vier Bänden herausgegeben von Ludmilla Assing (Leipzig 1873/74). Für die bibliophile Buchreihe *Die Bücher der Abtei Thelem* hatte Bierbaum auch eine Edition *Ausgewählte Schriften, Briefe und Tagebuch-Blätter* von Friedrich von Gentz vorgesehen, die aber nie erschienen ist; vgl. Bierbaums Programmentwurf, der dem 4. Band der *Bücher der Abtei Thelem* beigebunden wurde (Hans W. Fischer: *Die Kette. Gedichte.* München 1910, S. 16).

»Woche«: Die Woche. Moderne illustrierte Zeitschrift, erschienen von 1899 bis 1944.

Nachwort

Ich bin eine zersplitterte Natur«, klagt Willibald Stilpe, der Titelheld eines 1897 erschienenen Romans von Otto Julius Bierbaum, »der Fluch des modernen Menschen lastet auf mir, daß wir uns nicht sammeln können«.[1] Man darf diesen Satz durchaus als versteckte Selbstaussage des Autors verstehen. »Behagen und Unruhe mischten sich seltsam in ihm«, erinnert sich der Münchner Verleger Georg Müller, »[b]esonders in den letzten Jahren seines Lebens hielt es ihn nicht lange an einem Orte fest. Seine Sehnsucht ging damals immer mehr nach Italien, nach Florenz und Fiesole, der Heimat seiner Frau. Am liebsten aber war ihm von deutschen Städten doch immer München gewesen, und in München und seiner Umgebung hat er auch die meiste Zeit seines Lebens zugebracht, er selbst bezeichnete es verschiedentlich als einen bedauerlichen Mißgriff, daß er nach Dresden gezogen war.«[2]

Schon ein kurzer Blick auf Bierbaums Lebensorte gibt ein anschauliches Bild von der Unrast, die sein nur knapp 45 Jahre währendes Leben bestimmt hat: Grünberg in Schlesien, wo er am 28. Juni 1865 geboren wurde, Leipzig, Dresden, Wurzen, Zürich, München, Berlin, die Öd bei Beuerberg oberhalb des Starnberger Sees, Englar im Eppan, Siffian am Ritten, Wien, Pasing und schließlich wieder Dresden, wo er am 1. Februar 1910 gestorben ist. Selbst im Tod musste er noch einmal übersiedeln; nach der Einäscherung in Chemnitz wurde die Urne erst am 1. September 1911 nach München überführt, wo Bierbaum auf dem Waldfriedhof die letzte Ruhe fand.[3]

1 Otto Julius Bierbaum: Stilpe. Ein Roman aus der Froschperspektive. Berlin 1897, S. 252.

2 Otto Julius Bierbaum zum Gedächtnis. München 1912, S. 180f.

3 »Entgegen häufig anderslautenden Aussagen verstarb Bierbaum offiziell in Dresden. Diese Auskunft wurde [...] durch das Stadtarchiv Radebeul erteilt: Danach stellte die Urkundenstelle Dresden am 26. April 2001 nach Recher-

Diese Unbehaustheit ist gleichermaßen Grund und Folge eines ebenso unsteten Berufslebens. Bierbaums Vater, ein selbstständiger Konditormeister, erklärte 1889 den Bankrott, worauf der Sohn das Jurastudium ohne Examen abbrechen und sich als freier Journalist und Schriftsteller durchschlagen musste. Bierbaum sah sich zu einer rastlosen Produktivität gezwungen, sodass sein Werk – gemessen an der relativ kurzen Schaffenszeit, die ihm vergönnt war – zu großem Umfang anwuchs;[4] es umfasst Erzählungen, Romane, Singspiele, Komödien, Reisebeschreibungen, Künstlermonografien, Feuilletons und mehrere Lyrikbände, darunter den *Irrgarten der Liebe* von 1901, eines der kommerziell erfolgreichsten Gedichtbücher der Epoche.

So zahlreich Bierbaums Veröffentlichungen sind, so lang ist die Reihe der gescheiterten Projekte. Sein *Moderner Musenalmanach* war nach zwei Bänden (1893 und 1894) ebenso Geschichte wie das Kalenderbuch *Der bunte Vogel*, von dem nur die Ausgaben für 1897 und 1899 erschienen; die aufwendig ausgestattete Kulturzeitschrift *Pan*, die Bierbaum zusammen mit Julius Meier-Graefe begründet hatte, brachte es immerhin auf sechs Jahrgänge (1895–1900), davon allerdings nur einen unter der Mitherausgeberschaft Bierbaums, *Die Insel* wiederum nur auf deren drei (1899–1901), seine Tätigkeit als künstlerischer Leiter des Berliner Trianon-Theaters war nach dem Premierenabend des 28. Dezember 1901 schon beendet, Herausgeber der *Zeit. Wiener Wochenschrift für Politik, Volkswirtschaft, Wissenschaft und Kunst* war er im Jahr 1902 für ganze sieben Monate, und selbst die nach seinem Tod in Angriff genommene und auf zehn Bände geplante Werkausgabe ist nach dem 7. Band abgebrochen worden.

chen im Sterberegister fest, dass Bierbaum zuletzt in Dresden in der Bernhardstr. 7 gewohnt habe und dort auch infolge einer Erkrankung gestorben sei. Bierbaum wurde dann am 5. Februar in Chemnitz eingeäschert, weil das Dresdner Krematorium erst noch im Bau war. Am 1. September 1911 wurde die überführte Urne auf dem Münchner Waldfriedhof zur Letzten Ruhe gebettet. Warum Michael Georg Conrad behauptete, Bierbaum sei in Kötzschenbroda gestorben, was häufig kolportiert wurde, ist nicht nachzuvollziehen und auch nicht durch die Aktenlage erklärbar. Auch Vermutungen, Bierbaum hätte in Kötzschenbroda ein Zimmer gemietet, lassen sich heute durch keine Beweise erhärten.« http://de.wikipedia.org/wiki/Otto_Julius_Bierbaum#cite_note-1 [4.02.2015]

[4] Vgl. Alfred von Klement: Otto Julius Bierbaum. Bibliographie. Wien u. a. 1957.

Auch wenn die Entstehungsumstände der literarischen Qualität von Bierbaums Werken nicht immer zuträglich waren, erscheinen die harten Urteile mancher Zeitgenossen doch allzu ungerecht und kurzsichtig, zumal sie Bierbaums Gedichte, Theaterstücke, Erzählungen und Romane überwiegend nach moralischen und weniger nach ästhetischen Maßstäben bewerten. »Im allgemeinen kam er über ein leidliches Mittelmaß äußerst selten hinaus«,[5] befindet Max Geißler in seinem *Führer durch die deutsche Literatur*, über dessen programmatische Ausrichtung er im Vorwort sagt, sie sei »kritisch vom grundsätzlichen Standpunkte gesunder Kunstwertung« und richte sich gegen »den zersetzenden Geist verweichlichten Artistentums und der Dekadenz.«[6] Ähnlich lässt sich der *Literarische Ratgeber des Borromäusvereins* in Gestalt eines Mitarbeiters namens Josef Froberger vernehmen: »Bierbaum ist der beliebte Vertreter jener leichtfertigen Richtung, der die ernsten Aufblicke auf Sinn und Zweck des menschlichen Daseins stets verschlossen bleiben. Seine Schriften, in denen der oberflächliche Sinnengenuß seine Orgien feiert, deren Helden herzlose Lebemenschen sind, für welche menschliches Glück aufgeht im Rausche des Augenblickes, sind eine ideal gesinnter Leser unwürdige Lektüre. Er hat zwei langatmige Romane geschrieben, ›Stilpe‹ und ›Prinz Kuckuck‹, ungefüge Wälzer ohne inneren Aufbau und leitende Gedanken, die wohl nur deswegen Leser finden, weil einige eingestreuten Pikanterien die entsprechende Anziehung ausüben. Alle seine Schriften müssen deswegen von allen christlichen Bibliotheken streng ausgeschlossen bleiben.«[7] Dass man Bierbaum auch anders lesen kann, hat mancher kluge Kopf indessen schon früh gewusst, früher als der strenge Kritiker mit dem sprechenden Namen Geißler und der fromme Froberger. Im Vorwort zu dem 1912 erschienenen Erinnerungsbuch *Otto Julius Bierbaum zum Gedächtnis* schreibt Hans Brandenburg: »Er war nicht der Klingklang-Sänger, für den ihn die meisten halten, auch nicht der im Irrgarten der Liebe umhertaumelnde Kavalier, für den er sich selbst in seiner echten Künstlerfreu-

[5] Max Geißler: Führer durch die deutsche Literatur des zwanzigsten Jahrhunderts. Weimar 1913, S. 41.

[6] Ebd., S. *3.

[7] Literarischer Ratgeber des Borromäusvereins. Sechste, bedeutend erweiterte und veränderte Auflage (21.–26. Tausend) des Literarischen Ratgebers der Bücherwelt. Herausgegeben vom Generalsekretariat des Borromäusvereins. Bonn 1926, S. 26.

de an Hüllen und Masken ausgab, er war überhaupt nichts von dem, worauf ihn irgendeine Formel, und sei es die verblüffendste, festnageln möchte.«[8] Die »Hüllen und Masken«, von denen Brandenburg spricht, weisen die richtige Spur zum Verständnis des Bierbaum'schen Werkes, eine Spur, die auch Hans Christoph Buch nach anfänglicher Skepsis aufnimmt, wenn er Bierbaum als »virtuose[n] Verkleidungskünstler« interpretiert, »der sich abwechselnd als Pierrot und Hanswurst, Rokokoschäfer und wilhelminischer Lebemann kostümiert«.[9] Diese »karnevalistische« Deutung ist in erster Linie auf Bierbaums lyrisches Œuvre bezogen, aber sie gilt nicht minder für die Singspiele, vor allem aber für die Prosa der Reisefeuilletons, der Romane und Novellen, in denen sich Bierbaum als durchaus moderner Autor zu erkennen gibt, und zwar sowohl hinsichtlich der Erzählverfahren als auch der zeit- und gesellschaftsdiagnostischen Qualität der Texte.

Diese Qualität hat man in der Forschungsliteratur bis in unsere Tage oft übersehen. Dushan Stankovich, der 1971 eine »Werkmonographie« zu Bierbaum veröffentlicht hat, entdeckt schon im Titel des ersten Erzählungsbandes »in der Verbindung von ›Studenten‹ und ›Beichten‹ etwas von der behaglichen Stimmung, die bei der Rückbesinnung auf die fröhliche Studentenzeit entsteht«,[10] und noch die Autoren des Bierbaum-Artikels in der Neuauflage von Killys *Literaturlexikon* sehen es nicht viel anders: »B[ierbaum]s erstes Buch, der Erzählungsband *Studenten-Beichten* [...], steht in der Tradition des Burschenschaftsulks. Der ehemalige Corpsstudent B[ierbaum] plaudert humorvoll Derbes u. Schlüpfriges aus – am Ende moralisierend im Stil der Zeit.«[11] Es ist unbestreitbar, dass Bierbaum die Tradition der Studentenliteratur aufnimmt, aber keineswegs, um sie schlicht nachzuahmen, sondern um sie weiterzuentwickeln. Die Publikumserwartung, die er mit dem Titel weckt, erfüllt Bierbaum nicht einfach, sondern unterläuft sie immer

[8] Bierbaum zum Gedächtnis (Anm. 2), S. *10.

[9] Hans Christoph Buch: Lyrischer Abgesang. In: 1000 Deutsche Gedichte und ihre Interpretationen. Hg. von Marcel Reich-Ranicki. 5. Band: Von Arno Holz bis Rainer Maria Rilke. Frankfurt a. M. 1994, S. 54–56, hier S. 54.

[10] Dushan Stankovich: Otto Julius Bierbaum – eine Werkmonographie. Bern / Frankfurt a. M. 1971, S. 102.

[11] Detlef Haberland / Thorsten Fitzon: Art. Bierbaum, Otto Julius. In: Killy Literaturlexikon. Autoren und Werke des deutschsprachigen Kulturraumes. 2. Auflage. Berlin / New York 2008, Bd. I, S. 541.

wieder, indem er die ernste Kehrseite der »alten Burschenherrlichkeit« beleuchtet. Das ist zum Beispiel in *Die falsche Kindbetterin* der Fall, besonders aber in der ganz und gar nicht »behaglichen« Erzählung *Leberecht der Gestrenge*, in der es um einen armen Jungen namens Leberecht Wacker geht, der unbedingt Philologe werden möchte, aus finanziellen Gründen in ein ungeliebtes Theologiestudium gezwungen wird und sich schließlich zu einem hartherzigen Eiferer entwickelt. Die Geschichte wird geschickt vermittelt: Ein früherer Schulkamerad Leberechts wird durch despektierliche Äußerungen über den »Mucker« und »unausstehlichen Pietisten« (S. 29) dazu angeregt, die Lebensgeschichte dieses Mannes zu erzählen, wobei er als zwar beteiligter Zeuge, aber nicht als allwissender Erzähler auftritt. Über die Gedanken und Gefühle seines Freundes weiß er nur so viel, wie dieser ihm mitgeteilt hat, weitergehende Spekulationen versagt er sich. Seine besondere Glaubwürdigkeit erhält er durch die Distanz, die er zwischen sich als dem erzählenden Ich einerseits und dem erlebenden, erzählten Ich andererseits aufbaut. Indem der »ehemalige Freund« die Biografie Leberechts erzählt, zeigt er gleichzeitig, wie er selbst sich aus seiner Geringschätzung des Bauernjungen herausgearbeitet hat und schließlich verstehen lernt, wie der zeitlebens unterdrückte Leberecht zu einem so strengen und »unmilden« (S. 30) Geistlichen werden konnte. In einer ausgewogenen Mischung von wörtlicher Rede, dem Zitat eines langen Briefes und nur paraphrasierend wiedergegebenen mündlichen Erzählungen Leberechts entsteht das plastische Bild eines Menschen, der quälend langsam emotional zugrunde gerichtet wird. Das beständige Weinen der Mutter und das Fluchen des Vaters, die Überheblichkeit des adligen Gönners, der dem wissbegierigen jungen Mann dessen »moderne Begehrlichkeit« vorwirft (S. 37), schließlich die in allen Details geschilderten Demütigungen an den fünf Freitischen fügen sich zu einer übermächtigen Zerstörungsmaschinerie, aus der es für den jungen Mann kein Entrinnen gibt. Der Wunsch, der seinem Namen eingeschrieben ist – lebe recht wacker! –, wird zum bitter ironischen Motto für seinen tristen Lebenslauf. Trotzdem ist die Geschichte frei von allzu intimer Einfühlung des Erzählers in die Leiden des jungen Leberecht, und selbst dessen eigener Anteil am Scheitern seines Lebensplans wird nicht verschwiegen. Anders als Otto Erich Hartlebens *Gastfreier Pastor*[12] wird Bierbaums

[12] Otto Erich Hartleben: Vom gastfreien Pastor. Erzählungen. Berlin 1895.

Pfarrer aber auch kein Gegenstand des Spottes oder der Satire. *Leberecht Wacker* ist eine ernsthaft realistische Erzählung über ein missglücktes Leben und zugleich eine Warnung vor schnellfertigen Urteilen über Menschen, deren Biografie man nicht kennt. Die Notwendigkeit solcher Belehrungen unterstreicht Bierbaum, indem er nicht etwa unzurechnungsfähige Dummköpfe so abfällig über Leberecht daherreden lässt, sondern drei Angehörige des gebildeten Bürgertums, die schon von Berufs wegen über eine bessere Menschenkenntnis verfügen sollten, nämlich einen Amtsrichter, einen Arzt und einen Apotheker.

Um Klischees und Vorurteile geht es auch in der Erzählung *Don Juan Tenorio*. Gleich zu Beginn wird man darüber in Kenntnis gesetzt, dass die Hauptfigur, der Kammersänger Bruno Müller, nicht nur ein umschwärmter Tenor ist, sondern »auch Antisemit«, wie es denn »heutzutage allgemein üblich« sei, »Antisemit zu sein« (S. 63). Zusammen mit seinen Freunden Schulze und Lehmann bildet Müller ein antisemitisches *trio infernale*, dessen Judenhass ebenso karikaturistisch verzerrt ist wie die Schilderung der jüdischen Figuren, bei der Bierbaum sämtliche Register judenfeindlicher Stereotypen zieht, vom Knoblauchgeruch bis zum Mauscheln, von den Physiognomien bis zu den krummen Beinen. Schon die Namen der Handlungsträger signalisieren, dass es sich durchweg um typisierte Figuren handelt: Müller, Schulze und Lehmann auf der einen Seite, Rebekka, Sara, Abraham und Isaak Karfunkelstein auf der anderen.

Ein Erkenntnisprozess wird bei den Antisemiten erst durch das zweimalige Überschreiten der Grenzen zwischen dem jüdischen und dem nichtjüdischen Raum eingeleitet. Er setzt ein mit dem Besuch Isaaks in der Wohnung des Kammersängers, er intensiviert sich, als dieser »über die Schwelle des Synagogendieners Abraham Karfunkelstein« tritt und sich in dessen Wohnung auf den ersten Blick in die schöne Tochter des Hauses verliebt, und er endet schließlich in Müllers Konversion zum Judentum, der einzigen Möglichkeit, mit Rebekka eine Familie zu gründen. Bierbaums *Don Juan Tenorio* erweist sich damit als Kontrafaktur eines Handlungsstrangs im spanischen Prätext der Erzählung, dem Drama *Don Juan Tenorio* (1844) von José Zorrilla y Moral (1817–1893). Dort entführt Don Juan die Doña Inés aus dem Kloster und demütigt sich vor ihrem Vater, um die Geliebte für sich zu gewinnen, während Bierbaums Tenorio Bruno Müller die Religion der begehrten Rebekka annimmt. Von diesem Ende her wird auch klar, warum Bierbaum sowohl die jüdischen als auch die antisemitischen Figuren so überdeutlich als extreme Vertreter ihrer jeweiligen Gruppe gezeichnet hat: Die Geschichte über den radikalen Wandel des eingefleischten Judenhassers Müller zum vorbildlichen jüdischen Familienvater kann so in einer umso wirkungsvolleren Schlusspointe kulminieren.

Die Erzählung ist auch eine Auseinandersetzung Bierbaums mit seiner eigenen schwankenden Haltung zum Antisemitismus. In dem Artikel »Die neue Literatur« (1890) spricht Bierbaum wie viele seiner schreibenden Zeitgenossen – ohne »im entferntesten antisemitisch zu sein, ja ohne selbst das Gute zu verkennen, was jüdischer Geist dem deutschen Geiste gewesen« – vom »*Ueberwiegen* dieses specifisch-semitischen Geistes in unserer Presse«, der »einen Schaden für die vaterländische Literatur bedeute«, und vom »literarischen Judenthum[ ], welches auf der fetten Weide journalistischen Actiencapitals groß und zu jener Bedeutsamkeit aufgetrieben worden ist, welche in so verkehrtem Verhältnisse dieser wohl witzigen und scharfen aber nimmermehr edeln und productiven Schriftsteller steht.«[13] Nur wenige Jahre später beteiligt er sich an einem Manifest, in dem sich »hervorragende Zeitgenossen« gegen den Antisemitismus aussprechen, und obwohl er darin schon differenzierter argumentiert und die »Intelligenzlosigkeit des modernen Antisemitismus« geißelt, fühlt er sich bemüßigt, »den Juden« klarzumachen, »daß gerade in der Zugehörigkeit zum jüdischen Volke ein Noblesse oblige liegt, das jeden Juden zwingen sollte, der Besten unter seinen Stammesgenossen eingedenk zu sein, die immer in der Avantgarde des Geistes marschirten und auf reinliche Hände nicht blos am Sabbath hielten.«[14] Vierzehn Jahre später antwortet er auf eine Umfrage über »Die Lösung der Judenfrage«: »Ich gehöre zu denen, für die es keine Judenfrage im Sinne Ihrer Enquête gibt. Heine ist für mich ein Deutscher und kein Jude gewesen – nüanciert durch sein jüdisches Blut, wie ich, vielleicht, durch slavisches. – Eine Judenfrage gibt es nur für die Juden, die nicht Deutsche, Franzosen, Russen u. s. f. sein wollen, sondern eben Juden. Ich bestreite natürlich keinem von ihnen das Recht dazu, und, dass sie vielfach Ursache dazu haben,

[13] Otto Julius Bierbaum: Die neue Literatur. In: Moderne Dichtung 1 (1890), H. 2, S. 78–86, hier S. 79.

[14] Freiheit, Liebe, Menschlichkeit! Ein Manifest des Geistes von hervorragenden Zeitgenossen. Berlin 1893, S. 63.

ist leider unbestreitbar. Die Ursachen in Deutschland wegzuräumen erscheint mir für einen Deutschen wichtiger, als sich mit dem zu befassen, was Sie die Lösung der Judenfrage nennen.«[15] Ähnlich äußert er sich in seinem letzten Buch, *Die Yankeedoodle-Fahrt und andere Reisegeschichten*, wenn er betont, es sei geboten, »dieses Volk des Ostens hoch zu achten und seine völlige Einordnung in die westlichen Nationen zu begrüßen, statt ihm mit Hohn und Haß entgegenzutreten«. Es gebe »nur *einen* vernünftigen Antisemitismus«, fährt er fort, »das ist der der Juden selber, die [...] alles östlich-allzuöstliche der semitischen Anlage im jüdischen Blute bekämpfen, weil sie sich bewußt sind, daß die kulturellen Tendenzen sich vom Osten wegwenden, daß der Geist des Westens, dem sie sich mit gutem Fuge und Rechte zugeschworen haben, der Geist der Entwickelung ist, und daß er zwar des Judentums nicht entraten kann, dem diese Entwickelung Wesentliches verdankt, wohl aber sich gegen die semitischen Atavismen zu wehren hat, die ihm ohnehin, und nicht von jüdischer Seite her, viel zu schaffen machen.«[16]

»Jüdisches Blut«, »semitische Atavismen« – solche biologistisch-rassischen Begriffe sind spätestens seit 1945 ein Fall für das Wörterbuch des Unmenschen, aber auch 1910 bestand keine Notwendigkeit, mit ihnen zu operieren, zumal dann nicht, wenn man sich – wie Bierbaum – so grundsätzlich vom Antisemitismus distanziert, wie er es seit 1893 getan hat. Aber auch für einen so toleranten Menschen wie ihn ist es kein Leichtes, sich aus den Verflechtungen und Irrwegen zeitgenössischer Denkformen zu befreien.[17] Selbst dem Tenorio Müller gelingt es nicht ganz; die Erzählung endet nicht mit dem Lobpreis der glücklichen und mit reizenden Kindern gesegneten Ehe des Kammersängers, sondern mit dem Satz: »Antisemit ist Müller übrigens doch noch manchmal« – obwohl er doch längst zum Judentum konvertiert ist. Antisemitische Vorurteile sind offenkundig unausrottbar.

Peter Sprengel hat Bierbaums *Studenten-Beichten* zum »Typus einer

[15] Die Lösung der Judenfrage. Eine Rundfrage veranstaltet von Dr. Julius Moses. Berlin/Leipzig 1907, S. 288.

[16] Otto Julius Bierbaum: Die Yankeedoodle-Fahrt und andere Reisegeschichten. Neue Beiträge zur Kunst des Reisens. München 1910, S. 535f.

[17] Zu den vielfältigen Erscheinungsformen des Antisemitismus im späten 19. Jahrhundert vgl. Thomas Nipperdey: Deutsche Geschichte 1866–1918. 2. Band: Machtstaat vor der Demokratie. München 1992, S. 289–311.

emanzipatorischen Unterhaltungsliteratur« gezählt,[18] einer Dichtung also, die kein bloßer oberflächlicher Zeitvertreib sein will, sondern im besten Sinne aufklärerische Wirkungsabsichten verfolgt. Bierbaum selbst hat diese Erzählungen in einem Brief als zwar »leicht im *Tone*«, aber nicht »leicht im *Sinne*« charakterisiert,[19] eine Einschätzung, die auf *Don Juan Tenorio* ebenso zutrifft wie auf andere Texte Bierbaums, die bei flüchtiger Lektüre harmlos oder trivial erscheinen mögen, etwa die Erzählung *Die Haare der heiligen Fringilla*, über die Bierbaum in einem Brief an seine Frau schreibt, sie sei »gut gelungen«, aber »sehr ungezogen«.[20] Das mag auf die erotisch-anzügliche Pointe der Geschichte abzielen, ist aber auch auf die heiter ironische Darstellung einer übersteigerten, ins irrational Abergläubische verzerrten Religiosität gemünzt. Auch die Geschichte vom mutigen Revierförster, in der Seine Majestät der König mit offenem Hosentürl vorgeführt und damit auf ein menschliches Maß zurechtgestutzt wird, gehört zu dieser auf amüsante Weise belehrenden Literatur: Das »Lachen der Befreiung«, in das der König einstimmt, ist auch ein Akt der Überwindung ständisch-gesellschaftlicher Zwänge.

Das alles wäre bestenfalls gut gemeint, wenn es sich nicht mit erzählerischer Meisterschaft verbände. Glaubt man manchen Vertretern der Bierbaum-Forschung, so ist es damit bei diesem Autor schlecht bestellt. Er müsse »auf vorgegebene Erzählformen und -stoffe zurückgreifen«, in seinen Romanen sei die »typische Auflösung der epischen Form« zu beobachten, und überdies leide Bierbaum an einer »ausgeprägten Unfähigkeit, Handlungen und Figuren zu erfinden«.[21] Gewiss orientiert er sich an traditionellen Mustern, und zwar nicht nur in seinen frühen Novellen und Romanen wie dem *Pankrazius Graunzer* (1896), sondern auch in späteren Werken wie der Erzählung *Die Haare der heiligen Fringilla* (1904), die noch dem Stil des 18. Jahrhunderts verpflichtet ist. Dank seiner »Eigenschaft als epischer Dichter« sei er »allwissend« (S. 93), sagt der Erzähler, und folglich mischt er

[18] Peter Sprengel: Geschichte der deutschsprachigen Literatur 1870–1900. Von der Reichsgründung bis zur Jahrhundertwende. München 1998, S. 173.

[19] Brief an Karl Gerster, April 1893. In: Bierbaum zum Gedächtnis (Anm. 2), S. 74 (Hervorhebungen original).

[20] Brief an Gemma Bierbaum, 30. November 1902. In: Otto Julius Bierbaum: Briefe an Gemma. München 1921, S. 52.

[21] Stankovich (Anm. 10), S. 103f.

sich kommentierend in den Gang der Handlung ein und erlaubt sich immer wieder selbstreferenzielle Bemerkungen: »Es war ein schwüler Sommerabend, von der Art, wie die Dichter sie bevorzugen, wenn sie auf hitzige Ereignisse kommen wollen. (Doch wünschen wir mit solchen Dichtern nicht verwechselt zu werden, denn wir haben keinerlei hitzige Absichten, – vielmehr wird diese Geschichte gleich aus sein)« (S. 93), heißt es da zur Beruhigung der möglicherweise ungeduldig werdenden Leserschaft, die auch ausdrücklich auf handlungsentscheidende Stellen aufmerksam gemacht wird: »Dies ist die Peripetie der Geschichte. Hier setzt das Wunderbare ein. Die sonst nie versagende Füllfeder des Dichters erlahmt in diesem Augenblicke und vermag nur das Äußerliche der mirakulosen Begebenheit zu registrieren« (S. 94). Bierbaum erprobt aber bereits in den *Studenten-Beichten* neue, um 1895 noch keineswegs weit verbreitete Erzählverfahren. Für die narrative Vermittlung der Gedankenwelt seiner Figuren nutzt er nicht nur die Erlebte Rede und den Inneren Monolog, sondern auch schon den Bewusstseinsstrom:[22] »So, nun hinüber … nein, nein, nicht durch die direkte Thür; das wäre doch wohl … Nein, über den Gang. Soll ich: Mein Name ist …« (*To-lu-to-lo,* S. 10); »Ich möchte eigentlich wissen, ob er … Na, ich denke … Ein bißchen Angst hätt ich schon … So ein Chinese! Chi-ne-se! … Vier Frauen hat er … komisch. Na ja, China! … Wie er Einen ansieht, so durch die Kleider durch … eigentlich ist es doch ein bischen… Aber es hat was:« (*To-lu-to-lo,* S. 23); »Liebe ..? .. Aber wieso denn ..? .. Erstens: ich … Nun ja … es scheint wohl so … (der Rekonvaleszent pfiff eine schelmische Weise) … Aber dann –: sie ..? .. Ist es erlaubt, anzunehmen, daß ….? … Könnte sie nicht schließlich …. (der Kammersänger erbleichte, ehe er den Gedanken fertig dachte) … schon irgend einen Isaak ..? …« (*Don Juan Tenorio,* S. 81).

Wie schwer es Bierbaum einerseits noch fällt, solche unstrukturierten Gedankenfragmente in lesbare Prosa umzusetzen, wie raffiniert er aber andererseits diese Schwierigkeiten meistert, verraten die vielen nichtsprachlichen Zeichen, mit denen er Pausen, Satzabbrüche, Unausgesprochenes und nicht zu Ende Gedachtes markiert. Bei der Verwendung der Satzzeichen kennt seine Kombinationsgabe kei-

[22] Stankovich (Anm. 10) erwähnt nur den Inneren Monolog und die Erlebte Rede, nicht den Bewusstseinsstrom (S. 123).

ne Grenzen; von zwei bis sechs Auslassungspunkten, von »!!!« und »– – –!« über »!!??« und »? ..? ..« bis hin zu »?! …« und »!? …! …?« ist nahezu alles möglich, und wie es zugegangen ist, als der Synagogendiener Abraham Karfunkelstein dem Kammersänger Bruno Müller die Hand seiner Tochter verweigert hat, darf man sich aus einer ganzen Armee von Auslassungspunkten erschließen:

. . . .
. . . .
. . . .
. . . .

Mit dem Problem der Transformation von Nichtsprachlichem in sprachliche Zeichen sieht sich besonders der Autor von Reisefeuilletons konfrontiert. »Ich bin nicht mehr so unerfahren zu glauben, daß sich Landschaften beschreiben ließen. Man kann im besten Falle Eindrücke eindrucksvoll wiedergeben«, schreibt Bierbaum in *Von Fiesole nach Pasing* (S. 134), aber anders als die Reisenden früherer Zeiten ist er weder allein auf schriftliche Aufzeichnungen noch auf Bleistift und Skizzenbuch angewiesen, um das Gesehene festzuhalten. Der moderne Mensch des 20. Jahrhunderts, der schon mit der Eisenbahn oder gar mit dem Automobil unterwegs ist, hat auch eine Kamera dabei, um die Eindrücke von Landschaften, Menschen, Städten und Kunstgegenständen fotografisch zu verewigen. Bierbaum verbirgt seine Aufnahmen allerdings nicht im privaten Album, sondern lässt sie auch das Lesepublikum sehen, indem er seine Reisebücher damit illustriert, von der *Empfindsamen Reise mit dem Automobil* (1903) über *Von Fiesole nach Pasing* bis zur umfangreichen Schilderung seiner Kreuzfahrt mit dem Dampfer *Yankeedoodle.* Er ist jedoch kein gewöhnlicher Tourist vom Schlage jener verabscheuten Zeitgenossen, die auf Reisen den *Baedeker* abarbeiten, ohne einen Blick für das Alltagsleben der einheimischen Bevölkerung zu erübrigen. Bierbaum ist neugierig auf das andere, das Fremde schlechthin, denn »einen vernünftigen Sinn hat das Reisen doch nur insofern, als es von der Sehnsucht eingegeben ist, zu dem heimisch Schönen sich etwas fremd Schönes einzuverleiben, innerlich reicher zu werden aus den Schätzen der Fremde, indem man an ihnen teilnimmt.«[23]

[23] Yankeedoodle-Fahrt (Anm. 16), S. 126.

Dabei gilt Bierbaums Teilnahme nicht nur den Sehenswürdigkeiten im engeren Sinne, sondern auch den Menschen, denen er unterwegs begegnet, sei es der pfiffige fiesolaner Kutscher Pietro, seien es die Mitreisenden in der Bahn wie der aufdringliche Abteilnachbar, der in Bierbaum nur den »Dichter des Lustigen Ehemanns« (S. 143) bewundert, oder das junge Mädchen, das sich als Liebhaberin von Bierbaums Gedichten bekennt, ohne zu wissen, dass sie dem Autor gegenübersitzt, der sich ihr wohlweislich nicht zu erkennen gibt, sei es schließlich der schon zu Bierbaums Zeiten vergessene Maler Wladimir Schereschewsky, den er in Venedig besucht und dem er in *Von Fiesole nach Pasing* ein liebevolles Portrait gewidmet hat. Einen besonderen Reiz gewinnt dieses Reisefeuilleton aus den immer wieder eingeflochtenen Anspielungen auf aktuelle Ereignisse in Italien wie in der deutschen Heimat, zum Beispiel den wenige Jahre zurückliegenden Mordprozess Murri oder die Eulenburg-Harden-Affäre des Jahres 1907, aus Bekenntnissen herzlicher Freundschaft wie zu dem Maler und Bildhauer Franz Naager, aber auch aus der knappen Abrechnung mit einem »ehemaligen Kameraden« (S. 143), der sich aus einer durchsichtigen Verschlüsselung als Hanns von Gumppenberg identifizieren lässt.[24]

Diese erfrischende Subjektivität sollte freilich nicht darüber hinwegtäuschen, dass es sich bei Bierbaums Reisebüchern um mehr handelt als um rein private Erinnerungen. Das aufklärerische Programm der frühen Erzählungen grundiert auch diese Werke, und wie er im Reisen selbst ein Mittel zur Erweiterung des eigenen Wissens von der Welt sieht, möchte er auch seine Leserinnen und Leser dazu bewegen, sich von der Vorstellung zu verabschieden, die eigene Nahwelt sei das Universum. In seiner kleinen Polemik *Philister contra Automobil* zitiert er Goethes Definition des Philisters: Der negiert »nicht nur andere Zustände, als der seinige ist, er will auch, daß alle übrigen Menschen auf seine Weise existieren sollen«,[25] und in seinen eigenen Worten führt er den Gedanken weiter: »der Philister hat keine Phantasie. Er nimmt an und nützt, was ihm überkommen ist, was zum Re-

[24] Vgl. den Kommentar zu S. 143. In der *Yankeedoodle-Fahrt* (Anm. 16) nennt Bierbaum den Namen Gumppenbergs und spricht von »seiner menschlichen Insuffizienz« (S. 341).

[25] Goethe im Gespräch mit Riemer, 18. August 1807; Otto Julius Bierbaum: Mit der Kraft. Automobilia. Berlin 1906, S. 326.

pertoire seiner Gewohnheiten gehört.«[26] Gegen diese Haltung wenden sich Bierbaums Werke, die seine Leserschaft ins ferne China entführen wie der Roman *Das schöne Mädchen von Pao*, in die Judengasse, die Studentenbude, nach Südtirol und nach Pasing wie die Erzählungen, nach Italien, Ägypten, in den Libanon, nach Syrien und in die Türkei wie die Reisebücher. In der *Yankeedoodle-Fahrt* äußert er den Wunsch, dass der deutsche »Imperialismus, der fürs erste wohl nur in der ausschweifenden Phantasie von Politikern mit unverantwortlichem Federhalter existiert, nicht eher versucht, sich in Taten umzusetzen, als bis das deutsche Wesen, an dem die Welt genesen soll, selber einige Kinderkrankheiten überwunden hat. Im übrigen aber laßt uns darnach trachten, gute Europäer zu werden, oh meine schief gewickelten Freunde. Die angeborene Liebe zum Vaterlande brauchen wir deshalb nicht zu verletzen, aber ich sehe keine Möglichkeit, deutsche Landsleute, die das kulturelle Ansehen Deutschlands schädigen, mehr zu lieben, als Leute fremder Zunge, mit denen mich die Gemeinsamkeit aller kulturellen Ideale und Regungen verbindet.«[27] Das ist kein schlechtes Motto für das Lebenswerk eines Schriftstellers, über den das letzte Wort vielleicht wirklich »noch lange nicht gesprochen« ist,[28] wie Hans Brandenburg an Otto Julius Bierbaums Grab gesagt hat.

Walter Hettche

[26] Ebd., S. 327.
[27] Yankeedoodle-Fahrt (Anm. 16), S. 227.
[28] Bierbaum zum Gedächtnis (Anm. 2), S. *10.

Weitere bayerische Lesebücher:

Paul Heyse

DER ISAR WILDE WASSER BRAUSEN KECK

Ein bayerisches Lesebuch
Herausgegeben von Walter Hettche

212 S., Klappenbroschur, ISBN 978-3-86906-632-5, € 14.90

Als 24-Jähriger folgt der Berliner Paul Heyse dem Ruf des bayerischen Königs Maximilian II. nach München. In seiner Autobiografie »Jugenderinnerungen und Bekenntnisse« erzählt Heyse von der geistig anregenden Atmosphäre in der Residenzstadt, aber auch von den Spannungen zwischen den ortsansässigen Literaten und den »Nordlichtern«, die der König um sich schart, vom Vereinsleben im Kreis der »Krokodile« und von Jagdausflügen nach Berchtesgaden. In seinen Novellen und Verserzählungen begegnet man einem Centaur im Alpenvorland und einem lüsternen Förster in Miesbach, begleitet ein frisch vermähltes Ehepaar auf seiner turbulenten Hochzeitsreise an den Walchensee und bekommt einen Einblick in das Treiben lichtscheuen Großstadtgesindels in Heyses Nachbarschaft am Königsplatz.

Paul Heyse

LIEDERQUELLE, TRAUM UND ZAUBER

Ausgewählte Gedichte
Herausgegeben, kommentiert & mit einem Nachwort versehen
von Walter Hettche

384 S., Klappenbroschur, ISBN 978-3-86906-573-1, € 24.90

Die große und die kleine Liebe, Schmerz, Wut, Verzweiflung, Reiselust und Revolution, Studentenfreuden und Italien-Idylle. Dem Leser begegnen in Paul Heyses Gedichten nicht nur die Leichtigkeit und Schönheit des Lebens, er wird auch mit persönlichen Schicksalsschlägen des Dichters und seinen überraschend fortschrittlichen Gedanken zur Frauenemanzipation konfrontiert.

Paul Heyse wurde als Autor von 177 Novellen und mehreren Romanen zeit seines Lebens mit vielen Preisen ausgezeichnet, unter anderem erhielt er 1910 den Nobelpreis für Literatur.

Elisabeth Tworek (Hg.)

Literarisches Bayern

Ein Lesebuch

200 S., Paperback, ISBN: 978-3-86906-014-9, € 12.90

Wer Bayern hört, denkt sofort an Lederhosen und Leinenjacken, Edelweiß und Edelstoff, saftige Wiesen und Alpenglühen. Vorurteile gegen Bayern und das Bayerische haben eine lange Tradition. Dass diese Landschaft seit Jahrhunderten Inspirationsort und Kulisse für Schriftstellerinnen und Schriftsteller ist, wird dabei gerne vergessen. Die Lektüre dieses Lesebuchs versammelt Geschichten von Land und Leuten und wird zu einer Reise in eine längst verlorene Zeit. Elisabeth Tworek suchte in Bibliotheken nach Büchern und Texten, die offenbaren, was wirklich dran ist an der besonderen bayerischen Lebensart. Gefunden hat sie mehr als hundert Jahre bayerischer Literatur von Ludwig Thoma bis Herbert Achternbusch, von Lena Christ bis Erika Mann.

Elisabeth Tworek hat in ihrem Lesebuch einen Querschnitt von Geschichten bayerischer oder in Bayern wohnender Schriftsteller zusammengestellt, der ein Bild Bayerns vom 19. Jahrhundert bis in unsere Gegenwart des 21. Jahrhunderts vermittelt.